JN255570

慶應義塾大学出版会

プーチンのユートピア

21世紀ロシアとプロパガンダ

ピーター・ポマランツェフ
池田年穂 訳

Nothing is True
and Everything is Possible

日本語版への推薦文

ピーター・ポマランツェフの『プーチンのユートピア』(*Nothing is True and Everything is Possible*)は、二一世紀の最も重要な書物のうちの一冊である。現代ロシアにおけるテレビを用いたプロパガンダの本質と効力について、研究者にも広汎な読者にも理解を促すという点では、比肩すべき書が見当たらない。それだけでなく、本書は、種類によってはそうしたプロパガンダがロシアの内外を問わず効果を発揮する理由についてのすばらしい発想を伴った省察であるし、それを裏打ちしているのは個人的な豊富な体験と表現は控えめながらも深い学識の両方から得た情報である。

ポマランツェフ自身が本書で予言していたように、彼が本書で記したロシアのなかの「状況」たるや、今やロシアの国境の外にまであふれ出している。その意味からも、本書は近い過去に対してだけでなく近い将来に対する道しるべでもあるのだ。

ティモシー・スナイダー

二〇一八年三月四日

〔追記〕

ティモシー・スナイダー教授は自著『暴政』(*On Tyranny*, 原著・翻訳とも二〇一七年)の第九章「自分の言葉を大切にしよう」のなかで「何を読めばよいのか?」への答えとして、最新のものとして本書を挙げている(訳書においては五九頁を参照)。

プーチンのユートピア◇目　次

凡　例

1　著者の経験の生々しさがいちばんよく伝わるだろうと考え、底本は翻訳権取得時にポマランツェフ氏のエージェントから提供されたものとする。

2　底本出版後のロシアのいろいろな次元（ウクライナ情勢、経済、内政、社会、メディア……）でのめまぐるしい展開、モスクワの著しい変貌ぶり、さまざまな情報の更新も個人的にフォローしているが、本訳書に盛りこむことはしていない。

3　著者による重版時などの書き換えや書き加えも翻訳に際して目を通して参考としたが、本訳書の訳文には反映させていない。

4　加えて、以下のこともお断りしておく。訳註代わりに訳文に多少の補いを入れてあること。訳文では「私」と「わたし」を併用していること。正教会に関わる用語は「痛悔」「生神女マリヤ」なども用いているが、使用にあたって厳密なルールは設けていないこと。リアリティー番組とリアリティー・ショーとの差を著者がつけていないので、訳はリアリティー・ショーに統一したこと、などである。

第1幕

ロシアのリアリティー・ショー

幕が上がる

夜間にモスクワ上空を飛行すると、この都市がクレムリン宮殿を真ん中にした小さな環と、その周りを同心円状に幾重にも取り巻いている環状道路によって形作られているのがわかる。二〇世紀も終わろうとする頃には、それらの環から発せられていたのは、かすんだ、ぱっとしない黄色い光だった。モスクワはヨーロッパの端にあるうらぶれた衛星都市で、ソヴィエト帝国の残り火が目に映るだけだったのだ。それが、二一世紀に入ると何かが生じたのである。ずばりマネーである。これだけ多額のマネーがこれほど短い期間にこれほど狭い場所に一気に流れこんだ例はなかった。環状道路網にも変化が生じた。同心円状の環がこの都市の空高く輝き始めたのだ——新たに建てられた超高層ビル群やネオンに、道路を疾走するメルセデス・ベンツ・マイバッハのライトも加わり、めくるめく夢に誘いこむサーカス広場のようなまばゆさを発してぐるぐると回転するようになったのだ。ロシア人は新たなジェット族になった。世界でもっとも金持ちで、もっともエネルギッシュで、もっとも危険なジェット族に。世界でいちばんたくさんの原油を握り、世界でもとびきりの美女たちを侍らせ、世界でも比べるものなく豪華なパーティーを催している。隙あらば何でも売っちまえと身構えていたのが、今では何でも買ってやろうと手ぐすねを引いて待っている。ロンドンのサッカークラブから、ニューヨークのバスケットボールチーム、美術品のコレクション、イギリスの新聞社、ヨーロッパのエネルギー供給会社まで、それもどれもこれも複数をとなるのだから。彼らのことは誰も理解できない。彼らは下劣にして上品、狡猾にして単純だ。モスクワにいなければ、この連中について納得などできはしない——急速な進歩に見舞われていて、移ろいの速さから現実感というものがまるで失われてしまっているこの都市、青二才が一瞬のうちに億万長者に成り上がるこの都市にいなければ納得するなど無理だ。

「パフォーマンス」がこの街のキャッチコピーであり、パフォーマンスの世界では、ギャングがアーティストになり、ゴールドディッガー（金持ち目当ての女）がプーシキンを引用し、暴走族（ヘルズ・エンジェルズ）のロシア版はラリって自分たちを聖者（セイント）のように立派な人間だと錯覚してる始末だ。猛スピードの発展のなかでロシアは、共産主義からペレストロイカ、ショック療法、貧困、オリガルヒ、マフィア国家、そして超のつく大富豪に至るまでのじつに多くの世界をえらく足早に見てきたから、ロシアのニューヒーローたちは、人生は一度きりのきらびやかな仮面舞踏会であり、そこではいかなる役割や地位、もしくは信念さえも移ろうものだという感覚を持ち続けてきた。「これまで世界に現れたあらゆるペルソナをかぶってみたいんだよ」と僕に語ったのは、ヴラディーク・マムシェフ＝モンローだった。彼はパフォーマンス・アーティストであり、この街のマスコット的存在で、招待客として欠かせぬ実業界・官界の大立て者（タイクーン）とスーパーモデルが出席するパーティーには、必ずゲストとして呼ばれる。パーティー会場には、ゴルバチョフや、バラモンの行者、ツタンカーメン王、ロシア大統領などに仮装して出かける。僕が初めてモスクワの地を踏んだとき、こうした七変化でも数え足りない仮装が、ロシアという国が自由になったしるしだと思いこんだ。自由になったことに浮かれてさまざまなコスチュームを身につけ、「創造の高み」と大統領の宰相（ワズィール）のウラジスラフ・スルコフが評するレベルまでパーソナリティの限界を押し広げていた。僕が、これらのはてしない変化（へんげ）は自由になったしるしではなく精神錯乱（ディリリアム）なんだと思うようになったのは何年も経ってからだ。その精神状態のなかでは、怖い顔つきの傀儡（くぐつ）たちとか悪夢を描きだす神秘主義者たちが、自分たちのことをあたかもリアルな存在だと信じこむようになり、大統領の宰相（ワズィール）がいつも「第五次世界大戦、万人の万人に対する初めての非線形（ノンリニア）の戦い」と呼んでいるものに向かって突き進んでゆくのだ。

おっと、僕は先走りしてしまっているな。この本の先の方にみな出てくるんだ。

僕はテレビ業界で働いている。事実を扱ったテレビ番組を制作している。厳密に言えば、事実に基づくとしたエンターテインメント番組だ。ほかのものと同様にテレビ業界も急成長していた二〇〇六年に、僕はモスクワに飛んだ。この国自体には大学を卒業した翌年の二〇〇一年から馴染みがあった。ほとんどロシアで暮らしていたし、そのあいだに仕事を転々とした。いくつかのシンクタンクに勤めたし、また、かけだしの端くれコンサルタントとしてロシアの「発展」を支援するためのEUのプロジェクトにも関わった。それから映画学校に入り、西側のテレビネットワークのためにドキュメンタリー番組の制作助手を務めていたところだった。僕の両親は一九七〇年代に政治亡命者としてソ連からイギリスへ移住した。僕はエミグレのそれも庶民的なロシア語を使いながら大人になった。だけど、僕はロシアではいつもちょっと立ち寄った観察者でしかなかった。もっとロシアに近づきたかった。ロンドンは整然としていて目新しさがないし、亡命した僕の一家が住むアメリカは満足し切っているように思えた。一方、実際のロシア人はじつに生き生きしているように思えたし、何でもありだと感じているようだった。僕が本当にやりたかったことは映像の制作だった。「録画」ボタンを押し、あとは自動露出だ。僕の鞄には、どこにでも持ち歩くのに手ごろな年季の入ったソニー製ビデオカメラのＺ１が入っていた。僕はロシア社会で起きることを見逃さないよう多くの時間を撮影に費やした。こんな登場人物たちは二度とつかまえられないとわかっていたので、やみくもに撮影した。それに、生まれ変わったモスクワでは、「ロンドンから来ました」という呪文を唱えられるというだけで需要があった。この呪文は「開けゴマ」のようによく効いた。ロシア人は、ロンドンっ子は儲かっているテレビ局の錬金術の謎を知っていて、それを使って必ず人気が出るリアリティー・ショーかスター発掘番組を制作できる……そう信じて疑わなかった。たとえ僕が西側の番組制作ではいちばん下っ端のADでしかなくても、「ロンドンから来ました」とささやくだけで、出席したい会議には出席できたのだ。僕は、ロシアに向かった「西側文明」という名の無敵艦隊に潜りこんだ密航者だった——成功を夢見てグローバル化の海へと冒険に乗り出した銀行家、弁護士、国際開発コンサルタント、会計士、建築家などからなる無敵艦隊だ。

けれども、ロシアでは、テレビ業界で働くことがたんなる撮影者とか観察者以上の意味を持つ。国土が九つの時間帯にまたがり、世界の大陸の六分の一を占め、東は太平洋から西はバルト海まで、北は北極圏から南は中央アジアの砂漠地帯にまで広がるこの国では、今も人々が木造の井戸から腕の力を使って水を汲み上げるような中世さながらに取り残された村落があるかと思えば、工場城下町がある。そして生まれ変わったモスクワに戻れば、青いガラスと鋼鉄でできた摩天楼が並んでいる。テレビこそ、この国を一つにまとめ、支配し、団結させることができる唯一の権力だ。二〇世紀の権威主義（オーソリタリアニズム）よりもはるかにとらえどころがない新しいタイプの権威主義の中枢となる機構である。そして、僕は一人のテレビプロデューサーとして、まっすぐにその仕組みの中心部に入ってゆくよう仕向けられることとなる。

僕が最初に会議に出たのは、オスタンキノにある放送ビルの最上階だった。このテレビジョン・センターは、サッカー場五つ分の広大な面積の敷地を持ち、ロシア政府のプロパガンダ活動のための強力な攻め道具になっている。放送ビルの最上階に到着し、つや消しの黒い色をした廊下を何回か曲がりながら先に進むと、細長い会議室がある。そこでモスクワでもいちばん見かけ倒しの人間たちが一堂に会して週一回のブレインストーミングの会議を開き、今後の放送内容を決めているのだ。僕は愛想のいいロシア人の出版業者に案内されていった。僕の姓がロシア人のものだったため、僕がイギリス人だということは誰にも気づかれていなかったし、僕もそのことについては触れないでおいた。会議室には二〇人以上が集まっていた。白いシルクのシャツを着てよく日焼けしたアナウンサーたち、ひげが汗ばみ息づかいの荒い政治学の教授たち、スニーカーを履いた広告代理店の重役たち。おや、女性はいないな。全員が煙草を喫っている。あまりにも煙たくて、肌がむずがゆくなる。

テーブルの端には、この国できわめて有名な政治番組司会者が着席していた。背が低く、しゃがれた声の持ち主であり、早口でまくしたてている。

> 私ら皆が、ちゃんとした政治など今後も期待できないことは知っているさ。それでも視聴者には何かが起こっていると思わせなければならないんだ。連中は楽しませ続けてやらねばならんのだ。それで、今度は何をひねくりまわせばいいのかな？　オリガルヒを攻撃しようか？　さて、今週の敵は誰にしようか？　政治はそれこそ……映画のようでなくちゃならんのだよ！

現大統領が二〇〇〇年に政権を握ったとき、最初にしたのは、テレビ局を管理下に置くことだった。クレムリンが、「衛星政党」として認めるにはどの政治家がよいかを決めたのも、この国の歴史がどうあるべきであり、何を恐れるか、どんな意識を持つべきかといったことを決めたのも、テレビを通じてのことだった。生まれ変わったクレムリンは旧ソ連の二の舞を演じるつもりはなく、二度とテレビ番組を退屈なままにはしない。そのためになすべきことは、ソ連時代の統制を西側のエンターテインメントとうまく融合させることだ。二一世紀のオスタンキノのいくつものテレビ局は、ショービジネスとプロパガンダを混ぜ合わせ、視聴率と権威主義（オーソリタリアニズム）とを結びつけている。そして、偉大なショーの中心にいるのは、大統領自身だった！　彼は無名の人物から生み出された。パフォーマンス・アーティストと同じくらい素早く、兵士、愛人、裸の胸の筋肉を誇示したハンター、ビジネスマン、スパイ、皇帝（ツァーリ）、スーパーマンといった役割のなかを変化（へんげ）できるテレビの力を通じて、陰鬱な元ＫＧＢから生み出されたのだ。「ニュース番組ってのは大統領へのへつらいさ。プーチンの行動を祝福し、奴を偉大な大統領にするタネさ」とは、テレビプロデューサーや御用政治学者たちが好んで口にするところだ。煙草の煙が充満した部屋にいるうちに、どうも現実というものは融通が利くようだと思うようになり、（『テンペスト』の主人公で魔術師の）プロスペロと一緒にいるような気までしてきた。ここにいるのは、自分たちの望むいかなる存在も、ソ連崩壊後のロシアのテレビ画面に映し出せるプロスペロたちだ。だけど、僕がロシアで働いているあいだにも、年を追うごとにロシア政府が誇大妄想的になっていくのに合わせてオスタンキノの戦略もどんどん歪曲されて、これまでになく緊急なものとしてパニックと恐怖を煽る必要があると考えられるようになった。そうなると、論理性は無視され、クレムリンに好都合なカルト集団とか、ヘイトを煽る者たちをテレビのプライムタイムに登場させることで、国民をうっとりさせたり、気を紛らわさせたりした。それにつれて、クレムリンの手助けをし、そのヴィジョンを世界に広めるための金めあての雇われ外国人の数は、いっそう増えていった。

　けれども、僕の進む道がずっと先でまたオスタンキノに戻ってくるとはいえ、膨大な量の台本が用意されている新生ロシアのリアリティー・ショーでまず僕がやらなければならなかったのは、視聴者がこの番組を西側のもののように観て聴いて感じられるよう手を貸すことだった。初めに僕が働いたテレビ局は、同じ名前のアメリカのテレビ局とはまったく関係がなかったがＴＮＴといって、ビザンチンと呼ばれる新しいビジネス・センターに入っていた。一階にはスパがあり、古代ローマ建築様式風に（漆喰塗りだが）ドーリス式円柱と遺跡で装飾され、すらりとした脚のものうげな若い女たちがしばしば訪れては、日焼けした肌をさらに焼いたり、延々とマニキュアやペディキュアを塗ってもらったりしている。マニキュアのデザインは凝っていて、何色もの色を使い、何度も塗り重ね、キラキラした粉を振りかけながら、小さなハートや花を描く。女たちの退屈そうな眼差しよりもよほど輝いている。まるで爪というちっぽけな空間に思いの丈のユートピアを注ぎこんでいるかのようだ。

テレビ局はこの建物の上層の数階を占有している。エレベーターのドアが開くと、ＴＮＴのロゴが目の前に現れる。目もくらむほど鮮やかで、歓声を上げたくなるような三色でデザインされている。晴れやかなピンク、明るいブルー、そしてゴールドの三色だ。ロゴの上部に書かれているのは、テレビ局のキャッチフレーズの「わたしたちの愛を感じて！」 これこそが必死で幸せそうにふるまう新生ロシアそのものであり、ロシアのＴＮＴ放送局のイメージだ。若々しくて元気がよく、一見華やかな国。テレビ局は躁状態の黄色とピンクの光線を、人々の暗闇に沈んだアパートに送っている。

オープンオフィスには、顔を輝かせた愉快な若者があふれていた。彼らは忙しそうに動きまわりながら、ロシア語にところどころイギリス英語の語句を交えたりしたし、イギリスのポップミュージックのヒット曲を口ずさんでいた。ＴＮＴはフーリガンの番組を制作しているし、若いスタッフは文化革命を起こしているんだという興奮でざわついていた。彼らにとってＴＮＴは、体制破壊的なポップアートの一部であり、ロシア国民の神経に潜りこみ内部から神経を配線し直して（リワイヤ）やるための手段である。このテレビ局はリアリティー・ショーをロシアに持ちこんだ。ある卑猥な番組は——テレビプロデューサーにとってはこの上ない喜びだったが——不道徳だとして年配の共産党員たちの厳しい非難を浴びた。ＴＮＴはロシア版の連続コメディー（シットコム）と、アメリカの『ジェリー・スプリンガー・ショー』を真似たくだらないトーク番組を始めた。また、このテレビ局は西側テレビのアイデアにこれでもかとばかりに飛びつき、西側が一〇年かかって考え出すよりも多くの番組の構成を、一年たたないうちにやってのけるのだ。この都会のもっとも頭脳明晰なたくさんの人間が国家だのなんだのお堅い組織から離脱して、娯楽チャンネルのテレビ局や豪華な雑誌の出版社で働いている。ここでは、プロパガンダ活動を強いられることはなく、反体制的でいることを勧められる。ただ、ここで本当の政治はできない。ニュースは放送しない場所だからだ。ほとんどの社員がこの取引に満足している。完全な沈黙に対して完全な自由が与えられているのだ。

「新しい世代がどんなことを考えているのか知りたいのよ、ピートル」

「どんなことに興奮するのかしらね、ピートル」

「画面で現実の人々を見たいと思ってるの。現実のヒーローをね、ピートル」

ピートル……僕のことをこう呼ぶのはTNTのプロデューサーたちだ。みなまだ二〇代の三人の女性。漆黒の髪の女性と、巻毛の女性と、ストレートヘアの女性がお互いの発言を受けて、話を続ける。彼女たちは僕の名前をロシア風に「ピョートル」と呼ぶこともできたが、そうしないで、よりイギリス人らしく聞こえる「ピートル」と呼んだ。彼女たちにとって、僕はショウウインドウに飾る西側の人間であり、そうなることで彼女らが見せかけの西側社会を作る手伝いをしているわけだ。そして、僕の方のメリットといえば、実際よりもはるかに敏腕なプロデューサーのふりができた。僕たちはまず、TNTにとって初のドキュメンタリー様式の番組を始めることにした。三〇分後に最初の仕事が回ってきた——『億万長者と結婚する法：ゴールドディッガーのためのガイド』。もっと頑張れば、フィルム三本分は撮影させてもらえたと思う。ロンドンやニューヨークでは、企画を実行に移すのに、たいてい数ヶ月を費やす。だけど、TNTにはロシアの国営エネルギー独占企業、現時点で世界最大の天然ガス企業のガスプロムが資金を提供している。もとい、「実際には世界最大の企業である。以上」というわけだが。

「固定観念（ノー・コンプレックス）にとらわれていない」

「わたしたちは経営理論から一つの大切な教訓を学ばなくてはなりません」と女性のインストラクターが話す。「それは、つねに消費者の欲望を徹底的にリサーチすること。お金持ちの男性を探すにあたっても、この原則を適用しましょう。最初のデートについては、きわめて重要なルールが一つあります。決して自分のことをしゃべらない。相手の話に耳を傾けるのです。彼を魅力的だと思う。彼の欲望を見つけ出す。彼の趣味を調べて、その趣味に合わせて自分自身を変えるのです」。

場所は「ゴールドディッガー・アカデミー」――大金持ちのパトロン探し専門学校というところかな。真剣な態度でブロンド娘たちが注意深くノートを取っている。「シュガー・ダディ」（パトロンのことだ）を見つけることは特殊な技能であり、専門職なのだ。この学校は人造大理石でできた廊下が伸び、ほうぼうに丈の長い鏡がかけられ、金色で塗られた装飾が施されている。隣にはスパと美容サロンがある。パトロン探しのためのレッスンを受け、そのあとでワックスを塗ってむだ毛を処理し、日焼けをする。インストラクターは四〇代の赤毛の女性で、心理学の学位にＭＢＡも持っていて、皮肉っぽい笑みを浮かべ、とりすました高い声で話す――ミニスカートを穿いた「ミス・ジーン・ブロウディ」といったところか。「最初のデートに宝石を身につけて出かけてはいけません。あなたのことを貧しいと思わせなければならないのですから。あなたに宝石を買ってあげたいと思わせるのです。ぽんこつの車で行って、もっと素敵な車を買ってあげたいと思わせましょう」。

生徒たちは丁寧な字でノートを取っている。このコースを受講するには、毎週一〇〇〇ドルの学費を払わなければならない。このような「アカデミー」はモスクワやサンクト・ペテルブルクに数十校あり、校名もれている。

「ゲイシャ・スクール」とか「ハウ・ツー・ビー・ア・リアル・ウーマン」といったそれらしい名が付けられている。

「高級住宅街に出かけなさい」とインストラクターは続ける。「地図を片手に持って、道に迷っているふりをしなさい。お金持ちの男性が近づいてきて、どうしたのと言ってくれるかもしれませんよ」。

「しっかりと自立している男性がいいわ。石の壁のかげにいるのと同じぐらい安心させてくれるようなね」と言ったのはオリオナだ。この学校を卒業したばかりの生徒で、ゴールドディッガーたちがよく使う「並列言語」を使う（彼女が伝えたかったのは、金持ちの男が欲しいということだ）。普通だったら、僕とおしゃべりしようだなんて考えもしなかっただろう。というのも、彼女はいわゆる高嶺の花であり、僕なんぞは瞬き一つでいとも簡単に斥けるだろうからね。だけど、僕が彼女をテレビに出演させるつもりだとわかった途端、態度が一変した。番組名は『億万長者と結婚する法』になる予定だ。僕はオリオナに話をしてもらうのは難しいと予想していた。自分の生き方をさらすのはいやだろうと思ったからだ。ところが、まったく逆だった。世間に言いたくてたまらなかったのだ。ゴールドディッガーの手法たるや、国の誰もが知りたがる謎の一つになっていた。書店には、億万長者をしとめる方法を若い女性たちに伝授する自己啓発本がずらりと並んでいる。ずんぐりとしたぽん引き、ピーター・リスターマンはテレビ界のセレブだ。彼は自分のことをぽん引きとは言わず（違法になるからだ）、「マッチメーカー」と呼ぶ。女性が彼に仲介料を払い、金持ちの男を紹介してもらうのだ。金持ちの男も仲介料を払って女性を紹介してもらう。リスターマンの代理人である一〇代のゲイの青年たちが鉄道の駅で、何でもよいから新しい人生を見つけようとモスクワにやってきた、脚の長いしなやかな身体つきの若い女を探す。リスターマンは娘たちを「ニワトリちゃん」と呼んでいて、写真撮影のときには鶏肉を刺したケバブの串を持ってポーズをとる。「ニワトリちゃんを追いかけているのなら、私のところにいらっしゃい」と、広告で謳っている。

オリオナは新しくてぴかぴかの小さなアパートに臆病そうな仔犬と暮らしている。このアパートは、億万長者の街のルブレフカに通じる主要道路の一つに沿って建っている。こうした場所には、金持ちの男たちが帰宅途中に急いで立ち寄れるよう愛人を住まわせている。オリオナは、一九九〇年代に初めてドンバス地方からモスクワにやってきた。ドンバス地方は、マフィアのボスたちによって乗っ取られたウクライナの炭田地帯である。母親は美容師だった。オリオナも美容師になる勉強をした。ところが、母親の小さな美容室がつぶれてしまった。オリオナはほとんど無一文で、二〇歳のときにモスクワに出てきて、カジノの一つ「ゴールデン・ガールズ」でストリッパーとして働き始めた。踊りがうまかったため、シュガー・ダディに見初められることになった。現在、彼女はモスクワで暮らす愛人の平均的な額を稼いでいる。アパートの家賃、月四〇〇〇ドルの生活費、自動車、年二回それぞれ一週間のヴァケーションをトルコかエジプトで過ごす費用をあてがわれている。見返りとして、シュガー・ダディのほうは昼夜を問わず、いつでも好きなときに、彼女のしなやかで日焼けした身体を自分のものにできる。いつでも嬉しくてたまらない風を装い、いつでも進んで演技しなければならない。

「故郷の女の子たちの目つきを見るといいわ。恐ろしいほど嫉妬に燃えているんだから」と、オリオナが言う。「『あら、訛りが取れて、すっかりモスクワっ子みたい』って、みんな言うわよ。くそくらえよ。自慢に思うだけよ」

「いつか向こうへ戻るつもりはないのかい？」

「ありえないわ。戻ったりしたら負け犬ってことになるもの。ママのところに帰ったたってことにね」

だが、シュガー・ダディは三ヶ月前に新車を買ってくれると約束したのに、いまだに届かない。オリオナは彼が自分と別れるつもりなのではないかと心配している。

「このマンションにあるものは全部彼のものなの。わたしのものは何もないわ」。オリオナはそう言って、自分の部屋をじっと見つめる。そこがまるで舞台のセットで、そこに住んでいるのが別人であるかのように。

そして、シュガー・ダディがオリオナに飽きた瞬間、彼女は追い出される。臆病そうな仔犬とスパンコールがついたドレスを一ダースだけ抱えて路頭に迷うことになる。だから、オリオナは新しいシュガー・ダディを探している（彼女たちは「シュガー・ダディ」ではなく「スポンサー」と呼んでいる）。したがって、「ゴールドディッガー・アカデミー」、ある種の成人教育の場に通っているというわけだ。

「だけど、どうやって他の男たちと出会えるのかな？　今のスポンサーは君のことを監視していないのかい？」

「ええ、だから気をつけなきゃならないのよ。いつもボディガードの一人にわたしを監視させるの。優しいやり方でだけどね。ボディガードは買い物のふりをしてふらっと現れる。わたしには、他の男が一緒にいるかどうか調べているんだってわかる。彼はさりげなくやろうとしているのよ。親切なのね。他の女の子たちの話を聞くと、ずっとひどいんだから。カメラで監視されたり、私立探偵に尾行されたりするのよ」

オリオナの勝負の舞台は、若い女性を探すスポンサーと、スポンサーを探す若い女性のためだけに設計されたと言ってよい数々のクラブとレストランだ。男たちは『フォーブス』誌の世界長者番付に名前が載っていそうなことから「フォーブス」と呼ばれ、女の子たちは「仔牛（チョーロク）」と呼ばれている。ここは買い手市場であり、一人の「フォーブス」に対して何十、何百という「仔牛（チョーロク）」がいるのだ。

その晩はまずレストランの「ガレリア」へ。道の反対側には赤いレンガ造りの修道院が、雪の降るなか、外洋航路をゆく船のように聳え立っている。このレストランの外には、黒塗りの車が狭い舗道と大通りに、店を取り巻くように四重に駐車され、顔をしかめながら煙草を喫っているボディガードたちが、店の中にいる主人たちを待っている。ガレリアはアルカディ・ノヴィコフが立ち上げたレストランだが、彼のレストランはどの店も、モスクワでは行っておかなきゃならない場所である（ノヴィコフはクレムリンへのケータリング・サービスも行っている）。それぞれのレストランが、中東とかアジアとか新しいテーマを持っている。模倣されたものというよりは、誰かほかの人間のスタイルにヒントを得たと言った方がいい。ガレリアは援用されたもののコラージュである。円柱、クロムめっきの黒いテーブル、イギリスのペイズリー柄の織物が貼られた壁板。テーブルは映画の撮影用スポットライトで照らされている。座席はどんなに隅にいる人も見渡せるように設計されている。そして、このディスプレイのメインテーマは女たちだ。彼女たちはバーのカウンターに座り、ヴォスのミネラルウォーターを注文するだけにする。フォーブスに「一杯やらないか」と誘わせるためだ。

「うふふ、あの人たちはすごく単純なの」と、オリオナ。「ああいう駆け引きにはそろそろみんな気づいているけどね」。

彼女はカクテルとスシを注文する。「わたしはいつも、男の人からは何も受け取らないふりをするの。そうすればわたしに夢中になるからよ」。

真夜中、オリオナはいちばん新しいクラブに向かう。ぞろぞろと進む黒塗りの（一台残らず黒塗り！）ベントレーとメルセデスの防弾になっている車のはなやかな列が、ゆっくりと入口に近づいていく。ドアの近くで、たくさんのスティレットヒールを履いた女たちがいつでもなぜか完璧なバランスをとりながら、黒い氷の上をすり足で滑るように歩いてゆく（さすがはバレエ王国だ！）。たくさんのプラチナブロンドのふさふさした長い髪が、雪で湿ったむきだしの年中日焼けした背中をくすぐっている。たくさんのふっくらした唇から出た叫び声が冬の空気をつんざく。女性たちが中に入れてくれと懇願しているのだ。ファッションいかんでなく、クールにやれるかどうかの話だ。つまるところ、これは仕事上の問題だからね。今夜は娘たちにとって、ダンスをして、お金とか私兵とか防犯用フェンスといった、いつもは近づけない壁の向こうを垣間見ることのできる一つの機会なのだ。北半球一の格差社会であるこの都市では、大富豪はフェンスを巡らしたなかで隔絶された優雅な文化的生活を送っているが、週に一晩だけはほんのわずかだけ天国への水門を開ける。すると、女たちはそのわずかな隙間にどっと押し寄せ、中に潜りこもうとする。女たちを閉め出してモスクワのしみったれた街に帰らせる前に水門は一晩しか開かないことを、重々承知しているのだ。

オリオナは女たちの最前列へと軽やかに歩いていった。VIPリストに名を連ねているのだ。年の初めになると、ナイトクラブの用心棒に数千ドルを支払い、必ずいつでも中に入れてもらえるようにする。自分の仕事にたいする税金として支払う必要があると思っている。

クラブの内部はバロック様式の劇場そっくりで、中央にはダンスフロア、壁には開廊（ロッジア）が設けられている。フォーブスたちは暗くした開廊（ロッジア）に陣取り（彼らはこれを楽しむために数万ドルを払っている）、一方のオリオナと数百人の女たちは下で踊りながら、慣れた目つきでロッジアを見上げては、上に呼ばれることを期待する。ロッジアは暗がりの中にある。誰がそこに座っているのかまったくわからないため、娘たちは影に向かって媚びを売るのだ。

「一八歳の女の子がとてもたくさんいて、わたしのすぐ後まで迫ってきているのよ」と、オリオナは言う。まだ二二歳だが、もうモスクワでの愛人としてのキャリアは終わりに近づいていることになる。「もうすぐ自分の基準を下げなきゃならなくなるってことはわかっているのよ」と僕に言うが、動揺しているというよりも、むしろ面白がっている。オリオナが心中を打ち明けてくれるようになって気づいたのは、彼女は僕が思っていたような人物とはまるで違うということだ。アルコール度の高いシャンパンではなくスパークリングワインだ。彼女の手にかかれば、すべてが戯れになる。そして、これこそがオリオナの成功の秘訣にちがいない。彼女がいるだけで、部屋の中が陽気に泡立ってくる感じがする。「もちろん、まだまだ本物のフォーブスがいいと思っているわ。でも、最悪の場合には、地方出身の間抜けなお金持ちか、さえない海外駐在員の一人で手を打つつもりよ。もしくは、お下劣な年寄りね」。だが、ゴールドディッガーの未来がどうなるのかは、誰にもわからない。このような人生を職業としてとらえている、最初の世代だからだ。オリオナはマフィアが牛耳る鉱山町を飛び出してきたが、前途に待ち構えているものが何なのかは神のみぞ知る、なのだ。オリオナはくすくす笑いながら、奈落の上で踊っているのだ。

アカデミーに戻ると、レッスンは続いている。

「今日は、プレゼントを受け取るための「アルゴリズム」を学びましょう」と、インストラクターが生徒たちに向かって言う。「殿方からプレゼントをもらいたければ、理性がなく、感情に動かされやすい左側に立つのです。彼の右側は理性的です。したがって、ビジネス・プロジェクトについて議論するつもりなら、右側に立つこと。ただし、あなたがプレゼントを望んでいるのなら、左側に立たなければなりません。もしも彼が椅子に中腰で座っているのなら、自分が背が高くなってあなたが子どものように見えるものです。あなたは膣の筋肉をぎゅっと締めること。そうです、膣の筋肉です。そうすれば、瞳が大きくなるので、もっと魅力的に見えます。彼が何かを言ったら、頷くこと。頷かれると、彼はあなたの言うことに思わず従ってしまうでしょう。それから最後に、あなたが車とか、ドレスとか、何であれ欲しいものをおねだりするときには、彼の手を撫でるのです。やさしくやさしく撫でましょう。それでは、わたしの後について言って。見つめる！　頷く！　撫でる！」

娘たちは声をそろえて繰り返す。「見つめる。頷く。撫でる……見つめる、頷く、撫でる」。

「あの娘たちは俺たちからうまくドレスをせしめたら、しめたと思うんだ」。この学校のレッスンのことを知り合いの大富豪に話すと、彼はそう言った。「しめたと思わせてやることもある。だけど、いいかい。俺たちがその気にならなかったら、ぜんたいあの娘たちは何を手に入れられるというんだい？」別の知り合いが言う。「俺があの娘たちのことを何と呼んでいるか知っているかい？　カモメだよ。海岸のカモメのように、ゴミ捨て場の上をぐるぐるまわりながら飛んでいるからね。それに、女の子たちがバーに集まって噂話に興じているときなどは、カモメが鳴いているんじゃないかって思うほどやかましい。ギャーギャー！　ギャーギャー！　まさにカモメだよ！　おかしいだろう？」


　この番組のリサーチを進めると、僕はアカデミーの卒業生たちと次々に知り合いになる。ナターシャはきちんとしたドイツ語を話す娘だ。ロシアを訪れるビジネスマンの通訳として働いている。通訳会社が募集広告を出すのは、「固定観念にとらわれていない（ノー・コンプレックス）」若い女性を募集するときだけだ。これは依頼人とセックスすることも厭わないという暗号である。いたるところで、いちばん下に小さな文字で「固定観念にとらわれていない（ノー・コンプレックス）」と印刷された秘書や個人助手の募集広告を見かける。どうもこのフレーズが、屈辱を人間的な解放に変えたと言えなくもない。ナターシャはドイツのエネルギー会社のボスのもとで働いている。ミュンヘンに戻るときは自分も一緒に連れていってほしいと願っている。

「ロシア人の男たちは選択肢が多すぎて増長しすぎよ。西側の男たちの方がよっぽど手玉にとりやすいわ」。まるで市場調査を行っている人間のように熱心に話す。「だけど、西側の男たちのいけないところは、プレゼントを買ってくれないし、ディナーもごちそうしてくれないところね。わたしのドイツ人の彼にも、もう少しまめにやってもらわないとね」。

レーナはポップスターになりたいと思っている。モスクワでは、彼女たちのことを「歌うパンティー（シンギング・ニッカー）」と呼ぶ。才能はないが、金持ちのスポンサーがついている娘たちのことだ。レーナは自分のことを歌が下手だとじゅうぶん承知しているが、そんなことは大した問題じゃないということもまたわかっている。

「どこかのオフィスで休みもなく働き詰めだなんて、まるっきり理解できないわ。そんなふうに働かなきゃならないなんて、屈辱でしかないわ。男の人は最上階まで連れていってくれるエレベーターだから、わたしはそれに乗るつもりよ」

ＭＢＡを持つ赤毛のインストラクターも同意見だ。「フェミニズムは間違っています。どうして女性が仕事に命を懸けなければいけないのですか？　それは男性の役目です。完璧な女性を目指すかどうかは本人次第ですけどね」。

「だけど、あなたはどうなんですか？」　生徒たちが教室から出ていったとき、僕はインストラクターに尋ねる。「あなたは仕事をしている。つまり、アカデミーでひと儲けしているわけです」。

インストラクターは口元をかすかにほころばせて、話題を変える。「今度は、老化を防ぐためのクリニックを開くんですよ。おいでになって、そちらも録画しませんか？」

授業は続いている。インストラクターがホワイトボードに円グラフを書いた。それを三つに分ける。

「男性には三つのタイプがあります」と生徒たちに言う。「創造力がある人。分析をする人。この二つのタイプはほうっておきましょう。わたしたちが望むのは「所有する人」です」。それから、刑務所を連想させる露悪的な言い方、「その人の後ろにいれば、石壁の後ろにいるみたいに安心させてくれる男性のことですよ」を繰り返す。「わたしたちはみなそんな男性の見分け方を知っています。強くて無口な男性。着こんでいるのはダークスーツ。深みのある声の持ち主。本気で話す人。この手の男性は支配することに興味があります。力強い女性は望んでいません。そんな女性はもうこりごりだと思っています。可憐な花のような女性を求めているのです」。

　オリオナが父親のいない家庭で育ったことも付け加えた方がいいだろうか？　レーナ、ナターシャ、そして僕が出会ったゴールドディッガーたちは皆が皆、父親がいなかったのだ。父親のいないハイヒール娘たちが、シュガー・ダディとはいえ父親（ダディ）を求めている。それがオリオナや他の生徒たちのおもしろいところだ。彼女たちの抜け目のなさには、権力者（ツァーリ）についてのおとぎ話のような幻想がつきものだ。今日か、明日か、明後日かわからないが、自分をジェット機に乗せて、メルセデス・ベンツ・マイバッハが走る堂々とした王国に連れていってくれると信じているのだ。もちろん、そのイメージを一身に体現しているのが現大統領である。虎を狩ったり、クジラに銛を打ちこんだりしているときの上半身裸の写真は、どれもが、終わりの見えない列に並ぶ父親のいない少女たちへのラブレターなのだ。究極のシュガー・ダディである大統領は、「石壁の後ろにいる」みたいに思わせてくれる究極の保護者なのだ。

　ふたたびアパートにオリオナを訪ねると、プーシキンの大部の本を一冊持ってきた。この前の晩にクラブで出会ったフォーブスの一人が文学好きらしい。オリオナはそのなかの『エヴゲーニイ・オネーギン』の韻文をすべて暗誦しようとしている。

誰を愛せばいいのか、誰を信じればいいのか、
わたしたちが頼れるのは誰なのか？
結局、すべての言葉をわたしたちの尺度で測ってくれるのは誰なのか？
……決して幻を追い求めてはいけない、

さもなくば、すべての労苦が水泡に帰すだろう
自分自身を愛するがいい、それが心にとめる唯一のこと……

「ほんとうに思いがけないタイミングで、彼の前でさりげなくそらんじて見せるわ」。オリオナは自分の巧妙なやり方を見せびらかしてたまらず、ウィンクしてみせた。

相手のフォーブスはすでに彼女をプライベートジェットに乗せている。「想像してみてちょうだい。そのなかでは煙草も喫えるし、お酒も飲めるし、シートの上に足を投げだしてもいいのよ。シートベルトをしなくてかまわないのよ！　好きなようにできるの！　全部ほんとうよ、そんな生活ができるの……映画の中じゃなくてもね！」

オリオナがそのフォーブスに出会ったのは、あの晩、ＶＩＰルームに上がっていったときだ。

「彼は非の打ち所のないハンサムよ」。オリオナは興奮が抑えられないといった感じでささやく。「何百ドルと女の子たちに渡して、フェラチオをしてもらってた。一晩じゅう頑張ってたわ。とんでもないスタミナよね！　それに、あの気の毒な女の子たちは、たんなるお金目当てじゃなくて、それぞれが彼に覚えていてもらいたいと、自分は特別だと思っているのよ。だからいつも以上に頑張るわけ。もちろん、わたしは彼に話を持ちかけられても断ったわ。わたしは彼女たちとは違うんだから……わたしたち、付き合っているの。うまくいくように祈っていてちょうだい！」

オリオナが自分のことで思ったこともなければこれからも思わないのは、自分は売春婦だということだ。彼女と売春婦とのあいだには明確な違いがある。それは、売春婦はぽん引きに言われたら、誰とでも寝なければならないが、オリオナは自分自身で相手を見つける点だ。

「以前、わたしがダンサーとして働いていたとき、ボスはわたしに言ったわ。お得意様の一人と一緒に帰ってね。彼は常連で、有力者で、太った人だった。それなりの年配でもあったしね。「どうしても一緒に帰らなきゃいけませんか?」とボスに尋ねたわ。「どうしてもだよ」。わたしは彼のホテルに行ったわ。でも、彼が見ていないときに、お酒にロヒプノールってデートドラッグを混ぜて、逃げだしちゃったわ」

オリオナは自慢げにそう言った。売春婦とは違うという証拠だ。

「それじゃあ、恋愛はしないのかな?」と僕はオリオナに尋ねた。すでに夜は更けている。僕たちは彼女のアパートでインタビューをテープに録画している。とろっとして甘いプロセッコを飲みながら。彼女のお気に入りのワインだ。臆病な仔犬がソファーの傍らでいびきをかいている。

「最初のボーイフレンド。故郷のドンバスにいたときの。あれは恋愛だったわ。彼は地元の権力者(オーソリティー)でね」

権力者(オーソリティー)とはギャングに対してうまい表現を使ったものだ。

「どうして別れたのかな?」

「彼は別のギャングと抗争中だったの——そいつらが彼を脅迫しようとわたしを使ったのよ。わたしが街角に立っていたときよ。確か、路面電車を待っていたときだったわ。男が二人、しかも大男が近づいてきて、わたしを捕まえて、車の中に押しこもうとした。わたしはやつらを蹴飛ばして、大声を上げた。だけど、やつらは通行人には、わたしのことを酔っ払った友だちだと言ったのよ。あんな男たちに盾突こうとする人なんて、いやしないわ。わたしはアパートの一室に連れていかれた。両手を椅子に縛りつけられて、一週間、そこに閉じこめられていた」

「そいつらにレイプされたのかい?」

オリオナは甘いプロセッコをすすりつづけた。ずっと微笑を浮かべたままだ。まだスパンコールがついたドレスを着ている。ハイヒールを脱いで、ピンク色のふわふわしたスリッパを履いている。香りをつけた細い煙草を喫っている。こともなげに打ち明けているが、面白がっているようにさえ見える。最悪だが、どういうわけかいくぶんおかしみのあるウィークデーの物語だ。

「順番にね。一週間ずっと。時々、一人が魚の酢漬けとウォッカを買いに出かけた。部屋じゅうに魚の酢漬けとウォッカのにおいが漂っていた。今でもあの部屋を鮮明に覚えてるわ。がらんとした部屋。木製のテーブルが一つ。ダンベル。筋トレ用のベンチプレス。やつらはレイプの合間にウェイトリフティングをしていたわ。壁にはソ連の国旗が掛かっていた。わたしはレイプされているあいだ、ずっとその旗を見つめていた。結局、やつらの片方がわたしに同情したの。もう一人がウォッカを買いに出かけたとき、逃がしてくれたってわけ」

「それできみの権力者（オーソリティー）は？」

「何があったかを彼に話したら、ものすごく怒って、やつらを殺すと約束してくれたのよ。だけど、敵対していたギャングと手打ちをすることになったわけ。それで一件落着で、彼は何もしてくれなかった。あいつらをよく見かけたわ。わたしを逃がしてくれた男は謝ってさえくれたのよ。結局いい人だったのね。でも、もう一人は、わたしを見るたびに、にやっと笑った。だから、街を出たの」

僕たちが帰り支度をしているあいだ、オリオナは今までていちばん考えこんでいるように見えた。「あの部屋で起きたことを話す場面は、あなたたちの番組で使わないでもらえるかしら？」

「もちろん使わないよ。危険かもしれないしね」

「危険？　いいえ、そうじゃないの。そうじゃなくて、つまり、わたしがかわいそうな人間に見えるからよ。気が滅入るわ。そんなふうに世間から見られたくないのよ。陽気な人間だと思われているんだから。それがいいの」

僕はオリオナに嫌な出来事を語らせてしまったことを悔やんだ。「いや、あんなことまでしゃべらせてしまって申し訳ない。そんなつもりはなかったんだ。過去の嫌なことを蒸し返されるのは、さぞ不愉快にちがいない」。

オリオナは肩をすくめる。「ねえ、こんなの普通よ。女の子なら誰の身にも起きることなの。たいしたことじゃないわ」。

プーシキンを愛するフォーブスとオリオナとの関係は、長続きしなかった。「最初は彼が好きなのはあばずれ(ビッチ)だと思っていたの。だからそういう女を演じたわけ。今考えてみると、たぶん、ビッチが好きじゃなかったのね。きっと、いい娘(こ)ちゃんが好きだったんだわ。時々、自分でもわたしがどっちなのかよくわからなくなるのよ。いい娘(こ)ちゃんか、それともビッチか」。オリオナは意気消沈した声ではなく、いつものように超然とした穏やかな口調で言った。まるで、自分自身のことを第三者の立場で考えているみたいにだ。オリオナの悲しみを見つけても、すぐに消えてしまう。ディレクターとしての僕の仕事は、彼女の嘘を見破り、弱点を見つけ、感情を揺さぶっては彼女のうわべを崩し、挫けて泣き乱れる様子を映すことである。ところが、オリオナはただ身を翻したりよじったりし、ほほ笑みながらあらゆる色に輝く。貧乏も屈辱も恐れていない。スポンサーを失ったら、また一からやり直して、自分をすっかり変え、再挑戦をするだけだ。

午前五時、クラブはいつもどおりに開いている。フォーブスたちは開廊(ロッジア)からおぼつかない足取りで降りてくる。口元は緩み、千鳥足になっている。彼らはみなが同じような服を着ていて、高価なシルクのボーダーシャツの裾をデザイナーズブランドのジーンズに押しこんでいる。誰もが、日焼けし、太っていて、札びらと自己満足でてらてらと光っている。ダンスフロアで「仔牛(チョーロク)」たちと合流する。誰もが酔っぱらっていて、汗をかきながら動きまわっている。動きが速すぎて、むしろスローモーションのように見える。彼らはお互いを認め合うのに、甘くわかりやすい視線を交わす。まるで仮面が外され、みんなでとんでもないお笑い種に興じているようだ。そうなると、フォーブスも娘たちもまったく対等だと気づく。ソ連という一つの世界から這い上ってきたのだ。間欠泉のように生み出されるオイルによって、フォーブスと娘たちは異なる財力を持つ宇宙空間へと打ち上げられてしまったが、今でもお互いを完璧に理解している。そして、彼らが交わした甘くわかりやすい視線は、この仮面舞踏会がどれだけ面白いかを物語っているように思える——昨日は公営アパートで暮らしながら、ソ連の国歌を歌い、リーバイスのジーンズと粉ミルクを贅沢の極みだと考えていたのが、今では高級車と、ジェット機と、とろっとしたプロセッコに囲まれているんだもの。西側の人間の多くが、ロシア人はマネーに取りつかれているようだと言うが、それは間違っていると僕は思う。スノードームの中のきらきら光る飾りのような現金はあまりに急速に流入したため、現実感がなく、貯めこむものではない……枕投げで出る羽毛のようにそのなかでくるくるまわって踊るものであるし、早変わりのさまざまな張り子の仮面に仕立てるために「パピエマシエ」のようにカットするものだ。午前五時、店内の音楽はどんどんテンポが速くなり、躍動感にあふれた雪降る夜には、「仔牛」たちがフォーブスになり、フォーブスたちが「仔牛」になる。彼らはとても速く動いているため、自分たちのさっきまでの姿がダンスフロアのそこいらじゅうにあるストロボスコープに残像となって映っているのを自分で見ることができる。男たちと女たちは、ストロボスコープの中の自分の姿を見て考える。「あれは現実に自分に起きてることなのか？あの中にいるのはこの「俺」なのか？　この「わたし」なのか？　いくら、マイバッハも、レイプも、ギャングも、集団墓地も、ペントハウスも、きらきら光るドレスがあったとしても？」

ＴＮＴで会議に出ているとき、僕の電話が鳴った。ディスプレイには「非通知」と表示されている。もしかすると自宅から重要な知らせが入ったのかもしれない。僕は謝ってから席を立って廊下に出て、あのネオンサイン、「わたしたちの愛を感じて！」の下まで移動した。電話に出ると、最初はしばらく沈黙が続いた。息づかいが聞こえる。そして、かすれた口笛のような笑い声。

「ピートル。俺が誰かわかるかい？　ヴィタリ・ジョーモチカだ。頼みがある。聞いてくれるか？　ほんのちょっとしたことだから」

ヴィタリは断ったら気まずくなりそうな尋ね方をしてくる。

「いいですよ」

「Ｄ駅に来てくれないか。カメラも持参してほしい。小さいのではなくて、ちゃんと撮影できるやつだ。決まりだな？」

「いいですよ……」

夕方、僕はＤ駅に向かった。鈍行の通勤列車に一時間ほど乗ることになる。ロシアでもっとも乗り心地のひどい部類の列車だ。ベッドタウンに帰る不機嫌な貧乏人でいっぱいだ。店員、警官、清掃人などが毎日大都市にやってきて、プラチナの腕時計やポルシェを間近に眺められるところで仕事をし、夕方にはふたたびそそくさと暗い近郊へと戻っていくだけだ。ビニール袋に詰めこまれてしわくちゃになった下着の着替えを持ち、寒い車内で生ぬるいビールを飲む。座席は木製で固く、快適な座り心地は望めない。僕は、落ち着かないまま考える。いったい、ヴィタリがＤ駅で何をしているのだろうか？　彼が選ぶような場所とは思えない。とはいえ、彼から最後に連絡をもらってからちょっと経っている。その昔、ヴィタリ・ジョーモチカはギャングだった。一九九〇年代には「ロシア人」と「ギャング」はほぼ同義語になっていたが、現大統領がクレムリンで上りつめたときに、ギャングの時代は終焉を迎えた。政府の秘密情報機関が組織犯罪を引き継いだため、いくらギャングでも対抗しようがなかった。自分たちの財産を守るために、連邦議会下院（ドゥーマ）の議員になったギャングもいれば、足を洗って普通のビジネスマンになったギャングもいる。だが、シベリアでは、ヴィタリ・ジョーモチカが別の計画を練っていた。映画を監督したかったのだ。彼はスタッフを集めた。もう大がかりな車泥棒やビジネスマン相手のゆすりはやらない、そう彼らに告げたのだ。自分たちのことをテーマにした映画を作る、しかも自分たちで演じるのだ。

映画の製作に関しては、全員がずぶの素人だった。モンタージュ、絵コンテ、カメラワークといった言葉も、聞いたことすらなかった。彼らが通えるような映画学校はなく、指導してくれるような有名な監督もいなかった。ヴィタリは独学で映画の制作法を学んだ。名作を繰り返し観ては、ショット、カット、筋のひねりや意外な展開をことごとく分析した。紙の台本はない。台本は台詞を覚えられないばかな人間のために用意されるものだからだ。誰もが記憶力を頼りにシーンを理解していた。メーキャップや扮装、スタントマンを使わなかったため、彼らは自分で高いビルから飛び降りたり、自分の車を衝突させたりした。スクリーンに映った血はすべて本物だった。傷口からの出血が少ないとき、ヴィタリは自分の静脈に注射器を刺して、採った血を自分の身体じゅうに浴びせかけたものだ。拳銃も弾丸も本物だった。そのため、バーで撃ち合いの場面を撮影したときには、その現場は修復できないほど破壊されてしまった。

そうやって出来上がったのは、壮大な六時間のテレビのミニシリーズである『ザ・スペッツ』（文字どおり、「スペシャリスト」のこと）であり、これが完成したとき、元ギャングの映画作家（オトゥール）たちは独自の売りこみかたを考えた。地元のテレビ局にこのシリーズのテープを持ちこみ、局長におとなしく放送しろ、さもなくば……と言ってのけたのだ。逆らう者はいなかった。音声はとっちらかしだったし、いくつかのショットでは合ってさえいなかった。それでも全体的に見れば、ヴィタリは初の映画作りに成功した。プロットもあったし、アクションあり、カーチェイスありの作品だった。この映画は大評判となった。そして、ヴィタリはシベリアのスターになった。

僕が初めてヴィタリに会ったとき、彼は人気の絶頂にあって、トーク番組への出演を兼ねてだが、次に撮影を予定している大作への出資を募るためにモスクワに来ていた。僕はドキュメンタリー番組のアメリカ人ディレクターの助手として働いていた。僕たちはヴィタリのドキュメンタリー番組を撮らせてもらえるよう、彼を説得するつもりだった。モスクワに新しくできたカフェで待ち合わせをした。優雅な屋内の噴水からは、パステルカラーの淡い光が発せられていた。ミューザック（BGM）がカフェの中を静かに流れている。細身で背が高く丸坊主にしたヴィタリは、薄気味悪いほど大統領の双子の兄弟に、ただし下品にして長身にした双子の兄弟に見えた。きちんとアイロンをかけたデザイナーズブランドのトレーニングウェアを着ていた。「カプチーノを数杯飲み、泡の跡が残らないように、きれいに畳んだナプキンを唇にそっと押しあてた。「カポーシーノウズ（Capp-ooo-she-knows）――カポ（イタリアのマフィアの幹部）のことを彼女は知っている」。ヴィタリはカプチーノのことをこう呼んで、言葉遊びを楽しんだ。ウェイトレスが汚れたスプーンを持ってきたので、文句を言った。

「あなたは昔からギャングになりたいと思っていたんですか？」と、僕たちは尋ねた。

「誰よりもふさわしいってことはいつだってわかっていたのさ。誰よりも速く走れるし、高く飛べるし、うまく撃てる。まさに誰よりもだ」

ヴィタリは短いセンテンスとセンテンスのあいだに沈黙をはさみながら、じつに優雅に話した。自分については何にせよ自制心を働かせているようだった。酒は飲まず、煙草も喫わず、僕が悪態をついたときには、それをたしなめた。かつては麻薬常習者だったが、とっくにやめていた。しわがれ声でゆっくりと、ひどく妙なことで笑った（たとえば、カフェラテの「ラテ」という単語が面白かったらしい）。このようなちょっとした打ち合わせをするにも数週間かかった。彼の方で最初に日時を決めておきながら、いよいよという段になってキャンセルしてきて、僕たちをやきもきさせ、消耗させた。時が経つにつれて、僕はこれが彼のやり方だと学んだ。相手を思いどおりに動かすために、ちょっとした駆け引きを仕かけてくるのだ。

「映画を作りたいと思ったきっかけは？」

「俺は八年間刑務所にいた。刑務所ではたくさんのテレビ番組を観るもんだよ。警察と泥棒を扱った番組がやまほどあった。まさに俺の人生、俺の世界がそこにあったんだ。だが、全部偽物だった。喧嘩も偽物、拳銃も偽物、犯罪も偽物さ。いったいぜんたい、ギャングがどういうものか俳優に何がわかるというんだい？何もわかっちゃいない。俺の話ができるのは俺だけさ」

ヴィタリのミニシリーズでは、彼の犯罪人生が細かい点まで几帳面に描かれていた。その暴力の華々しさから、ヴィタリはディック・タービンの現代版だった。タービンは、イギリスで誰知らぬ者のないほんものの追いはぎ（ハイウェイマン）だけどね。ヴィタリは、高速道路沿いの茂みに隠れて、日本から運びこまれたばかりの新車の三菱やトヨタの自動車を積んだ運搬車を待ち伏せした。スカーフで顔を隠し、銃身を短く切った散弾銃を引き出すと、高速道路の中央に出ていく。仁王立ちになり、腰だめにした銃の狙いをさだめ、道の真ん中でただ一人、自分に向かってくるトラックを正面から見すえた。運転手は必ずトラックを停止させたため、積まれている車は全部彼のものになった。もしも運転手が抵抗したら、ヴィタリは相手を叩きのめすことになる。

このミニシリーズでは、こうした暴力の瞬間が思う存分描かれていた。会話はぎこちない部分もあったが（ヴィタリは汚い言葉を撮影班に使わせなかったからだ）、蹴ったり、踏みつけたり、恥をかかせたりする場面では、ギャングの役者たちは本領を発揮し、喜びや怒りで顔を輝かせた。

「でも、被害者たちのことはどう思っているんですか――同情したことはなかったんですか？」と、アメリカ人ディレクターが尋ねた。

ヴィタリはしごく当惑しているように見えた。僕のほうを向いて言った。

「むろんなかったよ。俺と同じことをするような人間は、誰も被害者に同情しやしない。被害者は間抜けなやつかもしれないし男らしいやつかもしれない。間抜けなやつならなおのこと自業自得ってものだ」

『スペッツ』の重要な場面では、ヴィタリが別のギャングのボスを殺す。画面のなかで、彼は静かに近づいていってライバルを撃ち、ふたたび静かに遠ざかっていく。すべてが素早すぎて、僕は何が起こったのかをもう一度確認するために、巻き戻して再生しなければならなかった。

「今までに何人殺したんですか？」と、ウェイトレスが向こうへ行ってから僕は尋ねた。

「一度殺ったときのことだけは話せるな。弟のかたきを討ったんだ。そのときは殺人の罪で服役したが、そのあとは、おれに盾突くやつはいなかったな」

「誰でも人殺しになれますか？」と、アメリカ人のディレクターが尋ねた。

「いいや。俺が刑務所にいたとき、人を殺したことを後悔している男たちがいたんだ。あいつらは、めそめそ泣いていては、教会に通っていた。世の中、人を殺しても耐えられるだけの強さがある人間ばかりじゃない。だが、俺にはその強さがある」

「それじゃあ、また犯罪者に戻るつもりですか？」

ヴィタリはにやりとした。「今の俺の人生でいちばん大切なのは芸術さ」。

僕たちはやっとのことで、ヴィタリの地元に同行する許可を得て、彼が次の企画のために撮影しているところをフィルムに収めさせてもらうことになった。仕事中の元ギャングの監督を独占的に撮影できるということになるし、彼の方も資金集めに役立つ番組宣伝ができるのだ。

「普通だったら、おたくは俺の犠牲者になっているところだ」。ヴィタリはこともなげに言った。「だが、今回は俺たちはパートナーだからな」。

ヴィタリの地元のウスリースクまでは、飛行機で丸一日かかる。そのあいだ、ヴィタリは席をリクラインして微笑むと、あとはずっと寝て過ごした。僕はもう一人の元ギャングで彼の友人、セルゲイとおしゃべりをしていた。セルゲイは『スペッツ』の音楽を作曲した人物だ。パワーリフティングの元チャンピオンで、飛行機の二人分の座席を占領している。信仰と出会い、ギャングの世界から足を洗った。ピストルの弾丸が当たってそのまま死んでもおかしくなかったが、奇跡的に弾丸が貫通したため、一命をとり止めた。その後、光明を見いだした（撃たれたあとにアメリカの福音派がセルゲイが健康を取り戻すのに力を貸したが、その彼らのおかげだった）。よく笑い、陽気で、ブロンドの髪をした熊のような男で、優しいライトブルーの目は探究心でいっぱいだ。以前はヘロインを密売していたし、少女たちをウクライナからヨーロッパに密出国させてもいたのだ。

「生まれ変わって信仰心の篤いあなたは、自分の過去をどのように理解しているんですか？」と僕は尋ねた。

「洗礼を受けたときに、すべての罪が洗い清められたんだ」と、セルゲイ。

「けれども、過去にしていたことを後ろめたく思わないんですか？」

「俺は悪魔だったが、それでも神のご意志を実行していたんだよ。俺の犠牲者はみんな、そうなるのにふさわしかったに違いないよ。神は悪い人間だけに罰をお与えになるからな」

セルゲイは機内で脚本を書いていた。ロシアの古いおとぎ話、『三人の英雄たち（トイリ・ボガトゥリャ）』を現代風にアレンジしたものだ。超人的な力を持つ大きな騎士たちが古代ロシアを旅しながら、ドラゴンをおとなしくさせたり、侵略者たちを服従させたりしていく物語で、セルゲイ版では、英雄たち（ボガトゥリャ）が元ギャングというわけだ。

ようやくウラジオストク空港（ウスリースクにもっとも近い空港だ）に降りたったとき、僕は東洋の空気に触れられるものと期待していた。というのも、そこは北京の一〇〇〇キロ東に位置し、太平洋に臨む都市だからだ。この地方は、ヴィタリを除けば虎で有名なのだが、見た目にはロシアの他の土地と何ら変わりはなかった。かすんだ緑褐色の丘とひょろっとして不気味な木々。モスクワの郊外にいるといってもおかしくない。ヴィタリのスタッフは空港の格納庫で僕たちを出迎えてくれた。そわそわとした目つきをし、シェルスーツ（防水のトレーニングウェア）を着て、金のメダルをつけ、さっぱりと髪を刈り、爪をきれいに整えている、若くて礼儀正しい男たち。一人の男が新車のジープを運転してヴィタリのところまでやってきた。盗んできた新しい馬を家臣が領主のもとに連れてくるといったところか。なにせ、ナンバープレートがないのだ。僕たちを乗せた車の列が、車線など気にもとめずに鷲が翼を広げたように展開して走ってゆく。そのスピードに最初は僕も怯えたが、次第に快感を覚えるようになった。ヴィタリは手を振って車を止めようとした一人目の交通警官を無視し、二人目の警官の制止にしたがって止まった。その警官は止まったのが誰かわかると、手を振ってゆくように指示した。

「あいつらはおれに口出しをするほど馬鹿じゃない」と、ヴィタリは言った。

ヴィタリには車を止める必要はなかったのだ。車を止めたのはデモンストレーションに過ぎず、誰も彼もにヴィタリが戻ったことを知らせようとしたのだ。

猛スピードで車を走らせ、ウスリースクに到着すると、やたらと大きくて風が強い中央広場を通り過ぎた。人間が使うのでなく、軍事パレードで使うことを脳裡において設計された広場だ。映画館、市役所、スイミングプールはどれも同じような旧ソ連の堅苦しい古典主義的建築様式で建てられている。だだっ広い大通りはどこかに通じているわけでもなく、いきなり行き止まりになる。その先には針葉樹林帯（タイガ）がどこまでも広がっている。旧ソヴィエト帝国のどこにでも同じような町があり、どれもこれもモスクワの都市計画を担当する省庁が設計したため、野暮で、居心地の悪さを感じさせる。

町は清潔だった。そして、静かだった。

「俺たちギャングがこの町の規律を守っているんだ。かつては麻薬常用者や売春婦がうろうろしていた。髪を伸ばしたティーンエイジャーたちもな。今では人前に姿を見せる気にもならんはずだ。俺たちで誰がこの町のボスかを教えてやったからな。俺は自分のスタッフにも煙草を喫わせない。部下の誰かが人前で酔っ払うようなことがあれば、容赦なく殴りつける」

ヴィタリはここでは有名人である。僕たちが通りを歩いていると、大きなショルダーバッグをしょってミニスカートを穿いた一〇代の女の子たちが立ち止まり、彼と一緒に写真を撮った。今度は僕たちが学校のそばで立ち止まっていると、生徒たちが窓ガラス越しにヴィタリの姿を見つけるやいなや教室から飛び出してきて彼に群がり、数学の教科書やノートを差し出してサインをねだった。教師たちはそれを眺めながら、優しく微笑んでいる。

ヴィタリの新作は一九八〇年代後半に彼が一〇代だった頃の話となる予定だ。その頃、初めてギャングもビジネスマンも出現したのだ。翌日、ヴィタリは自分らの若かりし頃を演じるティーンたちを選ぼうとしていた。旧ソ連時代からの劇場である「文化レクリエーション宮殿」の前には多くの人間が集まってきた。父親たちは自分の息子を学校から連れてきて、ヴィタリの若い頃と最初のギャング仲間たちの役のオーディションを受けさせようとしていた。

「息子には私らの歴史を知ってもらいたいんだ」と、父親の一人が言った。「ギャングがこの町を一つにまとめ、この町の規律を守ってきたってことをね」。

ヴィタリはリハーサル室でオーディションを行っていた。壁にはチェーホフと、メソッド演技法を生み出した偉大なるロシア人のスタニスラフスキーの写真が飾られている。ティーンエイジャーたちが部屋の中を歩かされている。

「本当にギャングになったつもりで歩かなきゃだめだ。横を見るな。顔を引きつらせるんじゃない。みんなが自分を見ているところを想像しろ。ゆっくりだ。ゆっくりと歩くんだ。ここはおまえの縄張りなんだぞ」

青年たちの中から数人が選ばれた。選ばれた者は興奮している。ヴィタリはその青年たちに、壁を背にして警察の面通しのように並ぶんだと命じた。端から順にじっくりと観察しながら、自分を演じさせるティーンエイジャーを選ぼうとしている。

「おまえは背が低すぎるな。おまえは太り過ぎだ。おまえは態度が悪い。おまえだ。おまえにやってもらおう。ただし、その前髪は切らなきゃだめだ」

ヴィタリが選んだのはおとなしい（しかもいちばんハンサムな）若者だった。名前はミーチャ。地元のカレッジで歴史を学んでいる。ヴィタリを演じることに決まっても、まったく感激していないように見えた。そうでないとすれば、たぶんすでに役になりきっていたのだろう。

ヴィタリはその若者を車に乗せて、地元の公園に連れていき、演じ方を教えた。

「向こうにいる若造どもが見えるか？　向こうに並んでいるベンチの脇でビールを飲んでいるだろ。あいつらのところまで行って、ここから出ていくように言うんだ。ついでにゴミも拾っていかせろ。この場所は自分の縄張りだというようにふるまえ。落ち着いて話せ。毅然としてろ。指図するんだ。おまえの後ろには大勢の仲間が控えていると思わせるんだ。俺になったつもりでやれ」

その青年はうまくやってのけた。一語ずつゆっくりとしゃべったおかげで、凄味が出た。ビールを飲んでいる若者に荷物をまとめろと言った。彼らが立ち去ろうとしたちょうどそのとき、ちょっとした屈辱を味あわせた。「ゴミを忘れるなよ」。その口調はヴィタリそのものだった。つねに底意地の悪い言葉で相手をやりこめようと狙っているのだ（「おたくが使っているあのカメラはすごく小さいよな、ピーター、本物のカメラを持っていないんじゃないのかい?」と僕によく言ったものだ。「インタビューの仕方を知らないようだな、俺が教えなきゃならないのかね」なんてこともね）。

ミーチャは好青年に見えるし、いずれ大学を卒業したら国営の企業で働くのだろう。しかし、彼の仕草や話し方はすでにギャングそのものだった。

「ミーチャはあなたみたいな立派なギャングになれると思いますか?」と僕らは質問してみた。

「素質はある。だが、もう少し精神的にタフになる必要があるな。あいつのトシには、おれはもうゆすりで最初の服役をしていたからな」

僕たちはヴィタリの両親を訪ねた。両親から彼の人となりがわかると思っていたのに、あてが外れた。ヴィタリの父親は工場勤めの真面目な男で、戦車の部品のはんだ付けの熟練工だった。小柄で、内気で、釣りの話をした。ヴィタリの母親はほろ酔いのようだったが、礼儀正しかったし、家の中はきちんと片づいていた。両親もヴィタリを恐れているようだった。ヴィタリは両親を軽蔑しきっていて、アパートに足を踏みいれようとさえしなかった。

「息子は学校でも、不良でしたよ」と、父親が言った。「刑務所に入れば少しは落ちつくんじゃないかと思ってたんですけどね。出所して兵器工場で普通の仕事をしてくれればいいとね。ところが、いざ出所したら、もういっぱしのボスになっていたってわけです」。

刑務所がヴィタリにとっての母校だった。シベリアのこの地域はいたるところに刑務所がある。そこいらじゅうに有刺鉄線と監視塔とコンクリートの壁がある。ヴィタリへのインタビューを撮影したのは、彼が初めて服役した刑務所を眺められる場所でだった。

「あそこですべてを学んだ」。初めて、ヴィタリがどことなく感傷的になっているように見えた。「あそこに入ったら、すぐに自分が男らしい人間であって、臆病者ではないことを証明しなければならないんだ。泣かない、ぺらぺらとしゃべらない、何かをやれと他人に指図させてもいけないのさ。言っていいのは本当に思っていることだけだし、ゆっくり話せ、それに約束は必ず守れってね」。

ヴィタリの最初の服役は、五年間だった。一九八八年に入所し、一九九三年に出所すると、彼が育った世界は一変していた。ソ連がすでに崩壊していたのだ。ひとかどの人物が全員、いきなりただの人になった。教師も警官も裁判官も給与が未払いのままだった。工員は、必要とされない冷蔵庫や列車の部品を作っていた。戦争の英雄は極貧の年金生活者になった。ヴィタリが初めて刑務所に入ったとき、彼のような男たちは社会の周辺で生活する定めだった。彼らはロシア語でシュバナ、つまり人間のくずだからだ。ところが、出所したとき突然、ヴィタリは今こそ自分の時代だと直観した。

「何で俺が親父と同じように、はした金のために工場で働かなきゃならないんだい？　ばかげてるぜってな」

この新生ウスリースクで価値のあるものは車と現金だけだった。ギャングはこの二つを誰よりも素早く、もっとも直接的な方法で手に入れた。だが、ただ脅し取ったり、盗んだりしたわけではない。ビジネスマンたちは取引の保証となるよう、ギャングを呼んだ（もしも取引先が約束を守らなければ、ギャングが懲らしめることになっていた）。人々は強姦者や泥棒を捕まえるために、無関心な警察よりもギャングを頼った。ギャングがエスタブリッシュメントになった。あらゆるものを結合させる接着剤になったのだ。その新世界では、誰もが、どう振る舞えばいいのかよくわからなかった。旧ソ連の手本とされていた人々は全員が用なしになった。そして、「西側」はまだはるか遠くの世界だった。ところが、ギャングには自分たちの刑務所の掟があり、それはペレストロイカ後も効力を失わなかった。このことが、ギャングを怖がられるごろつき以上の存在にした。彼らはこの途方に暮れた新生ロシアで、自分たちが何者なのか、何を象徴しているのかを知っている唯一の人間たちだった。そして、二一世紀の今、多くのギャングたちが不用な存在になっていても、彼らの振る舞い方はすっかり社会に定着している。

ヴィタリは自分の撮影の準備をしつつ、たびたび姿をくらました。僕たちをやきもきさせるための常套手段である。彼の友人の一人であるスタスが僕たちの世話係になった。スタスはジープに乗っていて、ジープの前部には小さなシャベルがネジで留められている。これはギャングの目印だ。彼は恋人を乗せてやってきた。背が高く、青白い顔をした、けだるい雰囲気のブロンド女で、自分が集めた靴下の話をするときだけ顔を輝かせた。「家にはヘビ皮のタイツだってあるのよ」と、僕に教えてくれた。

僕たちはスタスにウスリースクを案内してもらった。

この町はロシア全土でも最大級の自動車市場があることで有名だった。海をはさんで日本という土地柄から、三菱やトヨタの新車はすべてここで取引された。市場はこの町の入口の丘の上にある。近づいていくと、そこはまるで魔法の山のように銀色に光り輝いていた。もっと近くまでたどり着いたとき、ようやくその光が、新車のジープを始めとする四輪駆動車に反射して輝く陽光なんだとわかった。ここの住民は誰もが最新モデルを運転している。木造の屋外トイレを使い、色褪せたぼろアパートに住んでいても、彼らの大きくて黒い車はいつもテレビコマーシャルで見るような輝きを放っていた。スタスは僕たちを地元の人間が改造車を見せあう集まりに連れていってくれた。車の後部にジャクジーを据え付けた男や、ホームシアターを設置した男もいた。自分の大切な所有物を愛情こめて見せびらかしていた。大男たちが愛車に愛おしそうに触っている。スタスは小さな歯ブラシを取りだして、自分のランドクルーザーのヘッドライトの汚れを落としはじめた。優しく、根気よくこすっている。まるで幼な子の身体を洗っているみたいだ。

次に僕たちは、町を見下ろす眺めがいちばんいい丘の上に向かった。そこから見える工場はどれも錆びついているものの、まださかんに煙を吐き出していた。この丘陵地帯の中に、黒い大理石でできた墓石が立ち並ぶ共同墓地がある。墓石には、若くして死んだギャングたちの名が刻まれていた。「ボクサーのブーバ」とか「メルセデスのボリス」といった案配だ。墓石に彫りこまれた彼らの肖像画は、いかにもギャングらしく派手なものだった。一人はメルセデス・ベンツの鍵をこれ見よがしにぶら下げている姿だったし、格好をつけて携帯電話を耳に押し当てている姿のものもあった――まるで、来世に旅立つときにはもっとも大事な所有物と一緒に埋葬されたエジプトのファラオのようだ。墓石に刻まれた日付はしばしば一致していた。一九九〇年代の同じ日に若者たちが死ぬことがしばしばあったからだ。ギャング同士の抗争が繰り返された頃であり、その世代の若者がことごとく死んでしまった。

「ここにはたくさんの友人が眠っているのかな?」と僕はスタスに尋ねた。

「俺のクラスのほとんどさ」。スタスが淡々と答えた。「ギャングだけじゃない。一斉射撃の巻き添えを食らって死んだやつがたくさんいたんだよ」。

夜になると、僕たちは中華レストランのマイアミに向かった。店の外には、高さ一二フィートのプラスチック製のヤシの木が立っている。同じものを町の至るところで見かけた。どうやらこれがおしゃれだと思っているらしい。マイアミは、店の前には駐車場ビルが、地下にはマッサージパーラーがあった。「よくまとまっているだろ。欲しいものが一ヶ所で手に入る」。レストランの中はバーガンディ色のビロードが壁に貼られ、黒いラッカーを塗った椅子が置かれていた。常連たちはみな、アイロンをかけたトレーニングウェアを着ている。このレストランの経営者は中国人だ。中国との国境までたった五〇マイルで、噂では、人口の三分の一が中国からの不法移民とのことだ。

「以前はどこにいても中国人(チンク)を見かけたもんだ。だが、ギャングが懲らしめてやった。今は市場か郊外から出てこない。あいつらにはここがロシアの領土だってことをわからせなきゃならない。……もっとも、いちばんうまいレストランを経営しているのは確かに中国人だけどね」

ここでは、食事と一緒にカラオケが楽しめる。中国人のウェイターが料理を運んでいるあいだに、レストランにいる客は誰もが（なんとこう呼ばれているが）「シャンソン」を歌った。ギャングたちのこの耳障りで感傷的なバラッドは、ロシアで人気のポピュラー音楽になっている。シャンソンは、ギャングがロシア文化の中心にたどり着くまでの道のりを表現する歌だ。かつては秘密の刑務所ソングだった。ギャングのさまざまなスラングが使われ、シベリアの強制労働収容所の話も、母親への思慕も歌われている。今ではタクシーや食料雑貨店で必ず流れている。「ウラジミールスキー・ツエントル」はウェディングソングの定番である。

シュークリームのようにふんわりしたウェディングドレスを着て、ピンヒールを履いたロシアじゅうのほろ酔いの花嫁が、酔っ払った花婿とスローダンスを踊る。「独房の鉄格子の下では、雪が溶けはじめている／だけど、人生の春はあっという間(ま)に過ぎ去ってしまった」。マイアミでは、スタスも一緒に歌っていたが、彼はあまりにも控え目で親切すぎて、とてもギャングとは思えなかった。

「俺が？　ギャングだって？　まさか！」僕が尋ねたとき、スタスは思いがけなさそうな顔をした。「俺はただの商売人（ビジネスマン）だ。あのシャベルか、あれはちょっとかっこつけているだけだ。ヴィタリとつるむのが好きだからね」。

僕は二人の関係について尋ねた。スタスはさっと話題を変えた。

その後、ヴィタリに会ったとき、同じ質問をぶつけてみた。

「スタスか？　あいつは俺たちが以前金を脅し取っていたビジネスマンの一人さ」

「それが今では友人なんですよね？」

「あいつはおれが言ったことを何でもしてくれるよ」

結局、ヴィタリは以前、スタスをこてんぱんにやっつけたことがあるのがわかった。だから今では、スタスからなかば崇拝されなかば恐れられながら、コートを着せてもらったり電話中に受話器を耳にあてがってもらったりしているのだ。加えて、僕たちがこの町で会った人たちはみな、心なしか、うずくまったままぶつぶつとつぶやいているモノクロ画像に見えた。ギャングだけが派手なテクニカラーのなかでのし歩いていた。ここはヴィタリの町であり、「男性の三分の一が投獄された経験を持つロシアという国」の典型であり断面図のような町なのだ――よって、「スピンドクター」（PRでの情報操作に長けたメディア担当アドバイザー）やテレビマンたちが、こんな風な政治家を仕立てようというときには注目する町となっている。

大がかりな撮影が行われる日、ヴィタリは市場全体を占領し、撮影場所として使った。そのシーンは、若かりしヴィタリと仲間たちが市場の商人たちから金を巻きあげて逮捕されるというものだ。商人役は商人が演じ、警官役は警官を雇って演じさせている。

「こんなところでギャングのために働いていて、問題にならないんですか？」と、僕たちは警官に尋ねた。警官はおかしそうに笑った。「俺たちがぜんたい誰のもとで働いていると思っているんだい？」（ウラジオストクの新しい市長は「くまのプーさん（ウィニー・ザ・プー）」というあだ名のギャングのボスで、ビジネスマンを殺すと脅迫した廉（かど）で服役した過去を持っている）。

この現場には大勢の人が出演しているため、混乱するのが当り前のはずだが、混乱どころか、僕はこんなに順調に進む撮影現場を見たことがなかった。ヴィタリのギャング仲間が制作チームを務めていた。プロの殺し屋たちが采配をふるっているわけだから、怖くて誰も遅れたりしないのだ。ヴィタリは天才肌の監督である。キャップを目深にかぶり、長い人さし指で口元をとんとん叩き、すべてのカメラの位置を的確に決めた。紙の台本がなくても、決して迷うことなく、簡潔でしっかりした指示をすべての出演者に与えた。

「強盗を綿密に計画しているようなもんだ。何もかもが正確でなきゃならない。あんたたちのちっぽけなドキュメンタリー番組なんかとは違うのさ」

服装や、銃や、市場で商人が売っている品物などは、一九八〇年代後半そのままに、細かい点まで再現されていた。細部までこだわった正確さにもかかわらず、ヴィタリの撮影方法は、ドキュメンタリー風のリアリズムよりも安っぽいB級映画に通じていた。ヴィタリが演じるすべてのシーンが、かっこいいクローズアップだった。ヴィタリは汗ばんだ額を拭い、無言劇の主人公のように大きくため息をつき、遠くをじっと見つめて、『スター・ウォーズ』のサントラが流れるなか、死を免れる。これこそ、ヴィタリの、自分自身と自分の人生と自分の犯罪に対する観方なのだ。自分が与えたり身に引き受けたすべての苦痛や死を、俗悪なアクション映画の陳腐な音楽とスモークマシンから吐き出された煙を通して眺めている。

「どんな映画に刺激を受けましたか？」と僕たちは質問した。

ヴィタリはひと呼吸入れてから答えた。

「『タイタニック』、あれこそがほんものの映画だ。ディカプリオ主演でな。あれこそがほんものの人生だ。もしも予算があれば、ああいうものを作りたいと思っているよ……」

あの時以来、ヴィタリには会っていない。三年前のことだ。だが、僕はいまも彼のことをよく思い出す。複数の国営テレビ局で放送される毎年恒例の『プーチンとの直接回線』は生番組で延々と続くが、こちらは毎週オスタンキノ・テレビから流されるちょっとしたシーンがある。大統領が長テーブルの上座についている。テーブルの両側には、西部ロシア、中央ロシア、北東ロシアなど、各地方の知事がずらりと並んで座っている。大統領が一人ずつ指名すると、知事が自分の治めている地域で何が起こっているかを報告する。

「ならず者のテロリスト、未払いの恩給、燃料不足……」。知事たちはすっかり固くなっているように見える。ヴィタリを徹底させたような大統領は彼らを弄んでいる。「そうだな、もしも君の裏庭で起きている問題を解決できないならば、我々はいつでも別の知事を見つけられるよ……」。長いあいだ僕は、そのシーンから何を呼び覚まされるかを思い出せずにいた。それが何なのか、やっと気づいた。まるで『ゴッドファーザー』から抜き出したようなものだった。マーロン・ブランドがニューヨークの五つの区（バラ）（マンハッタン、ブロンクス、ブルックリン、クイーンズ、スタッテンアイランド）からマフィアのボスたちを招集する場面にそっくりだ。クエンティン・タランティーノが似たような場面を使っている。『キル・ビル』のなかの、ルーシー・リューが東京の「やくざ」の組の親分たちと会う場面だ……マフィア映画の比喩的表現だ。そして、これはクレムリンが大統領に抱いているイメージと一致する。ギャングのボスのような服装（黒のポロシャツに黒のスーツ）を着て、決め台詞はまるでギャング映画からそのまま引っ張ってきたように聞こえる（「敵が大きい方の用を足しているあいだに撃つつもりだ……」）。僕には、スピンドクターのロジックが読みとれる——国民がもっとも尊敬しているのは誰か？　ギャングだ。それじゃ、我々の指導者にもギャングみたいな恰好をさせよう。ヴィタリのようにふるまわせよう。

ところが、この国の指導者たちがギャングの真似をしているあいだに、文化省とオスタンキノは、クレムリンが前向きで陽気な映画を望んでいると発言した。ロシアのギャング映画は、理論上は世界一を競うほど発展していたのかもしれないが、この発言をきっかけに段階的に減少していった。ロシア版デ・ニーロになりきっていた俳優たちは、いきなりイメージチェンジして、ラブコメディーの主役を務めなければならなくなった。西側の状況とは逆だった。西側では、政治家が正直な市民のようにふるまおうとする一方、映画やテレビ番組は犯罪ものが花盛りだった。ロシアでは、政治家がギャングを真似ようとする一方、映画は陽気なものばかりだった。僕がギャングを扱った番組をＴＮＴに売りこもうとしても、彼女らはあきれかえって目を丸くする。「前向きな番組を作ってるのよ、ピーター。前向きな番組をよ！」僕はヴィタリが大ヒット作の製作に必要な資金を集められないだろうと思った。ヴィタリのことを少しだけ心配していた。

*

ヴィタリは僕と会うために駅まで来ていた。いつものとおり、アイロンをかけたトレーニングウェアを着ている。誰かがそんなものを着ているのを見るのは久しぶりだ。ヴィタリは僕を温かく迎えてくれた。「古き良き時代」を知る人間に会うのは本当に嬉しいのだろうな、そう僕は感じた。

「来てくれて済まんな」

「今はＤに住んでいるんですか？」

「身を隠している。モスクワには近寄らないようにしているんだ。身分証を確認したがっている警官だらけだからな。地元の仲間はどいつもこいつも刑務所に入れられた。製作チームは一人残らずな。たとえ資金が集まっても、一緒に映画を撮ってくれる仲間はもういやしない」

ヴィタリはかつての仕事の話をしたがっていると感じだが、首を突っこまないほうがいいと考えた。僕たちは彼の車まで歩いていった。真新しい四輪駆動車だ（予想どおりだ！）。ナンバープレートはない。ヴィタリは車内の後部座席に、アイロンをかけたばかりのシェルスーツを吊るしていた。

「俺はつましく車で暮らしているってわけさ。何にせよ、アパートよりも車の方がいつでも気に入っていたけどな」

「映画の製作はどうなったんですか？」と僕は尋ねた。

「モスクワで何人かプロデューサーに会ったんだ。シナリオを見せろと言ってきた。俺を馬鹿だと思ってるのか？　やつらが無断で使うつもりなのはわかっている」

「でも、ヴィタリ、ここではそれがやり方なんですよ。あなたには著作権があり、保証されているんです」

「そんなものは何の役にも立たない。プロデューサーは信用できない。やつらは皆、盗人（ぬすっと）だ。俺は、俺と同類のギャングのボスたちから資金を調達しようとした。信用できるやつらだからな。だが、どいつもギャング映画には投資したがらなかった。「成算がないな」と言われたよ」

どうやらヴィタリは僕に短いインタビュー番組を撮影してもらいたかったようだ。彼は自分自身についてのドキュメンタリーを制作しようと考えていたのだ。

「あんたたちテレビ業界の人間は、誰も本来の俺の姿をフィルムに収めることができなかった。でかいビデオカメラを持ってきたかい？　よし」

僕らは車内でインタビューの撮影を行った。ヴィタリは威厳たっぷりな表情で話したが、その表情には卑劣そうなところや、ロマン派の詩人のようなところもあった。これだけゆっくりとした口調で話したことはなかった。

「子どもの頃からずっと、自分が他の人間よりも優れているってことはわかっていた。誰よりも速く走れたし、誰よりも高く飛べ……」。突然、話の途中で打ち切って車から外に飛び出した。大声で怒鳴りながら、車の後ろでうずくまっている浮浪者に唾を吐きかけた。男は目がひどく腫れ、ビニール袋に入れた瓶からじかに酒を飲んでいる。男は這ってその場から逃げ出した。ヴィタリが車の中に戻ってきた。まだ息が荒かったが、怒りは照明のスイッチを切ったようにぱっと消えた。

「あんたも俺と同じ場面(ショット)にあの野郎を入れたくないよな。場面が汚くなるものな」

それからヴィタリは、僕を相手のインタビューを撮り始めた。僕の台詞は、彼の手ですでに書き出してあった。僕のほうはその台詞を覚えなければならなかった。

「私が初めてヴィタリに会ったとき、ヴィタリのことを今まで出会った誰よりも才能がある危険な男であり、誰よりも危険で才能がある男だと思った……」

それは長台詞だったため、僕はとちってばかりだった。けれど、ヴィタリは我慢強いディレクターだったし、五回目のテイクまでゆくとOKとなった。

撮影を終えると、ヴィタリは車の後部座席に向けて身体を傾けて、ハードカバーの本の束を取り出した。

「これをやるよ」

それはヴィタリが書いた小説だった。

「最近は本を書いているんだ。結構売れてるんだぜ。正直に言うと、一作目はゴーストライターが書いた。だが、それからあとは自分で書くのを勉強したんだぜ」

最初の頃の本はほとんどが、ヴィタリの犯罪人生を描いたものだった。しかし、最新のものはジャンルを変えていた。ロシアの政治に対する風刺であり、周辺国を操って服従させるのに天然ガスの豊富な埋蔵量を使っている、弱い者いじめのギャング国家について語っている（当時、ロシアは天然ガスの供給をやめると言って、ウクライナを脅迫していた）。

「俺は政界に進むべきだったと、最近よく思うんだ。政治は退屈だと決めつけていたし、政治家も俺たちと同じ手段を使うとは気づかなかった。もっとも、もう遅すぎるけどな。おれは芸術（アート）に打ちこんできた。もしも映画を撮影できないのなら、これからも本を書くつもりだ。次に何が流行るかわかるかい、ピーター？コメディーさ。俺のためにTNTで会議を開くんだ。俺の天然ガスの本のことをテレビ化したくなるかもしれんしな」

僕はできるだけのことはしますよ、と言った。ヴィタリは、TNTの人間に見せるためだぞと言って、黒い光沢のあるカバーをした分厚い本の束を僕が持っていくよう言い張った。僕は要らないとは言えずに、ビニールの手提げ袋二袋分を両手に下げて町にもどった。本の尖った角がビニールを破って飛び出し、一足歩くごとに僕の脚を突（つつ）いた。

TNTに戻ると、僕はヴィタリの力になれるように起案書を書いてみて、彼の本を一冊「台本のあるコメディー番組」を担当する課に届けた。

「出来がいいかどうかわからないが、渡すと約束してしまったんだ」と、説明というより釈明に近かったが、僕は話した。同時に、これで一件落着だと思った。

ところが、数週間後、僕がTNTに入っていくと、なんとヴィタリがいるではないか。ガラス張りの小会議室の一つで、シェルスーツを着こんで帽子を被り、数人のプロデューサーと座っていたのだ。ヴィタリは僕に気づいて立ち上がると、帽子を手に取って振った。「よう、兄弟（ブラザー）」と、ガラス越しにくぐもった低い声が聞こえてきた。ふいに、背を向けて、彼を無視したくなった。会ったこともないし、知り合いじゃないふりをしたかった。「ブラザー！」ヴィタリはふたたび僕に呼びかけながら、さらに大きく帽子を振った。突然逃げだしたくなった衝動に僕がなんとか打ち克てたのは、オフィスにいた誰もが僕の声に気づいて僕のほうを見るまで、こちらも騒いで大声で叫べたからだった。「ブラザー！　ブラザー！」ってね。

「彼は本気なの？」あとになって、ドラマ部門の女性陣から尋ねられた。「全部芝居がかっているんだけど」

「いや、まるで本気だよ。彼の本に興味があるんですか？」

「よく書けているわ。前向きに検討するつもりよ」

ＴＮＴが得意にしているジャンルの一つが風刺である。ソ連が地下に追いやることでユーモアを国家に仇なすものに仕立て上げていたとすれば、新生クレムリンは自らをネタに人々が笑うことをむしろ積極的に勧めている。ＴＮＴの寸劇コメディーからなるある番組では、連邦議会下院（ドゥーマ）の代議士の腐敗がテーマになっている。彼らはお互いの愛国心をほめ合いながら、いつも売春婦と遊んだり、どんちゃん騒ぎをしたりしている。かと思えば、ロシアで唯一の賄賂をうけとらない交通警官がテーマというものもある。彼の家族はいつでも腹を空かせていて、妻は夫に「普通」になってもっと汚職に手を染めろと文句を言う。実際の政府高官の名前が出てこないかぎり、笑いで視聴者のうっぷんが晴らせればそれでよしというわけだ。自分の風刺がクレムリンのルールの中なら利くだろうというヴィタリの読みは正しかった。

僕がヴィタリと打ち合わせをして話をつめようとしたときには、すでに彼は行方をくらませていた。セルゲイが言うには、別の逮捕状が発行されたため、ジープで寝泊まりしながら、どんな街からも適度に離れたところでふたたび身を隠しているらしい。だが、きっとヴィタリは大丈夫だと思う。毎年、書店のパルプ・フィクションの棚には彼の新作が並ぶが、ほとんどがコメディー小説である。

今日のロシア

冷戦構造で勝利を収めた側の使者として最初にロシアにやってきたのは、西側の駐在員たちであった。彼らは優越感いっぱいに、ロシアに「文明開化」の方法を教えにきたのだ。現在では、状況は一変した。ロシアは復活し、教える側だった駐在員たちは、使われる側の人間になった。結局、冷戦に勝利したのはどちらだったのか、僕にはさっぱりわからない。

僕が最初にベネディクトと知り合いになったのは、「スカンジナビア」という店でだった。冷戦後の栄光の余韻の残る二〇年かそこらのあいだに、西側のやり方でロシアを教育するためにやってきた駐在員たちの、お気に入りとなっていたレストランだ。「マジック・サークル」と呼ばれるロンドンの名門五大事務所の弁護士、(今では四つになっているが)「五大監査法人」の会計士、投資銀行家などが集う店である。モスクワの中心部のトヴェルスカヤ通りから少し奥まったところにある、緑の大きな木々が生えた小さな中庭に建っている。オーナーはスウェーデン人で、開店当初はすべてをストックホルムから輸入していた。ウェイターも、コックも、ハンバーガーも、ポテトフライも、そっくりそのまま飛行機で運ばれてきた。二〇〇〇年代初めには、客はおおむね英語を話していた。ロシアのオリガルヒにとっては豪勢と言えるほどではなく、「普通の」ロシア人にとっては高級すぎた。西側の人間たちは、オアシスを求める旅人のようにこのレストランにやってきた。そして、酔っ払って度胸をつけてから、モスクワの夜に繰り出したものだ。どうやら、いろんなことを乗り越えてきたことが自慢となる我らが時代にあって、スカンジナビアは、昔々植民地にあったクラブの末裔のような感じがしたようだ。

スカンジナビアに集う連中は皆が皆、日焼けをし、堅苦しい教科書英語を話した。法令遵守（コンプライアンス）とか、企業統治（コーポレート・ガヴァナンス）とか、肉体のトレーニング法などを論じ合った。モスクワでジョギングする場所を見つけるのは悪夢のようなものだということでは意見が一致した。喫煙が自由なことについても同じだった。それに交通の便のこともあった。ほろ酔いになってくると、ロシアの娘たちについてジョークを飛ばし合った。もっともそれは妻が同席していない場合で、妻が一緒にいる場合にはヴァケーションの予定を話し合った。彼らは歯が白かった。ベネディクトは歯が黄色く、昼食と一緒にワインを飲み、細長いダンヒルの煙草を喫った。痩せ形で、きびきびと動き、さも済まなそうに、煙草の煙が他の人の方にゆかないようにあおいで見せた。アイルランド人だが、バーナード・ショーやオスカー・ワイルドといった種類の人間ではなかった。

仕事について人に尋ねられると、「私は堕落したエコノミストですよ」と答えるのが好きだった。

ベネディクトは国際開発コンサルタントだった。この国際開発コンサルタントというのは、民主資本主義の伝道師である。一つの歴史の終焉である冷戦構造崩壊時にぞろぞろと現われ、アメリカやヨーロッパからやって来て、欧米以外の国々が欧米のようになるよう指導してきた。彼らは欧州連合（ＥＵ）、世界銀行（ＷＢ）、経済協力開発機構（ＯＥＣＤ）、国際通貨基金（ＩＭＦ）、欧州安全保障協力機構（ＯＳＣＥ）、イギリス国際開発省（ＤＩＦＤ）、スウェーデン国際開発公社（ＳＩＤＡ）……他にもあるが「先進国」（援助資金供与国）を代表するその他の国家機関や多国籍機関のためのプロジェクトに取り組み、「発展途上国」（援助資金受益国）の中央政府にも地方政府にも助言を与えたりしている。マークス＆スペンサー（もしくはザラかブルックス・ブラザーズ）のスーツを着て、分厚いバインダーを小脇に抱えている。バインダーにはプロジェクトの「付託条項」（通称ＴＯＲ）が綴じられていて、「ロシア連邦に市場経済を構築する」とか、「ソ連崩壊後の社会に男女平等を実現する」といったタイトルが付けられている。ＴＯＲは「ロジカル・フレームワーク・マトリクス」を「客観的に検証可能な民主化の指標」の達成のために設計することだ。西側文明が箇条書きに凝縮されている。

「選挙は？　チェック」
「表現の自由は？　チェック」
「私的財産権は？　チェック」

歴史についての明確なヴィジョンはプロジェクトの底流をなすものであり、大学では最近設けられている「国際的開発」学部で学ぶことができ、省庁や多国籍機関では金科玉条（ゴスペル）として受け止められている。つまりそのヴィジョンとは、共産主義後のかつてのソヴィエト国家群は、自由民主主義と市場経済が高原状態（プラトー）に達するまでに、「移行」という心惹かれるものをかずかず経験することになるのだ、という見方だ。

最初にロシアにやって来たとき、ベネディクトはまだアイルランドの小さな町の大学で経済学を教える講師だった。サンクト・ペテルブルク大学では、「ビジネスと効率的な経営」の原理について講義を行った。一九九二年のことだ。学生たちは熱心に講義に耳を傾け、内容領域専門家（ＳＭＥ）、新規株式公開（ＩＰＯ）、キャッシュフローといった新しい言い回しを鵜呑みにしていった。講義が終わって夜になると、ベネディクトはホテルまで歩いて戻った。フロントで自分の部屋とは逆の方へと向かい、気がつくと結婚式の出席者の中に紛れこんでいた。フロントへの戻り方を英語で尋ねてみた。新郎新婦は西側の人間が来場していることを知って大喜びし、残ってほしいと言って譲らなかった。彼らにとってベネディクトは舶来品であり、彼自身が贈り物だった。カップルはベネディクトの健康を祝して乾杯し、彼もその場にとどまって一緒に酒を飲んだ。途中で一旦部屋に戻り、マルボロを一カートンと、インペリアル・レザーの石鹸を何個か贈り物として持って引き返した。新郎新婦は大喜びした。ふたたび乾杯し、みんなで踊った。ベネディクトはロシアが西側のようになる日がすぐそこまで来ていることを実感した。

数年後、アイルランドの大学を辞め、地方の大学で一年間に五万ドルの給料を受け取るかわりに、もったいぶった新たな開発産業に携わることで、非課税の六桁の大金を手にした。ベネディクトは「カリーニングラード自由経済地区における経済開発のための技術援助」と呼ばれるプロジェクトのチームリーダーの地位を与えられた。カリーニングラードがどこにあるのか見当もつかなかったため、地図で探さなければならなかった。

カリーニングラードはかつてケーニヒスベルクとして知られ、東プロイセンの首都であったし、イマヌエル・カントはここで生まれ、生涯の大半を過ごし、ここで亡くなっている。バルト海に面し、リトアニアとポーランドにはさまれ、対岸にはスウェーデンが見える。第二次世界大戦がヨーロッパで終焉するまぎわにソ連によって占領され、その後改名され、ソ連じゅうから運びこまれた人間たちを新しい住民とし、警備が厳重をきわめた隔絶された軍港になった。ソ連のもっとも西方の地だった。冷戦崩壊後もロシア人はこの地を手放さなかった。もっとも、カリーニングラードはロシア本国と境界を接していない。現在は地政学上の変わり種、EUの中のロシアの飛び領土になっている。EUは「カリーニングラードの特殊な地位」を認めたものの、「ソフト面での安全性の問題に懸念」を抱いていた。つまり、カリーニングラードを通してヘロインや、武器や、AIDSや、結核の変異株などがEUに入ってくるのではないかという懸念だ。カリーニングラードは生まれ変わるか、もしくは周囲に壁を巡らすようなリスクを負わなければならない。ヨーロッパから直行便が飛んでいないため、ベネディクトはわざわざモスクワまで行き、そこから引き返してカリーニングラードに向かった。当時は四〇代後半、離婚したばかりで心機一転したかった。

古都ケーニヒスベルクで一九世紀に建てられた格調高い家と、戦後にソヴィエトが新たに建てた家の違いを目の当たりにすると、痛々しく感じられるほどだ。カントの墓があるゴシック様式の赤い教会は、けばけばしい色で塗られたコンクリート製のみすぼらしいアパート数棟と、錆びついた軍艦が何隻も停泊している港に囲まれている。夜になると、船乗りたちが海岸通りのバーに飲みに繰り出す。僕はカリーニングラードに数日滞在したときに、そんなバーで飲んだことを思い出した。バーの明かりの色は、薄暗い、バルト海のような深緑だった。僕はコニャックを注文した。

「地元のコニャック?」ウェイトレスが尋ねてきた。

「カリーニングラードで育つブドウの品種は何だい?」と僕は他意なく尋ねた。

「どうしてコニャックを飲むのにブドウが必要なの?」と彼女は質問してきた。

小さなグラスに酒が注がれた。ひと息で飲み干すと、三〇秒間だけはまさに至福の時だったが、そのおかげで味わったことのない最悪の二日酔いが翌朝待っていた。

カリーニングラードの経済開発省は、中央広場にあるソ連時代に建てられた重厚な大建造物だった。ベネディクトと通訳のマリーナは低くて重いドアを通り、ロシアの官僚主義の世界へと足を踏み入れた。何ごとも水面下で行われているとして、その水面下にあたるのが、広くて埃っぽくて人気(ひとけ)のない廊下の連なりだった。一九七〇年代半ばに設置された電話が、受話器を取ってくれる人を待って辛抱強く鳴っていた。音が止まった。しばらくして、ふたたび鳴り始めた。ビロードのカーテンがだらしなく下がっていた。すべてのオフィスに大統領の写真が飾られているが、どれも小首をかしげて、申し訳なさそうに微笑んでいる。役人は主に四〇代、五〇代の屈強で厳格な女性であり、ロシアの真の屋台骨となっている。男性は少数ということもあるのか、背中を丸めて縮こまっているように見える。皆が父称付（パトロニミック）で呼び合う。たとえば、イーゴル・アルカジェヴィッチとか、リジア・アレクサンドロヴナというふうに。

ベネディクトと対等の地位にある人物がPで、中堅どころの役人だ。たるんでいるスーツを着こみ、太鼓腹のせいで身体が下に引っぱられているように見える。

「あなたがヨーロッパからの技術援助に携わっている方ですね？　コンピューターが必要なんです」と、Pは挨拶もそこそこにベネディクトに言った。

技術援助は科学技術を意味しているのではなく、西側のコンサルタントから教育を受けることだ、とベネディクトは説明した。ベネディクトの通訳は要点を伝えようとした。

「コンピューターが必要なんです」と、Pが答えた。

ベネディクトはおよそ二〇万ドル分のコンピューターが配達されるように手配し、到着したら受け取りを確認する書類にサインしなければならないことをPに説明した。

ベネディクトの任務はカリーニングラードの開発戦略を推し進めることだ。オフィスは「インスティテュート・オブ・サイバネティクス」内に与えられた。この地域のIT化を一緒に進める気があるかどうか、学部長に尋ねてみた。すると、学部長は言った。残念だが、インスティテュート・オブ・サイバネティクスは今でも建前としては大学ということになっているものの、給与が非常に低く、職員全員で魚の売買に従事している、と。カリーニングラードでは、自分の身は自分で守らなければならない状況が続いている。かつての武器製造工場では、マカロニが作られている。旧東ドイツから復員した兵隊は、備蓄されていたカラシニコフ銃やロケットランチャーを安く売り払った。もっとも悲惨な場所の一つは、かつて町の誇りだった動物園である。キツネが自分の尻尾を捕まえようとして檻をぐるぐる走りまわっている。オオカミはよろよろしていたが、開渠のなかで気絶している。ホッキョクグマは歯を見せて笑いながら、遠くをじっと見つめている。野生のリスは走りまわりながら、性懲りも無く何度も檻の鉄格子にぶつかっている。

ベネディクトは自分のオフィスのベージュの壁を白く塗り替えて、ビロードのカーテンを外してベネチアンブラインドを取り付けた。EUの一流企業の経営者たちを呼びよせて、電気通信、航空、農業、金融、観光などの特定分野を視察させた。その後の四年間で彼らは、経営戦略策定方法の一つのSWOT分析、為替介入計画、ナレッジツリー、ジェンダー主流化戦略といったものを提出した。それで、ベネディクトは報告書をPに送った。ところが、それから電話をかけてみても、助手のイリーナにしか連絡がつかなかった。「来週、Pが連絡します」と、いつもイリーナは言って、くすくす笑うのだった。結局、Pからは一度も連絡が来なかった。イリーナは入省する前は、カール・マルクス通りのクリスタル・ナイトクラブで歌手をしていた。しばらくして、イリーナまで姿を見せなくなったと思ったら、スカンジナビア某国の大使とトルコで暮らすために駆け落ちしたという。その大使は彼女のために、妻子と外交官の職まで捨てたのだった。

カリーニングラードの地方政府は、開発に対して独自の考えを持っていた。知事が商業港も運営管理し、経済相はその売上金をマネー・ロンダリングするためにせっせと銀行間のネットワーク作りに励んでいた。知事は禿げ頭の大男で、いつも汗をかいている。「先日、ポーランドを訪問したとき」とベネディクトに言ったのは、二人が一度だけ会ったときだ。「ミキサー車の中でケチャップを作っているのを見ましたよ。そういう技術革新こそが、ここでは求められているんだよ」。

プロジェクトが終わる頃、ベネディクトはPに、二〇万ドル相当のコンピューターが届いたことを確認する書類にサインしてほしいと言った。Pはサインを拒み、コンピューターは届いていないと主張した。どうやらコンピューターをこっそりと持ち出して売り払ってしまったなとベネディクトは推測したが、何も証明することはできなかった。

ベネディクトはプロジェクトが進展しないことを、カリーニングラードの地方政府特有の体質のせいだと考えた。今度はモスクワで新しい仕事を与えられ、連邦レベルの省と協力していくことになった。そこでは、違う階級の役人と仕事をしたいと思った。ロシアでは人生を大いに楽しんだ。通訳のマリーナと結婚したのだ。愛想がよく、気取らない同い年の女性で、ユーモアのセンスも一緒だった。相当な財産も手に入れた。それもはやみすぼらしい大学講師ではなく、運転手付きのコンサルタントで、いつでも人に酒をおごった。それに、プロジェクトにかかわったおかげで、もう一つ良いことがあった。デンマーク人の専門家に動物園を修復してもらう予算として、一三万六〇〇〇ドルを拠出することができたのだ。動物たちの動き方はまた普通に戻った。野生のリスさえ、落ち着きを取り戻した。

モスクワでは、ロシアにEUの戦略を指導するために、ロシア連邦の経済開発省を相手として働いた。経済開発相はロシアでもっとも見識がある大臣だと考えられていた。学究肌の人物で、大統領の個人的な友人でもある。粋なスーツとピンク色のシャツを着こなし、世界経済フォーラムが開かれたダボスでもてはやされた。大臣の下には一五人の副大臣がいて、その多くがMBAを持っている（少なくとも取得をめざして勉強している）有望な若手だった。経済開発省では改築が行われていた。明るくて新しいフロアもあるが、多くのフロアはベネディクトがカリーニングラードで見たものと大差ない。薄暗い廊下、鳴りやまない電話、緞帳のようなカーテン、大統領の写真。写真は最近撮ったものが掛かっているにもかかわらず、大統領は相変わらず申し訳なさそうに微笑んでいる。

「紙を持ってこられますか？」と省内でベネディクトの連絡係を務める女性が言った。「いつも必ず持ってきてください。A4サイズです。すべての部局の割り当てが決まっているので、必要な枚数全部はもらえないんです」。

省内の会議に出向くときはいつでも、ベネディクトはA4用紙の分厚い束を吹雪で濡れないように上着で覆いながら抱えて歩いたものだった。

「私たちが何のためにここに来ているのかこの省は理解していないんじゃないかな」と、ある晩スカンジナビアで彼が僕に言った。「このあいだなんて、私たちに省の新年会を開催する準備をしてくれ、金も負担してくれと言ってきたんだよ」。

そうこうしているあいだにも、この国は変わりつつあった。ベネディクトは、数億ドル相当のロシアにおけるEUのプロジェクトを毎日評価していた。プロジェクトごとに四角にチェックマークをつけた。

「民主主義？　チェック。ロシアは四年ごとに選挙が行われる大統領制民主主義国家だ」
「シヴィルソサエティの発展？　チェック。ロシアには多くの新たなNGOが誕生している」
「私的財産権は？　チェック」

現在、ロシアでは選挙が行われるが、滑稽とも思えるような指導者たちが率いる「衛星政党」は、実際にはクレムリンの力を強化するよう意図され、資金を提供されている。怒りに顔を赤く染めた共産主義者と、唾を吐きながら罵る国家主義者がテレビの政治討論番組で口角泡を飛ばしているのを見たあとでは、こういう連中に比べたら、大統領は唯一の良識ある候補者だという印象が視聴者に残るのは当然だ。また、ロシアには実際に自転車に乗る者から養蜂家まであらゆる人間たちの代理となるNGOがあるが、こうした組織の多くはクレムリンによって設立され、クレムリンは自らに永遠に忠実な「シヴィルソサエティ」をつくるためにそうしたNGOを活用している。さらに、ロシアは公的にはちゃんと自由市場を持ち、巨大企業が世界中の証券取引所で記録的な数の新規公開株を発行していることになっているが、その所有者のほとんどが大統領の友人である。もしくは、自分たちのものは大統領が必要とするときには大統領のものになると公に誓っているオリガルヒ（新興財閥）である。ロシアでも最も富裕な人物の一人、有名なオレグ・デリパスカは、「私の所有する物はすべて国家のものだ」と言う。ロシアは「移行中」の国家などではない……ある種ポストモダンな独裁国家であり、権威主義的な目的のために民主資本主義の用語と組織とを利用しているだけである。

ベネディクトが怒っているのをめったに見ることはないが、この話をするとき、彼はどもって顔を真っ赤にした。彼はまさしく国際公務員たちの大規模な行軍のラッパ手だったわけだが、挫折感を味わい、無視されていると感じていた。ベネディクトは決してモラリストではないが、それでもそんなごまかしには戸惑いを覚えた。見ていた。西側はこの手の意味の曲解がなされるのに同意することで、こうした状況を大目に見ていた。

「AをBだと言いくるめ始めたら、すべてが荒廃してしまう……」と、ベネディクトはライターをテーブルに叩きつけながら言った。それから、気持ちが落ち着くと、「歪んだ鏡に映った西側みたいなものさ」。

僕はベネディクトに、自分にはロシアのテレビ局がどういう構成になっているかわかりましたよ、と話した。表向きにはロシアのほとんどのテレビ局は西側のテレビ局と同じように組織されている。民間の製作会社は、一般開放のコンペのように見える形態で、番組のアイデアをテレビ局に売りこむ。ところが、裏には裏があるものだ。僕にもすぐにわかったが、製作会社の大半がテレビ局の社長や上級役員に所有されているか、もしくは共同所有されているという事実を知ったのだ。彼らは番組制作を自分の会社に依頼しているのだ。しかしながら、彼らは良い番組を制作することや視聴率を上げることに純粋に興味を持っているため、有り余るほど会社を作る。それぞれが鎬(しのぎ)をけずり、アイデアの質を高めることになる。そして、テレビ局が税金を納めて新しいオフィスビルに移転する一方で、実際に金を稼いでいる制作会社は、まったく別の世界で番組を制作しているのだ。

ベネディクトにそう話した頃は、僕はこうした製作会社の一つ、ポチョムキン・プロダクションで番組を編集していた。この会社は、モスクワにある青いガラスと鋼鉄でできたテレビ局からは遠く離れた工業団地の静かな通りにあった。べっこうに似たプラスチック縁の眼鏡をかけて、コカインを吸ったり、オーガニックのサンドイッチを食べたりしている大学出の若者はいない。ここにいるのはしみだらけの顔に酔っ払ってぎらついた目の工員と、世界の大地の六分の一、それも泥と氷と沼の大地の隅々まで物資を運ぶ、腹にタトゥーを入れた長距離トラックの運転手ぐらいだ。ポチョムキンが入っている灰色の倉庫の金属製の黒いドアには、会社の名前も番地も表示されていなかった。扉の向こうには、汚くてすきま風の入る刑務所のような部屋がある。そこで僕はいつも、退屈そうだししらふとは言えない警備員から、彼の居住スペースに侵入しようとするよそ者を見るような視線を向けられた。オフィスに行くために、明かりが点(つ)いていない廊下を進み、右に鋭角に曲がってから、狭い階段を二階分上ると、ふたたび表示がない金属製の黒いドアの前に出る。そこで僕がベルを鳴らすと、インターホンから無愛想な声が聞こえてくる。「どなた?」 僕は隠しカメラがあると思われる方に向かってパスポートを振る。すると、ビーッという音とともにドアが開き、ポチョムキン・プロダクションの中に入れるという仕組みだった。

いきなり、僕は西側のオフィスに舞い戻った。イケアの家具があり、ジーンズに派手な色のTシャツを着た二〇代のたくさんの若者が、コーヒーとカメラとカメラ用ポールとを持って走りまわっている。世界中のどこの制作会社にいても、同じ光景が見られるかもしれない。だが、ここでは受付、会議室、コーヒーバー、キャスティング部を通り抜けると、突き当たりに鍵がかかった白いドアがある。オフィスの中は全部見たと思い、ここで引き返す人間が多い。しかし、暗証番号を打ちこめば、部屋がまだいくつもあってはるかに広いスペースを占めているのだ。そのなかで、プロデューサーやアシスタント・プロデューサーがテーブルを囲んで議論している。会計士が会計処理用ソフトのスプレッドシートを手に持ち、まじめくさって音もなく歩いている。そして、ここには自動記録装置（ロガー）があり、若い女性たちが並んで座り、映像を見つめながら、編集前の下見用のラッシュでのインタビューや対話を、目にもとまらぬ速さで指を動かしながら打ち出している。このオフィスのいちばん奥には別のドアがある。別の暗証番号を打ちこめば、連なっている編集用個室、ディレクターとビデオ編集者が汗を流しながら互いに毒づいている個室に入ることができる。さらにその向こうには、いちばん奥で、いちばん重要で、ただし目立たないドアのなかでもいちばん目立たないドアがあり、その暗証番号を知っている者はほとんどいない。この会社の社長であるイヴァンの社長室があり、その部屋には本当の帳簿が保管されている。こうした手のこんだ細工はすべて、ロシア連邦税務警察庁（FSNP）の目をあざむくためのものである。だから警備員があそこにいて、税務警察を中に入らせないか、もしくはオフィスがすっかり片づけられ、秘密の裏口から書類が運び出されるまでは中に入らせないようにしているのだ。

どんな対策が取られようとも、税務警察は誰かの密告でときおり現れる。税務警察が現われたら、やるべき手順は皆が心得ている。自分の荷物を持って、静かに出ていくだけだ。呼び止められて質問されたら、ミーティングもしくはキャスティングのために来たところだと答える。初めてこれを経験したとき、僕は手錠をかけられて、詐欺罪で刑務所送りになると覚悟していた。ところが、ロシア人の同僚たちにとって、税務警察の手入れはありがたい理由となった。つまり、イヴァンが税金の支払い額を抑えるために税務警察とやり合っている一方で、その日の残りの時間はかならず休みになるからだ（締め切り時間もへったくれもない！）。イヴァンが「ここで働いているのはほんの一ダースですよ」と言いながらウィンクする傍らで、税務警察が、まだ使っていたときの温もりが残る数十人分の机や椅子やコンピューターを見まわす。それから、僕が想像するには、自分が言っていることの正しさを証明しようとイヴァンが偽の帳簿をフロントオフィスから持ってくる。そして、これがあまりにも当たり前の商取引であるかのように、皆で椅子に座って紅茶とビスケットを味わいながら交渉するにちがいない。しかり、ロシアではこれは当たり前の商取引だ。役人は偽物だということを重々承知の上で偽の帳簿を見る。そして、イヴァンには従う必要がないと皆がわかっている法律に則って罰金を徴収する。こうやって何もかもが決着し、すべての役回り、しぐさ、対話の内容によって法律厳守の儀式が再現される。こうした儀式は国じゅうのあらゆる中規模企業、レストラン、モデル事務所、広告会社などで毎日行われているのだ。

　こうしたこと全部が必要なんですかと、僕はイヴァンに尋ねたことがある。税金を払えばいいだけじゃないんですか？　イヴァンは声を上げて笑った。そんなことをしたら、まったく儲けがなくなると言った。税金を全額払う事業者などいないのだ。そんなことは考えもしないのだろう。道徳心とは関係ない。というのも、イヴァンは信心深く、同胞愛から十分の一税（タイス）を自発的に教会に払っているからだ。だが、税金が学校や道路に使われるだろうと信じる者はいない。それに、税務警察としても、正規の流れで払われた税金からわざわざ盗むよりも、賄賂を受け取るほうがよっぽど嬉しいのだ。とにかく、イヴァンの利益はすでに放送局に搾取されていた。番組の制作を依頼し、その製作会社を共同所有するテレビ局の人間の手に、予算の約一五パーセントが渡る。僕の知り合いでイギリス人のテレビプロデューサーが製作会社を始めようとしたが、テレビ局の社長をそうした取引にかませることに同意しなかったため、あっという間にこの国から締め出されてしまった。「郷に入れば郷に従え」ということだ。

ベネディクトが抱えている問題は、彼がそうできないことであり、そのせいでキャリアに痛手を被った。経済開発省の人間からは「頼み事」をされつづけた。ベネディクトはそれを拒んだ。スウェーデンへの視察旅行の際には、オフィスにプラズマテレビがほしいと言われた。すると経済開発省からブリュッセルのEU本部に彼についての苦情が届いた。西側のコンサルタントを承認するかどうかは、「受益者」であるロシア次第だからだ。ベネディクトの新規のプロジェクトは、問題がすっかり解決するまで、すべて延期になった。そうしているあいだにも、彼は自分とマリーナの生活費を稼ぐ必要があった。

モスクワの映画産業が活況を呈していたため、僕は彼を助けようとして、ロシアのアクション映画に端役で出演させ、いかにもイギリス人といった役を演じてもらった。そこでベネディクトはロシア人の俳優数人と顔見知りになり、英語の訛りを直すレッスンを始めた。だが、その仕事は不定期だったため、狭いアパートに引っ越さなければならなかった。僕たちがふたたび会ったのはピザのファストフード・レストラン「スバーロ」だった。「スカンジナビア」だと、少々高いからだ。

ベネディクトはふさぎこんではいなかった。彼にはいつでも、パブリックスクールの陽気でよくしゃべるおおらかな生徒のようなところがあった。

「マスメディアの仲間入りをしたんだ。「ロシア・トゥデイ」で働いている」と、ベネディクトは僕に言った。

「ロシア・トゥデイ」（RT）は世界じゅうのホテルや家庭で二四時間放送されているが、「BBCワールド」や「アルジャジーラ」に相当する英語（とアラビア語とスペイン語）のニュース専門チャンネルである。大統領令によって設立され、一年に三億ドル以上の予算が組まれ、「世界の出来事に対してロシアの価値観を述べる」という使命を帯びている。ベネディクトは、しまいにはクレムリンの広報活動に足を突っこむことに対して不安を覚えなかったのだろうか？

「もしも政府が何かについて検閲をしてきたら、すぐに辞めるさ。それに、ロシアも意見を述べる機会を持つのが公平ってだけの話だよ」

ベネディクトはビジネスニュース部門の戦略をまとめるよう依頼された。シティのアナリストがこのチャンネルを見てくれるように、ビジネスニュースが扱うべき分野と、ジャーナリストがロシアのＣＥＯに尋ねるべき質問とについて助言するレポートをとりまとめ、社長に渡した。検閲を受けることも、圧力をかけられることもまったくなかった。「ロシア・トゥデイ」はどこのものと比べても二四時間のニュースチャンネルらしくなった。放送を中断して流されるニュース速報の前の大音声の音楽、一生懸命で巧みな対処をする運動選手のようなスポーツ担当アナウンサー。ここでは、大学を出たばかりのイギリス人やアメリカ人の二〇代の若者が一括契約で気前の良い待遇を受けているのだが、その連中がロンドンやワシントンにいたなら、ただ働きが当たり前と思われる。もちろん、ＲＴがプロパガンダ・チャンネルだとわかる日がやってくるのではないかと、彼ら皆が思っている。二三歳の若者たちが仕事のあとでスカンジナビアにやってきては、そのことについて話している。「そう、ロシアの考えを表現することに尽きますね」と彼ら彼女らはいくぶん居心地悪そうに言うのだった。

イラク戦争以降、多くの人々が西側の長所に対して懐疑的になった。それから、金融危機によって、西側が持っているだろうとその人々が感じていた優越性も蝕まれていった。冷戦に勝利するために使われていたすべての言葉――「自由」とか「民主主義」とか――は膨れ上がり、突然変異し、意味を変えたように、よって無駄な表現となったように思われた。冷戦中にはロシアが西側に反発していたために、西側がさまざまな自由――文化的、経済的、政治的な自由――を一つの物語にまとめる必要があったとしたならば、もはや反発は消えうせた以上、西側の物語を一つにまとめておく箍(たが)がすっかり緩んできた。それじゃ、このような新世界において、「ロシアの見解」のどこに問題があるというのか?

「客観的な報道などというものは存在しないな」と、僕が「ロシア・トゥデイ」の理念について尋ねたとき、編集局長はそう言った。有り難いことに、明るくて広々した彼のオフィスで僕のインタビューに答えてくれたのだ。それもほぼ完璧な英語で。

「それでは、ロシアの見解とは何ですか? 「ロシア・トゥデイ」が代弁しているのはどんなものですか?」

「おやおや、どんなときでもロシアの見解は存在しているんだよ」と彼は答える。「たとえば、バナナを例に挙げてみよう。ある人にとっては食糧になり、別の人にとっては武器になり、人種差別主義者にとっては黒人をからかう道具にもなる」。

オフィスを出るとき、僕はドアの傍に立てかけてあるゴルフバッグと一丁のカラシニコフ銃に気づいた。

「怖いかね?」と、編集局長は言った。

「ロシア・トゥデイ」(RT)で働き始めた人たちは、しばらくすると、何かがおかしいこと、「ロシアの見解」はたあいなく「クレムリンの見解」になること、「客観的な報道などというものは存在しない」という表現の意味するところは「クレムリンが真実なるものを完全にコントロールしていること」だと気づく。状況が見えてくると、今度は二〇〇〇人ほどの従業員のなかで、英語を母語とする者はわずか二〇〇人程度しかいないことがわかる。画面に登場してうわべを飾る出演者と、制作過程のなかでのスペルチェッカーだ。陰で本当の決定を下しているのは少数のロシア人プロデューサーの一団である。毒にも薬にもならないスポーツニュースの合間に大統領への媚びるようなインタビューが挟まる（「どうしてあなたへの反対者はそんなに少ないのでしょうか、大統領閣下？」は伝説的な質問の一つと言われている）。オックスフォード大学を卒業したばかりの二三歳のKは、エストニアが一九四〇年にソ連に占領されたという文を入れたニュース記事を書き、ニュース局長から大目玉を食らった。「我々はエストニアを救ったのだ」と言われて、原稿の書き換えを命じられた。ブリストル大学を出てすぐに就職したTは、ロシアの森林火災を取材して、大統領がうまく対処できていないと書いたところ、「大統領は最前線で消火作業にあたっていると書かなきゃだめだよ」と言われた。ロシアがジョージア共和国との戦争中には、RTはテレビ画面に「ジョージア人はオセチアでジェノサイドを行っている」というどぎつく目を惹くテロップを四六時中流しつづけた。そのようなことが行われていたとか、行われようとしているという証拠はどこにもなかった。大統領がクリミアを併合し西側と新たな戦争を始めることになれば、RTは先陣を切って、ファシストがウクライナを占領しようとしているという、仰天するような話をでっち上げるだろう。

だが、初めて「ロシア・トゥデイ」を見る視聴者は、必ずしもこれらのことを記憶にとどめておく必要はない。というのも、クレムリンを支持するこうした明白なメッセージはRTの放送の一部にすぎない。RTの人気を支えているのは、「その他の」とか、「まだ報じられていない」ニュースを扱っているところにある。ウェブサイトのウィキリークス編集長、ジュリアン・アサンジはRTで対談を行った。アメリカの世界秩序と戦うアメリカ人の学者、9・11陰謀説を唱える者、反グローバリスト、ヨーロッパの極右派などが時間をたっぷりもらって出演している。現在国会議員のいない移民排斥を唱えるイギリス独立党の党首、ナイジェル・ファラージは頻繁にゲスト出演している。サダム・フセインを支持した極左派のジョージ・ギャロウェーは西洋の偏向報道（メディア・バイアス）を論じる番組の司会を務めている。RTはアメリカでの占拠運動（オキュパイ・ムーブメント）（「ウォール街を占拠せよ！」）を伝えたことでエミー賞にノミネートされており、運動の支持者からは「反覇権的（アンチヘゲモニック）」と評されている。「ロシア・トゥデイ」はYouTubeでもっとも視聴されているチャンネルで、視聴者は一〇億人にのぼる。また、イギリスでは視聴率第三位のニュースチャンネルであるし、ワシントン支局は規模を拡大しつづけている。とはいえ、RTの番組が一様に「反覇権的（アンチヘゲモニック）」なわけではない。事情が許せば、全米ネットで『ラリー・キング・ライブ』のような冠番組を持つラリー・キングのようなエスタブリッシュメントの熱心な支持者にも登場してもらう。そうすれば、クレムリンのメッセージはおのずとして格段に多くの視聴者に伝わるというわけだ。大統領は、アサンジにもラリー・キングにもイメージを重ね合わされている。これはクレムリンの新たなタイプのプロパガンダであり、冷戦時代のように「反例モデル」を示して西側に反論するプロパガンダ性は乏しく、むしろ西側の言い回しの中に紛れこみ遊びながら内側から愚弄する傾向がある。ラリー・キングの番組の宣伝では、このジャーナリストを連想させるキーワードが画面にチカチカと表示される。「信望」「知性」「尊敬」などの単語が次々に現れ、やがてそれらが一つになってぼやけてゆき、しまいにはラリー・キングのトレードマークのコミカルな「サスペンダー」が映し出される。それから、スタジオで座っているキングがカメラに向かって言う。「私は権力の座についている人たちの代弁をするよりも、彼らに質問をぶつけてみたいと思っています。そんなわけで、私の新番組『ラリー・キング・ナウ』をこの「ロシア・トゥデイ」で始めます。**まだ質問がありますよ**」（ちなみに「まだ質問がありますよ」はRTのスローガンになっている）。この短い宣伝は、CNNとBBCそれぞれの決まり文句（クリシェ）を数秒間のうちに括ってしまい、しかもそれらを馬鹿げたものにしている。西側の老舗メディアに対する侮りの意識があるのだ――そっちの言葉は誰にでも話せるんだ、西側メディアは必要ないね！

何が起きているかに気づいたジャーナリストは急いで「ロシア・トゥデイ」から立ち去り、自分の履歴書から一生懸命消そうとする。放送中に辞意を表明したり、不満を口にしたりする者さえも現われる。「これ以上「プーチンの手先」として働きたくないんだ」。もっとも、大半の者はとどまる――自身が西側に対する憎悪によってイデオロギー的に突き動かされているために自分たちが利用されていることに気づかない（ないし気にかけない）者や、テレビに出演したいがためにどんなところでも働こうとする者や、「そうさ、ニュースなんて全部フェイクさ。しょせんゲームみたいなもんだよ、違うかい」と深く考えない者。RTは騒ぎ立てた人間を異動させるために離職率がつねに高いものの、新たな働き手には事欠かない。夜になると、新参者たちはスカンジナビアにたむろして、情報工学の専門家やマーケティング・コンサルタントといった他の新人駐在員たちと合流する。安易な相対主義が会話のなかでのんびりと語られる。クレムリンの広報担当相を取り上げたばかりの西側のジャーナリストは、そのことと以前の仕事とどう折り合いをつけるのか質問され、「まさに挑戦だな」と説明する。彼の経歴上、よくあることなのだ。そう、たとえBBCのモスクワ支局長でさえ、クレムリンの広報担当部門で働くために転職するのだ。「おもしろい仕事になりそうだ」という言葉にスカンジナビアにいる全員がうなずく。「ロシアは始末に負えない――けど、西側だってたちが悪いよね」という言葉をしばしば耳にする。

僕は今でもスカンジナビアで、古株の駐在員を見かける。投資銀行員やコンサルタントだ。彼らは相変わらず日焼けした肌に白い歯を見せ、ジョギングについて話している。妻を捨ててロシア人の若い娘と一緒になった者も多いし、ロシアの企業に転職した者も多い。

ベネディクトは「ロシア・トゥデイ」で六ヶ月間働いた。主に在宅勤務をして、レポートを社長宛てにメールで送った。送ったメールはすべて無視された。RTのビジネスニュース部門はささやかなものだ。というのも、ロシアの企業に関して突っこんだレポートを記そうとすれば、腐敗まで調べることになってしまうからだ。

出社の最終日に、ベネディクトが「ロシア・トゥデイ」のオフィスを出ようとしていたとき、編集局長が廊下に姿を見せ、声をかけてきた。いつもと同じく、ツイードのスーツを着ている。

「私のオフィスにちょっと寄っていきませんか」とほぼ完璧な英語で尋ねる。中に入ると、編集局長はゴルフクラブのバッグを持ってきた。

「ゴルフが大好きでね。いつか私と一緒に一ラウンドまわりませんか」と彼はベネディクトに言った。

「ゴルフはやらないんです」と、ベネディクト。

「それは残念だな。だが、とにかく友達になろうじゃないか。これからも立ち寄ってくださいよ」

ベネディクトは、戸惑いながら外へ出た。この出来事が頭から離れなかった。エドワード朝の紳士のような装いのこの奇妙なロシア人が、RTの素っ気ない感じの廊下で、些か上品なイギリス英語のアクセントでしゃべりながらゴルフに誘ってきたのだ。

「彼は何を考えていたんだろうか？　あんな格好で？　狙いは何だったのか？」ベネディクトは思いを巡らせたものだ。

ベネディクトがもう少し長くRTにとどまっていたら、編集局長のことを英国秘密情報機関のスパイ（と思しき人物）だとオフィスの誰もが考えていることがわかったはずだ。

ベネディクトのブラックリスト入りが解かれると、今度はEUから別の仕事が与えられた。まずはモンテネグロへ、それからふたたびカリーニングラードへ向かった。飛び地は変化を遂げていた。いたるところでレクサスやメルセデスを見かけ、ショッピングモールやスシ・バーもできていた。経済開発省にいたPは、現在大臣を務めている。オーダーメイドのイタリア製のスーツとロレックスの腕時計を身につけ、噂では、地元の取引に許可を出す書類に署名してやる代わりに毎回一万ドルを要求しているとのことだ。カリーニングラードは周辺のEU諸国から国境線で遮断されているが、地元の官僚たちはそのことを逆手に取っている。国境検問所で受け取る賄賂のおかげで大いに儲かっているからだ。彼らから見れば、カリーニングラードは遮断されている方が儲かる。国境の賄賂ビジネスは効率的な運営とキャッシュフローの原則に沿って慎重に組織され、あらゆる階層の官僚が協定して上前をはね、それは次々とあがってモスクワにいる税関の総元締めにまで達する。ロシアはベネディクトのような開発コンサルタントからビジネスのレッスンを受けてはいたが、そのレッスンは国家ぐるみの腐敗に応用され、たちの悪い巨大なできものを生んでしまった。

ベネディクトは、彼にとって最後のプロジェクトが終わったあともカリーニングラードにとどまったままだ。マリーナの故郷であるし、アイルランドにはコネらしいコネもないからだ。六〇代になっている。ロシアで過ごしたのは一〇年をだいぶ超えている。バイトとしてほんの少し英語を教えている。

夕方には犬を連れて新生カリーニングラードを散歩するのが日課だ。新しい建物が次々と建てられている。船乗りの集うバーが並んでいた海岸通りは、けばけばしく飾り立てられた一七世紀のドイツの町のレプリカに取って代わられ、すべてが明るいパステルカラーとなっている。夜になると、新築の家の大半は闇に包まれ、人影もない。海岸通りを歩きながら、ベネディクトはパステルカラーの家の壁をコンコンと拳で叩く。触れた感じでは中は空っぽだ。石や木や鉄に見えるように、パースペックス（透明アクリル樹脂）と漆喰に色づけしたものだからだ。

僕がジナーラに出会ったのは、モスクワのとある駅に近いバーだ。そこには国じゅうから女たちが集まっていた。町までは列車に揺られ、駅に着くとその足でまっすぐバーへとやってくる。頭の中は客を見つけたいという気持ちでいっぱいだ。バーにはあらゆるタイプの女がいた。数百ドルを稼ごうとする学生、顔にはボトックス、胸にはシリコンを注入した売春婦、老けてたるんだ身体の離婚した女、楽しい思いをしたくてたまらないだけの田舎のティーンエイジャー。働いている女と、たむろしているだけの女とを区別するのは難しかった。一歩中に入ると、奥まで長いカウンターが一本続いているだけの古びた暗い小屋に過ぎない。その暗いカウンターに女たちがずらっと並んで座り、入ってくる男一人一人を食い入るように見つめる。並んだ女たちの頭上には並んだテレビ。宵の口に店に入れば、僕の勤める娯楽チャンネルＴＮＴにチャンネルが合っているかもしれない――ヒステリックなけばけばしいピンクと黄色、弾けるような色彩の洪水、番組の背後で使うあらかじめ録音された笑い声、「わたしたちの愛を感じて！」という膨れあがり旋回するロゴ――ただし、夜が更けてくると、スポーツチャンネルに変えられてしまうのだが。なにせ、カウンターに陣取る女たちはＴＮＴがターゲットとする視聴者たちだ。受けたのは基礎教育で月給はおよそ二〇〇〇ドルの、けばけばしい色彩を求める一八歳から三五歳までの女たち。僕がＴＮＴで働いていることを打ち明けると、女たちは男の品定めをやめ、興奮した追っかけ（グルーピー）と化す。僕の周りに集まってきて、好きなスターのサインをねだる。彼女たちが好きな番組は『ハッピー・トゥギャザー』という連続コメディー（シットコム）だ。これは米国の番組『マリイド・ウィズ・チルドレン』のロシア版で、番組のなかでは真っ赤な髪で明るい色のハイヒールを履いた妻が、のろまで軟弱な夫を支配している。登場人物で女性が男性よりも強いドラマはロシアで初めてで、このバーの女たちにえらく人気がある。僕が制作に関わっている番組は彼女たちにはあまり人気がない。『ハロー・グッバイ』というリアリティー・ショーのシリーズで、モスクワ空港で出会いと別れに向き合う乗客たちの様子をカメラが捉えている。涙、涙の胸に迫る内容である。

「あなたの番組では、すごくたくさんの恋人たちが別れるわ。もっとハッピーな話にすべきよ」と、一人の女がアドバイスをしてくれた。

「あなたの番組の登場人物は本当にいる人たちなの？」と、別の女が質問した。

もっともな質問だ。というのも、ロシアのリアリティー・ショーはすべて台本が用意されている――ちょうど、連邦議会下院（ドゥーマ）の議員がクレムリンによって管理されているように（「ドゥーマは議論の場ではない」と、かつて下院議長が公言したことがあるのは有名だ）、また選挙結果がすべて前もって決められているように。だから、ロシアのテレビプロデューサーはほんのわずかでも管理の手を緩めることを病的に恐れる。『ハロー・グッバイ』は、プライムタイムに本来のリアリティー・ショーの形式を初めて採用した企画だった（単発のドキュメンタリー映画は数に入らない、なぜならプライムタイムに放送されることはありえないからだ）。

ジナーラは部屋の隅で控え目に立ったまま、黒いボッブヘアーの前髪の奥に覗く大きな黒い目で僕を見つめながらほほ笑んだ。僕は気づいていたんだが、まったく売春婦には見えないこういう娘がいちばんの売れっ子だったりするものだ。僕は彼女のためにウィスキーやコーラを注文し、翌朝になってもまだ一緒に飲んでいた。ピザを頼もうと僕が言うと、彼女は、もちろんいいけど、ペパローニ抜きでね、と答えた。豚肉は食べないのだ。「あたしはまだムスリムなの。たとえ売・春・婦でもね」と、まるで知らない言語の単語を初めて口にするように一つ一つの音節を切りながら発音した。「売・春・婦」と。

この発言をきっかけに、話題は神のことになった。

ジナーラは神を信じていると言ったが、売春婦になったためにコーランに手を触れるのを恐れていた。はたして、アッラーの神は自分を許してくれるのだろうか？　ジナーラは売春婦という職業を気に入っている――少なくとも気に病んではいない。だが、アッラーの神はどうだろうか？　アッラーの神は売春を嫌っている。そんな神に責められていると感じて、眠れぬ夜が続いている。

僕はジナーラに、アッラーは大局的にものごとを観ているのは確かさと言ってやった。

ジナーラは僕に本名を明かした。それまでは、ずっとターニャと名乗っていた。それから、自分の身の上話をしてくれた。

ジナーラの両親ともが、北コーカサス地方のチェチェン共和国の隣にあるダゲスタン共和国で教師をしていた。彼女の両親と、両親の知り合いのほとんどが職を失った。ジナーラは進学するためにモスクワにやってきたが、入学試験にことごとく落ちてしまった。そのことを実家に戻って両親らに報告することができなかった。希望どおりに進学して、いい仕事に就くことができなかったため、バーにたびたび出入りしては僕のような客を待った。もうしばらくしたらやめようと思っている。

故郷の町では、何につけても宗教色が強くなっていた。ジナーラの両親は宗教とは無縁のソ連人だったが、もっと若い人々は誰も彼も、サウジアラビアからコーカサス地方にやってきたイスラーム教ワッハーブ派の伝道者に心酔してしまった。ジナーラにはワッハーブ派の信徒たちが我慢ならなかった。だが、妹は夢中になってしまった。ヘッドスカーフを被り、ジハードや、モスクワのくびきからコーカサスを解放することや、アフガニスタンからトルコまで広がるカリフ統治下の国家などについて語るようになった。ジナーラは妹が、元々はチェチェン戦争で夫を失ったムスリム女性による組織に由来した名だろうが「黒い未亡人（ブラック・ウィドー）」と呼ばれる自爆テロ犯になってしまうのではないかと心配していた。妹の友人は皆、黒い未亡人（ブラック・ウィドー）になって、モスクワに来て自爆テロをしたがっていた。

ふたり姉妹。一人は売春婦で、もう一人はジハードの戦士になった。

＊

僕がテレビ業界で最初のチャンスを得たのは、黒い未亡人が起こした事件のおかげだった。二〇〇二年一〇月二三日、四、五〇人からなるチェチェン人の男女が車が行き交う夜のモスクワの通りをライトを消したヴァンで走り抜け、世界最大と謳われたボールベアリング工場がかつて建っていた郊外へと向かった。その後、目出し帽かヘッドスカーフを被り、身体にダイナマイトを巻きつけたテロリストが、打ちっ放しのコンクリートでできたブルータリズム様式の劇場、「パレス・オブ・カルチャー・ナンバー・テン」（ドブロフカ・ミュージアム）の正面入口になだれ込んだ。

その夜、劇場ではスターリン時代のロシアを舞台にしたミュージカル、『ノルド・オスト』が上演されていた。初めてのロシア製ミュージカルで、ロシアのエンターテインメントが西側のエンターテインメントに匹敵するほど成長したことの証であり、チケットは完売だった。テロリストたちが舞台に上がったのは、ちょうど愛のアリアが歌われている最中だった。彼らは天井に向けて発砲した。最初は、観客の多くがテロリストの登場を演出の一部だと勘違いした。そうではないと気づくと、叫び声を上げ、いっせいにドアめがけて走り出した。ところが、すでにドアというドアがブラック・ウィドーたちによって封鎖され、彼女たちの身体とドアのあいだには爆弾がワイヤーで括りつけられていた。舞台上の犯人の男たちは観客に席に戻るよう命じた。動いた者は処刑される、とも。モスクワ劇場占拠事件はもう始まっていたのだ。そして、この時から四晩も続くことになる。翌朝、僕が（のちにドキュメンタリー番組で彼の助手を務めることになる）タブロイド紙記者の世話役（フィクサー）として到着したときには、劇場周辺は兵士、医療関係者、テレビカメラ、警官、大勢の野次馬でごった返していた。事件屋のような新聞記者たちは手のひらと手のひらとを合わせて挨拶し、警官は学校をさぼったティーンエイジャーの少女たちとしゃべりながら煙草を喫っている。ベークドポテトやホットドッグの売り子が町じゅうから集まり、せっせと商売に励んでいる。「ソーセージはいかがですかあ」と呼びかける。ほんの一〇〇ヤード離れたところで、片やホットドック売りがいるお祭り騒ぎ、片や人質が命の危険にさらされる恐怖の事件が起きている。最初、僕にはどうしても理解できなかった。どうしてこのような悲劇が起きているときに、喜劇役者のようにふるまえるのか？　黙って座っているもんじゃないのか？　爪をかんで悔しがるとか？　ひたすら祈るとか？

　その頃、劇場のなかでは、オーケストラ・ボックスがトイレとして使われていたため、最前列に座っている者たちは、その悪臭に悩まされていた。座席がガタガタと音を立てるほど、人質たちは恐ろしさに身を震わせていた。「二人とも死んだら、どうやって天国でママを見つければいいの？」　そう一七歳の少女が母親に尋ねていた。

　人質たちは希望を失っていった。テロリストは北コーカサス地方からロシア連邦軍を完全に撤退させるよう大統領に要求した。クレムリンは交渉の余地はないと宣言していた。大統領の威信はチェチェンでの反乱を鎮圧したことによって得られたものだからだ。プーチンは首相だった一九九〇年代末に、「影の実力者（グレイノーボディ）」だの「灰色の枢機卿」と呼ばれる存在から、第二次チェチェン紛争によって「戦士」へと変貌し、いきなり迷彩服を着て最前線に現われると、前線の兵士たちと乾杯をし合った。この紛争が勃発するきっかけになったのが、ロシア国内でのアパートの連続爆破事件であり、二九三人が犠牲になった。当時、安全だと思える場所はどこにも、ほんとうにどこにもなかった。犯人はチェチェン人テロリストだとテレビは報じた。とはいえ、犯人がクレムリンの黙認のもと、大統領になるつもりの「影の実力者」に戦争を始める大義名分を与えたのではないか……そう考えている人間は多い。ロシア共和国の国民の多くがあまりにも長いあいだ、ソヴィエトの嘘に囲まれて暮らしてきたためにシニカルになっており、クレムリンが国民に見せている現実（リアリティー）はあらかじめ仕組まれたものだと受けとめられてしまう趣がある。実際に、疑り深くなるだけの理由があるのだ。ロシアの保安庁職員がアパートの建つ一画に爆弾を仕掛けているときに捕まったり（本人たちは訓練中の事故だと主張したが）、一度など連邦議会下院（ドゥーマ）議長が、アパートの爆破が起こる前に、「爆破された」と公表したりしたからだ。

『ノルド・オスト』を上演していた劇場を占拠しているあいだに、チェチェン人テロリストはテレビ取材班（クルー）を劇場内に招き入れ、生中継でインタビューに応じた。犯人の男たちは訛りの強いロシア語、すなわちロシアのコメディー番組で始終使われる南部の方言を話した。

「我々はアッラーの神のために死ぬつもりでここにやって来た。何百人もの不信心者を道連れにするつもりだ」と彼らは宣言した。

ブラック・ウィドーの一人がカメラの前で話した。ヘッドスカーフの向こうには、とびきり美しいアーモンド形の目が見える。彼女は自分が宗教とは無縁の家庭で育ったことと、ロシアとの戦争で父親と夫と一人のいとこが殺されたのを機にイスラーム教の宗派に入ったことを語った。

「わたしたちが死んでも、それで終わるわけではないんです」と、テレビの視聴者に向けてまことに穏やかな口調で語った。「わたしたちの仲間はまだまだ大勢いるんですから」。

僕の仕事は劇場の外に待機して、僕のボスたちがホテルに戻っているあいだの出来事に気をつけていることだった。こぬか雨が降っていた。口に入った冷たい雨粒はしょっぱかった。僕はエールを飲みながら、爆発音や銃声が聞こえてこないかと耳を澄ませた。何も聞こえない。占拠から四晩目の午前五時、特殊部隊が、エアゾール用スプレーガスと混ぜ合わせたシューっという音を立てる麻酔剤か何かを、こっそりと換気装置から劇場内に送りこんだ。灰色の霧が観客席に立ちこめた。ブラック・ウィドーたちはすぐに意識不明になり、前かがみになって床に崩れ落ちた。人質も犯人も全員がガスを吸いこんだ。ガスマスク装着で煙を吸わずにすむ特殊部隊が突入したときには、一発の銃声も聞こえなかった。チェチェン人テロリストはあっという間（ま）に全員が殺された。兵士たちは作戦の完全な成功を讃えあった。僕の周りの暗闇は、特殊部隊の見事な仕事ぶりを伝えようとする取材班（クルー）によるスポットライトで照らし出された。

　医療関係者たちが観客の意識を回復させるために劇場内に入っていった。彼らは使用されたガスの危険性について何の注意も受けていなかった。ストレッチャーも医師も数が足りなかった。何のガスか知っている人間がいないため、正しい解毒剤を投与することができなかった。意識のない人質は呼吸が困難になった状態で運び出されて、外の階段に仰向けに寝かされたため、自分の舌や嘔吐物で喉を詰まらせた。無数のテレビカメラとともに、僕は意識が戻らない人質が冷たい水たまりの上を引きずられながら、近くに停まっているモスクワ市のバスまで運ばれて、バスの中にいい加減に、積み重なるように投げこまれてゆくのを見ていた。バスは目の前を通り過ぎていったが、その座席や木の床には人質が力なくくずれ落ちていて、まるで夜の最終バスに乗った酔っ払いのように見えた。結局、一二九人と推定される人質が、観客席や、劇場の階段や、バスの中で死亡した。

　取材班（クルー）は、この「自ら招いた大惨事」をレポートした。

『ノルド・オスト』上演中の劇場占拠というテロのリアリティー・ショーを通して、全国民がこの国の抱える病を至近距離からの生中継で視聴した。テレビ画面の向こうでは、警官がにやにや笑い、政治家がどうしていいかわからず取り乱したまま必死に指示を求め、ブラック・ウィドーは犯した罪にもかかわらず人々の同情心を誘ってプライムタイムのスターに祭り上げられ、ニュース速報で伝えられた勝利が一転して大惨事になった。この事件を境に、ロシアのテレビ番組は大きく変わった。もはや、管理されていないものや、検閲されていないもの、筋書きが練られていないものは一切ない。コーカサス地方の紛争はテレビ画面から消えてしまった。大統領によるチェチェンでの戦争終結宣言時になって、「数十億ドルの投資が行われ万事は順調に運んでいる、チェチェン共和国は再建されて観光がブームになっており、チェチェン人の九八パーセントは選挙で大統領に投票したし、テロリストは追放されて丘陵や森林に逃げこんだ」、とその程度が報ぜられただけだった。コーカサス地方出身者がテレビ画面に現れるのは、アイルランド人がイギリス人にとってジョークの種になるのと同じ登場の仕方で、エンターテインメント番組がほとんどとなっている。

だが、コーカサス地方からいろいろと好ましいニュースが届くにもかかわらず、ブラック・ウィドーは周期的にモスクワにやってきて、それを相殺してしまう。時間とともに、彼女たちのプロフィールは変化してきた。チェチェン紛争で殺された人々の妻や娘であることは少なくなっている。今のメンバーはマハチカラやナリチクの中流家庭出身の女性たちだ。サラフィー主義やワッハーブ派の伝道者たちが布教した結果である。毎朝、僕は地下鉄に乗ってＴＮＴに向かう。僕が使う路線は長距離バスの発着場の近くに停車する。この発着場にはコーカサス地方から五〇時間かけて長距離バスがやってくる。二〇一〇年三月二九日の朝、二人のブラック・ウィドーがここに着き、地下鉄に乗りかえると、モスクワの中心部に数駅近づいたところで自爆したので、四〇人が巻き添えを食って死亡し、一〇〇人が負傷した。この事件が起きたのは午前九時前だった。その数時間後に僕が地下鉄に乗ったときには、すでに飛び散った血液やガラスの破片や金属に絡みついた肉片などはきれいに片づけられていて、ビザンチン・ビジネス・センターまでやってきてエレベーターでTNTに向かう頃には、この事件のことは忘れ去ったとは言わないまでも、そのときには脳裡になかった。

ネオンのようにけばけばしいこの国では、ブラック・ウィドーは存在しないものとなっている。

＊

『ノルド・オスト』上演中の劇場占拠事件から四年後、地元の有名人のドキュメンタリー番組を撮るために、僕はコーカサス地方に向かった。

夕方、飛行機でカバルダ・バルカル共和国の首都、ナリチクに降り立った。バルカルはチェチェンの隣国であり、チェチェンの向こう側はダゲスタン共和国である。郊外は暗かった。街灯が頼りにならないのだ。車で町の中心部に向かうと、明るく照らしだされている唯一の建物は真新しい中央モスクであり、クレムリンの後ろ盾を得ているアルセン・カノコフ共和国元首（二〇一二年に大統領から共和国元首に呼び方が変わった）が個人的に資金を出していた。ミラーガラス、人造大理石の塔、金メッキの三日月を配した成金趣味のモスクであり、祈祷のなかには新たなマネーと新たな宗教が含まれている。地元の人々は「KGBモスク」と呼んで、政府がムスリムを手なずけるための方策だと考えている。もっとも、若者たちはサラフィー主義の伝道者の方を好んでいる。二〇〇五年、ナリチクは二一七名のイスラーム過激派に攻撃された。彼らはテレビ塔と政府庁舎を急襲した。軍隊が制圧するのには何日もかかったが、死者は一〇〇人に達し、その中には一四人の一般人も含まれていた。

「イスラーム過激派がチェチェン人ではなく、私が教鞭をとっている大学出身の地元の若者だとわかったときには、私たちはショックを受けました」。歴史学者のアンゾール教授は、その晩、僕と夕食を共にしながら胸の内を明かした。僕の世話役としてアルバイトをしてくれていた。「学生たちが何を考えているのか、私にはわからないし、彼らは別の言語を話しているように聞こえます。わたしの世代は皆がソ連人でした。しかし、私の学生たちは、自分らがロシア人だとは思っていません。彼らとモスクワを結びつけるものが何もないんです」。

ウェイトレスが噛みきれないほど固い燻製のマトンのおかわりを運んできた。僕たちが夕食をとっていたのはこの町でもっとも有名なレストラン「ソスルコ」で、ヘラクレスのような地元の神話の英雄にちなんで名づけられた。高さは二〇メートルのコンクリート製。かぶとをかぶり、巨大な口髭をたくわえた中世の騎士の頭の形をし、町を見下ろす丘の上に建っていて、緑の蛍光色の照明でライトアップされている——新しいモスクを除けば唯一つ照明の明るい建物だ。

「教え子たちがモスクワに行くと、通りで見知らぬ人々に国に帰れと言われます。でも、なんと言おうと私たちはロシアという国家の国民なんです。移民ではない。したがって、「国に帰れ」という意味がわかりません。それに、ここにいても、若者が働く場所はどこにもないですから」。アンゾールの話は続いた。「結局、ワッハーブ派の伝道者しか彼らの相手をしてくれないのです」。

その翌朝、僕はようやくナリチクの町をはっきりと眺めることができた。中心部は整然とし、ソ連時代に建てられた重々しい新古典主義様式の庁舎の前には、色鮮やかな花がきれいに植えられた花壇がある。町の向こうには、エルブルス山が聳え立ち、まるで今にも殴りかかってきそうなお山の大将のように見える。僕が会いにいった有名人とはジャムブラト・ハトホフで、当時世界一の巨大児だった。彼は七歳なのに体重が一〇〇キロ以上あった。タブロイド紙の記者やテレビの取材班(クルー)が、彼の姿を撮るために世界じゅうからしじゅうやってきていた。

僕は車で街を出てジャムブラト、愛称ジャムビクの母親のアパートメントに向かった。そのアパートメントは、郊外のでこぼこした泥道に面して捻じれて建っている、ソ連時代のマッチ箱のようなブロックの中にあった（地元のロシア連邦保安庁（FSB）が僕の車を追いかけてくる。僕がジハード戦士と密会するのでないことを確認するためだ）。階段は暗く、緑色の塗料は剥げ落ちていた。ドアを開けてくれたのはジャムブラトの母親のネーリャだった。アパートメントの内部はイケア・スタイルにリフォームされていた。リフォーム代はジャムブラトがメディアに露出して得たお金で支払ったのだ。僕が家に入ったとき、ジャムブラトは風呂に入っていた。彼が水しぶきをたて、歓声を上げ、荒い息づかいをしているのが聞こえた。僕は彼にこんにちはと言うために風呂場に入った。彼はあまりにも太っていたので、彼のペニスは贅肉に埋もれ、爪先と目だけが辛うじて見えていた。彼は呼吸するというよりは唸っていた。床は水浸しだった。彼には小さすぎる風呂の中で浮きつ沈みつしていて、そこいらじゅうに水を跳ね飛ばしていた。僕が入っていくと、彼は僕に体当りしたので、僕はドアに叩きつけられた。

「あの子に父親がいたことなんてないのよ」と、ネーリャは言った。「あの子の人生には大人の男の人が必要だわ」。

僕たちは町に繰り出した。その日は「町の記念日」だった。地方都市にプライドを植えつけるための国家主催のパーティーだ。遊園地の乗り物がいくつか設置され、スポーツ・イベントも開催された。皆がジャムブラトを知っていた。彼はスターだった。「俺たちのソジュリコだ、俺たちの小さな戦士だ！」僕たちが祭りの中を歩いて行くと、地元の人々が大声で叫ぶ。皆が彼に食べものをくれる。シャシリク、燻製のマトン、スニッカーズ、ピザ、コーラ。乗り物にだって、僕たちをただで乗せてくれた。ジャムブラトは四六時中食べ、唸っていた。ジャムブラトが食べるのをネーリャが止めようとすると、彼は防犯ベルのような金切り声を上げて、一〇〇キロ以上ある全体重をこめて彼女を叩いた。

僕らはレスリング競技を見るために立ち止まった。北コーカサスの共和国——ダゲスタン、カバルダ・バルカル、イングーシ——代表の選手たちがいた。彼らは「ロシア」というよりは自分自身を代表していた。オリンピックの金メダリストも何人かいた。北コーカサスは世界最高のレスラーを何人も輩出している。この地方のレスラーにとっては、自分たちが「ロシア」のために金メダルを獲得していると感じるのは難しかった。けれど、多くの若者にとって、選択肢はジハードかレスリングしかない。ネーリャはジャムブラトが大人になったらレスラーになって欲しいと思っていた。もっとも地元のコーチは口を揃えて、ジャムブラトの動きが鈍すぎると彼女に言っていた。ネーリャは、彼が相撲の力士になるかもしれないと考えていた。

しばらくすると僕は、ジャムブラトの話すスピードが遅くて発音も不明瞭なのに気がついた。

「学校の成績はどうなんですか?」と僕はネーリャに尋ねた。

「あら、あの子はこんなに人気者なんだもの、試験なんて受けなくても上の学年に進めるわよ」とネーリャが答えた。

僕たちはジャムブラトを連れて飛行機でモスクワへ行った。彼はロシアでいちばんのトークショーに出演して、カメラの前でジープを押してみせた。彼はロシアでいちばんの子ども向けバラエティ番組のオーディションを受けた。

そのあいだに、心配した医師たちがネーリャと会った。彼らは、ジャムブラトは戦士などではなく、とても重い病気を抱えた子どもで、治療しなければ死んでしまうだろうと説明した。ネーリャは彼にダイエットさせ、自分たちのライフスタイルも変える必要があった。ネーリャは知りたくなかった。ジャムブラトは彼女にとって金の卵を産む肥ったガチョウ、母子が新しい人生を手に入れるための手段だった。僕は彼女に同情した。彼女がジャムブラトの食べ物を取り上げようとしたときに何が起きたかを僕が見たからだ。

「ジャムブラトがこんな風なのは神様のご意志だわ」と、ネーリャは言い張った。

僕たちが別れるとき、ジャムブラトがあまりにも強く抱きしめたので、僕は息をするのもやっとだった。彼が日本の相撲界から弟子入りの誘いを受けたことを僕はあとで知った。これは以前からネーリャが彼に抱いていた夢だった。だが、相撲は彼には向いていなかった。一家はすぐにナリチクに戻って来た。二年が経ち、もっと大きな子どもがメキシコで登場すると、ジャムブラトのスターとしての魅力がいくぶん損なわれた。一一歳のときに彼の体重は一四六キロになった。

*

『ニュースをつけてみろ』と『ハロー・グッバイ』のプロデューサーの一人が僕の携帯にメールを送ってきた。「馬鹿な奴らが俺たちのセットをめちゃくちゃにしたぞ！　俺たちのセットをだぞ！」

自爆テロ犯が、ドモジェドヴォ国際空港の到着ロビーでやってのけたのだ。そこは以前僕たちが『ハロー・グッバイ』を撮っていた場所だった。ＣＣＴＶのニュース映像では、ロビーを歩いて横切る不鮮明な人影が映り、次いで目がくらむような強烈な閃光が画面いっぱいに広がった。そしてふたたびロビーが見えたとき、そこは血の海だった。三七人が死亡し、一八〇人が負傷した。心配した大勢の人たちがメッセージを大量に送ったため、僕の携帯は繋がらなくなった。そのとき僕は空港からまるで離れたところにいたし、爆弾が爆発するずっと前に『ハロー・グッバイ』は打ち切られていた。

ドモジェドヴォはモスクワに三つある空港のなかでもいちばん新しい。ガラスと光がいっぱいで、大理石の床には塵もなく、カプチーノ・バーやビキニ・ブティックもあった。僕が『ハロー・グッバイ』の制作に関わっていた頃には、僕は多くの時間をドモジェドヴォ空港で過ごした。僕は煙探知器がダミーなので隠れて煙草を喫える場所はどこか全部知っているし、ガラスの壁越しの光が最も美しくてベストショットが撮れるタイミングを知っているし、税関職員に免税店でウィスキーを買ってきてもらう取引のやり方だって知っている。どのフライトがどんな種類の乗客を連れて来るか、そしてその乗客たちがどんなストーリーをもたらしてくれるのかも僕は知っている。僕たちの番組の司会者が、鮮やかなオレンジ色のシャツを着てこの空港を歩きまわり、人々が別れたり会ったりするのに話しかけるのだ。彼氏がサンフランシスコで働くために旅立つので、長い別れのキスを交わす恋人たち。セックスに興じるためにタイへ週末旅行に出かける向こう見ずな男たち。密かに心を寄せているボスがロンドン出張から戻ってくるのを待つ秘書。この煌びやかで新しい国の煌びやかで新しい空港には、新興中流階級ロシアの縮図がある。飛行機で旅行するばかりでなく外国であってもごく自然のこととして旅行する最初の世代、一つの高いドーム型の屋根の下に横溢しているのはこの世代の野心だ。

僕たちのエピソードのほとんどは男を待つ女の話だった。毛皮に身を包んだアンナがいた。彼女はヴォロネジ出身の元バレリーナで、今はチューリッヒのストリップクラブで踊っていた。彼女の恋人でスイスの銀行員が、ロシアに住む彼女の家族と、前の男たちとのあいだにできた二人の子どもに会いに来るのだ。その男たちは、彼女に一ルーブルたりとも残さずに彼女を捨てたのだ。銀行員は彼女との結婚を望んでいたが、事の展開があまりにも急すぎて、彼女の心はあやふやなままだった。二週間後、僕らは二人に再会した。彼らの別れは冷ややかなものだった。そして彼は飛行機でチューリッヒへと帰っていった。彼女は何が問題だったのかは何としても話してくれようとしなかったが、こう口にした。「私たちみたいな踊り子はストリップクラブを「病院（クランケンハウス）」だ、気のふれた人間のゴミ箱だって呼んでいるのよ。そんなところへ来るのは頭のおかしな男だけよ」。

それから「乳搾り女（ミルクメイド）」がいた。この話はYouTubeでヒットした。年齢のわからない女だった。金歯にした歯、パーマで巨大に膨らんだ髪形、鮮やかなピンク色の唇、泥はねのついたニーハイの白いブーツに毛皮のコートといったいでたちで、共同農場の乳搾り女（ミルクメイド）だった。彼女は恋人を待っていた。彼はティーンエイジャーのタジク人で、農場のゴミの始末を手伝っていた。彼らの関係は村のスキャンダルだった。彼女が母親と言ってよい年齢だったことだけでなく、彼女はチュールカと付き合っている白人女だったからだ。チュールカとは、コーカサスや中央アジア出身の人間に対してロシア人がつけた侮蔑的な呼び名だった。「南」から来た男が白人女を連れ去るという妄想は、ロシア人の強迫観念のようなものにまでなっている。チュールカの女は自爆テロで俺たちを吹き飛ばす。チュールカの男は俺たちの女をかっさらってゆく。チュールカが反乱を起こせば、ロシア帝国がなくなっちまう……。

だがミルクメイドは農場で働く地元の人々が彼女の恋人について何を言おうと気にしなかった。彼女は彼との情事に耽っていた。

「仕事の時はこのかわいい白いローブを着て、私の脚を見せびらかすの。彼ったらそれが好きなのよ」と、彼女は僕らに言った。

「すぐに簡単にセックスしたりしなかったわ。香水を先にくれなくちゃいやよって言ったのよ。私のママの教えだからね！」

そして今や、彼女は妊娠していた。彼が飛行機から降りてくると、彼女はカメラの前でそのことを彼に告げた。僕らは彼の感情がどう変わってゆくかをすべてカメラに収めた。ショック（彼は一七歳より上には見えなかった)、怒り、そして彼女を引き寄せてくるくるまわしながら見せた喜び……パーマをかけた髪、毛皮のコート、白いブーツ、何もかもがまわっていた。到着ロビーにいた人々が拍手し歓声をあげ始めた。それは自爆犯がやがて自分自身を吹き飛ばすことになる、まさにその場所だった。

到着ロビーはいつでも撮影するのがいちばん難しい場所だった。そこは僕が覚えているかぎりずっと工事中だった。到着ロビーには自然光が入らず、窮屈で狭かった。僕たちはきれいな映像が撮れるように、番組に協力してくれる人たちをカフェのネオンサインの前まで引っ張っていって、そこに立たせなければならなかった。もし彼らが自然に立っていたとしたら、このシーンは酷いものになっていたはずだ。黒いコートを着てしかめっ面をした違法タクシーのドライバーの集団が、このシーンを間違いなくおぞましいものにしていたことだろう。彼らは税関から出てきた人間になら誰にでも跳びついて、法外な運賃で市内まで乗ってゆくよう強要しようとするのだから。そんなタクシー・ドライバーの多くが北カフカスの出身者だ。自爆テロ犯の犠牲となった人々には、同国人や同じムスリムがたくさんいたことになる。

そして僕たちが『ハロー・グッバイ』を撮影しているとき、フレームのすぐ外側にはいつでも別の現実があった。到着するロンドンやパリからの便一つにつき、はるかに多くの航空便がマハチカラ、ナリチク、タシケントからやってきた。コーカサスや中央アジアから来た金歯を入れた移住者の一族が、モスクワの市場で商売するために持ってきた衣服や果物がいっぱい詰まったプラスチックの袋の山に囲まれて、手入れの行き届いたロビーの床にうずくまっていた。

「あの人たちなんぞ見たくないのよ」とTNTのプロデューサーがよく不満を漏らしたものだ。「わたしたちは視聴者を調査したのよ。視聴者はコーカサスや中央アジアの出身者になんて関心はないわ。彼らとの繋がりがないんですもの。わたしたちにはロシア民族が必要なのよ」。

だが結局僕らは、チェチェンについての深刻な話を扱わざるをえなくなった。インタビューに応じてくれた一組の若いカップルが少なくとも六ヶ月間離れ離れになる。男の子はスティーブ・マックィーンの若い頃に似ていた。女の子はニキビができていた。

「そんなに長く離れるのはなぜかな？」

「僕が行く所には戦闘があるんだ。僕は兵士で、チェチェンで軍務についてるんだけど、彼女が行けるわけないからね」

彼らの出会いはこうだ。彼はコーカサスの山の上にある小さなレンガ小屋の持ち場で独りで退屈していた。夜だったし酔っていた。彼は前線から遠く離れた女の子を見つけたかった。彼は銃のシリアルナンバーに目を落とした。面白半分に自分の電話を取り出して、モスクワの市外局番の後に銃のシリアルナンバーを付けてダイヤルした。眠そうな女の声が電話に出た。

「どちらさま？」

彼は答えた。彼女はガチャンと電話を切った。

「僕はただ彼女の声が好きだったんだ」と彼は言った。「だから僕は電話し続けたんだ」。

彼は毎日電話した。徐々に彼女の心が傾いた。彼らは携帯電話でお互いの写真を交換した。僕たちが撮影した二週間前に、彼は休暇を取って彼女に会いに来たのだ。彼女はコーカサスの旧家の出で、彼は彼女の父親に結婚の許しをもらいに来た。彼女の父親は結婚を許した。それで二人は指輪をしている。結婚式は、六ヶ月後に彼がチェチェンから戻ってから挙げる予定だ。

「これが僕の最後の任務なんだ。軍隊にはもう用がない。六ヶ月経ったら僕は戻ってくる。それで終わりさ。戦争にはもう行かない」

「彼女の電話番号と同じシリアルナンバーの付いた銃はまだ持っているのかい?」

「あの銃? これからだっていつでも持っているつもりさ」

彼は何度も投げキスをし、彼女は彼がパスポート審査所を通るときには泣いていた。僕は二人のその後のことについては何も知らない。

*

僕が駅の傍にある長い長いカウンターのバーにまた行くようになってしばらく経ってからのことだった。

「あなたの番組の調子はどうなの?」と女たちが尋ねた。

「打ち切りになったよ」

『ハロー・グッバイ』の視聴率は最悪だった。大きな問題は視聴者が番組中の話が実話だということを信じようとしなかったことにある。いんちきな現実(フェイク・リアリティー)を長いあいだ観せられたあとでは、番組中の物語が実話だということを視聴者に信じさせることは難しかった。

ジナーラは歓声を上げながら、僕の方にスキップして飛んできた。彼女は僕に一杯おごってくれた。彼女は、髪を前より伸ばしていた。彼女はちゃんとした仕事を見つけたわけでも、学校に戻ったわけでもなかった。彼女の顔がむくんでいるように見えた。

「妹さんは元気?」

「元気よ」とジナーラは言った。「とっても元気」。

「まだワッハーブ派の人たちと一緒にいるの?」

「悪夢は終わったわ。あたし実家に帰って、ここで一緒にやろうって妹を説得したの。彼女がモスクワを好きになってくれてよかった。彼女、ジハードをしたいなんてもう言わないわ。今じゃ私たち一緒に働いているのよ。二人とも、売・春・婦」

ジナーラは喜んでいた。ああ、よかった。ハッピーエンドの物語だ。

創造の高み

ロシアの政治体制を民営化した男で「クレムリンの創造主（デミウルゴス）」として知られるウラジスラフ・スルコフは大学講堂の正面入口から入ってくるものと僕らは思っていたのだが、彼は裏口から大股で入ってきて皆を驚かせた。彼は『不思議の国のアリス』に出てくるチェシャキャットのような笑みを浮かべている。白いシャツに皮のジャケットを着ている。イギリスのロックバンドのジョイ・ディヴィジョンも思わせるし、一九三〇年代の人民委員（コミッサール）も思わせる。彼は聴衆――大勢の博士課程の院生、教授、ジャーナリスト、政治家――の前にあるステージに向かって真っ直ぐに歩いてゆく。

スルコフは前置きとして「私は新たなロシアの体制の図面を引いた者、もしくは引いた者たちのうちの一人です」と語る。「クレムリンにおける、そして政府における私のポートフォリオに含まれるのは、イデオロギー、メディア、政党、宗教、近代化、革新、外交政策、そして……」。ここで彼は言葉を切って微笑んで「モダン・アートです」。スルコフは、一方的なスピーチでなく、聴衆から質問を受けての公開討論に切り替えることを提案した。最初の質問のあとに彼はおよそ四五分間も話したので、結局のところ他の質問の時間は残っていなかった。これは、民主的なレトリックと非民主的な意図という「スルコフ型政治体制」の縮図だ。

元大統領府副長官、次いで副首相を務め、そののち外交問題大統領補佐官に就任したスルコフは、ロシア社会を一つの巨大なリアリティー・ショーのように演出してきた。彼がぱんっと一つ手を叩くと、新しい政党が出現する。もう一度叩くと、ヒトラーユーゲントのロシア版である「ナーシ」が生まれる。「ナーシ」は、民主主義の支持者になりそうな者たちとの市街戦を想定した訓練を受けたり、赤の広場で愛国的でない作家の著作の「焚書」をしたりしている。スルコフは大統領府副長官として、彼のクレムリンのオフィスで週に一度テレビ局の経営者らと会い指示を出していたものだ――誰を攻撃し誰を擁護するか、テレビ出演が許可される者と禁止される者、大統領をどのように見せるか、また国民が考えたり感じたりする際のまさに言い回しや範疇についての指示だった。オスタンキノのテレビ局の司会者たちは、スルコフの指示でテーマ――オリガルヒ、アメリカ、中東など――を選び出し、それについて二〇分間話す。彼らはめったに直截的な表現は使わないが、ヒントを与え、煽り、目くばせし、当てこすり、「連中」とか「敵」という言葉が脳裡に刻みこまれるまで際限なく繰り返す。彼らはこの時代のマントラの最たるものを繰り返す。プーチン大統領は「安定」の大統領、一九九〇年代の「混乱と黄昏」の時代に対するアンチテーゼだ。「安定」――この言葉が、うわべでは関係がなさそうな数えきれぬほどの文脈で再三にわたって繰り返されるので、やがて谺（こだま）となり、巨大な鐘の音のように鳴り響き、あらゆる良きものを意味していると皆が思うようになる。しかり、誰であろうと大統領に反対する者は、偉大な神である「安定」の敵なのだ。西側企業の言い回しから見つけた語「効率的な経営者」は、大統領を最高の「効率的な経営者」として崇拝するための用語と化した。「効率的な」がすべての存在理由（レゾンデートル）となっている。スターリンは、「効率的」であるためには犠牲を出すのを厭わなかった「効率的な経営者」だった。この言葉は街中にじわじわと滲透している。「僕らの（あたしたちの）

関係は効率的じゃないよね」。恋人たちが別れの場面で互いに言い合う。「効率的」「安定」――これらの言葉が実際に何を意味するかを明確に定義できる者は誰もいないだろうし、この町は変容し揺れているので、誰もが状況が「安定」とは正反対であり「効率的」なことなど何もないと感じている。だがスルコフや彼の傀儡が使うと、こうした言葉自体に命が宿り、どんな風にであっても反抗する者に対しては鉄槌を下す役割を果たすのだ。

スルコフの数多いニックネームのうちの一つに「ロシア史上最高の政治工学者」というのがある。「政治工学者」は、きわめて古い職業にロシアが新しくつけた名だ――宰相（ワズィール）、灰色の枢機卿、オズの魔法使い（『オズの魔法使い』という物語でさえ政治的なアレゴリーだ）などと呼ばれていたものと同じだ（スルコフは宰相（ワズィール）としてすでに紹介しているが、これはイスラーム王朝に倣っての呼び方だ）。最初に彼ら政治工学者が現れたのは一九九〇年代半ば、言葉巧みな「ハーメルンの笛吹き（パイドパイパー）」のように権力の門を敲（たた）き、辞を低うしてこの世界について説明しようと申し出、自分たちならそれをつくり替えられると吹きこんだ。彼らはトップダウン型統治というまさしくソヴィエトの伝統を引き継いだうえに、反国家的活動家たち――一九世紀なら無政府主義者、現代ならネオ・ナチや狂信的信者――を取りこんでしまうという皇帝（ツァーリ）に特徴的なやり方をも踏襲した（取りこまれた連中はいずれもが、テレビ、広告、ネガティヴPRにおいて、最新の考え方と融合されてしまった）。彼らの最初の顧客は、実際にロシアの近代化推進派であった。一九九六年、「クレムリンのゴッドファーザー」との異名をとったオリガルヒであり、ロシアで最初にテレビの力を理解した男ボリス・ベレゾフスキーが政治工学者たちを組織して、当時大統領だったボリス・エリツィンの再選を後押ししてみせた。エリツィンの再選は当初難しいと思われていたが、失地回復を叫ぶ共産主義への回帰からも新たなファシズムからもロシアを救えるのはエリツィンただ一人だ……そう国民を説得したのだ。彼らは、「赤色と褐色」――つまりコミュニズムとナチズムの脅威が迫りくるという幻を作り出すのに役立つよう対立候補がスターリニストだと仄めかしつつ（対立候補は実際にはむしろ社会民主主義者だった）、迫り来るポグロムについての恐ろしい物語をＴＶ番組にし、でっちあげ（フェイク）の極右政党を取り出してみせた。

二一世紀には、大統領府の力による組織化のおかげで、政治工学者たちの技術は一極に集中され体系化された。大統領府ではスルコフが「独立」した政党の指導者の名前がそれぞれに付けられた電話が数台置いてあるデスクの後ろに座り、昼夜を問わずいつ何時（なんどき）でも電話で彼らに指示を出している。この新しいタイプの権威主義（オーソリタリアニズム）の優れた点は、二〇世紀の緊迫した状況ではありがちだったたんなる反対派の弾圧ではなく、すべてのイデオロギーや運動の内部に入りこみ、それらを利用したうえに、ばかげたものにしてしまうことだ。スルコフは、たった今市民フォーラムや人権関連のＮＧＯに資金を供給したかと思えば、次の瞬間には、ＮＧＯを西側の手先になっていると主張して糾弾している民族運動の側を密かに支持する。彼はこれ見よがしにモスクワで最も刺激的なモダン・アーティストのための芸術祭を気前よく後援したかと思えば、次にはそのモダン・アートの展覧会を攻撃するロシア正教の原理主義者を支持して、黒ずくめの服装で十字架を持ち歩く。クレムリンの考えは、あらゆる政治的なディスクールをクレムリンの中に納めておいて、独自の運動をクレムリンの壁の外で展開させないようにすることだ。クレムリンの考えるモスクワは、午前中は寡頭政治、午後は民主主義、夕食時には君主政で、就寝時までには全体主義国家といった趣がある。

スルコフと政治工学者たちの世界に住んでみて、僕は自分がますます混乱していることに気がついた。最近、僕の給料が二倍近くになった。ＴＮＴの番組のディレクターに加えて、僕はＳＮＯＢという新しいメディア企業でも働いている。ＳＮＯＢが経営するのは複数のテレビ・チャンネルや雑誌（むろん『ＳＮＯＢ』誌が代表だが）のほかに、ロシアでも最高の知識人のための「オンラインでのゲーテッド・コミュニティ」まで含まれる。SNOBが目指すのは、ロシア国内で西側のものやリベラルなものすべてのために戦う新しいタイプの人間たち、「グローバルなロシア人」を育てることだ。これに資金提供しているのは、ロシアで最も裕福な人間の一人であり、（アメリカのプロバスケットボールチームの）ブルックリン・ネッツのオーナーでもあるオリガルヒ、ミハイル・プロホロフである。僕はSNOBが運営するテレビ・チャンネルの一つに「コンサルタント」として雇われている。僕は文書、戦略、フローチャートなどを果てしなく書いているのだが、かといってどうこうなるというものではないらしい。それでも僕は給料を貰っている。そして僕が「ユニークなセールスポイント」や「高い生産価値」に関する話をしに週に何度か立ち寄るオフィスは、「新しがり屋のファンタジー」の一種だ。元工場だったところを改造したもので、積んだレンガも剥き出しのまま残し、巨大な窓の大きなアーチも保存し、中にはいくつかの編集室とオープンオフィスが巧みに造られている。そこで働いているのはソ連時代のインテリ階級の子どもたちで、完璧な英語をしゃべり、現政権への批判を遠慮なく口にする。副編集長の女性は、レスビアン・ゲイ・バイセクシャル・トランスジェンダー（LGBT）の権利を擁護する、有名なアメリカ在住のロシア人の活動家だ。西側の高級な雑誌に掲載される彼女の記事では、大統領を執拗に攻撃している。ただしSNOBは反体制のポーズを取ってはいるものの、これほど目立つプロジェクトがクレムリンの承認なしに成立するはずがないのははっきりしている。このプロジェクトは、クレムリンにとっても都合のよい「管理された」反体制ではないのか？　一方ではリベラルたちに自由な発言と拠点（それに給料）が保証されていると感じさせる。他方ではクレムリンによる「反体制派」の定義づけ——「普通の」ロシア人のことには疎く、（同性愛嫌悪の国で）ゲイの権利などの取るに足らない問題に取りつかれた新しがり屋のモスクワっ子——に一役買わせる。しかり、皮肉をこめてつけられたプロジェクト名の「SNOB」そのものが、このプロジェクトが潜在的にヘイトの対象であることを明らかにしている。それにＳＮＯＢの媒体で反クレムリンを声高に唱えているにもかかわらず、実際にはほんものの調査報道をしたことがないし、国家予算から盗まれたお金について具体的な事実を発見した、なんてことはないのだ。二一世紀のロシアでは、贈収賄の流れを追いかけたりしないかぎり、言いたいことは何でも言える。仕事のあとで僕は同僚らとともに腰を据え、酒を飲んで語り合う。で、僕たちは反体制派なのだろうか？　で、僕たちはロシアを自由な社会にする手助けをしているのだろうか？　それとも僕たちは、実際には大統領の存在を揺るぎないものにするためのクレムリンのプロジェクトなのか？　実際には自由という大義に対して害を及ぼしているんじゃないのか？　それともどちらでもあるのかな？　トランプのカードの一枚なのかな？

　はたしてプロホロフは、次の大統領選ではクレムリン公認のリベラル派候補になる。プロホロフがインテリに気に入られるようにＳＮＯＢのプロジェクトが一役買うのだが、彼はバスいっぱいのモデルとアルプスのリゾートのクールシュヴェルでパーティーを開くことで有名な華麗なるオリガルヒなので、クレムリンにとってはいいカモだ。この場合も「モスクワ雀」たちが憶測をたくましうするのは次のようなことだ。プロホロフは本物の候補者なのか？　彼に投票したほうがいいのか、それとも投票するとクレムリンの思惑にはまることになるのか？　あるいは、誰にも投票しないでこんな体制は無視したほうがいいのだろうか？　結局プロホロフは、またお呼びがかかるのを心待ちにして政治の舞台から優雅に退く際には八パーセントというなかなかに印象的な得票率を獲得する。僕らは皆、政治工学者たちによる巨大なリアリティー・ショーの、ほんのちょっとした端役というわけだ。

　だがスルコフは、たんに政治的手腕があるだけではない。彼にはモダン・アートに関する随筆を書くほどの審美眼があり、大統領の机の横にある彼の机の上にヒップホップＭＣのトゥパックの写真を飾るほどの

「ギャングスタ・ラップ」の熱狂的ファンでもある。彼はよく「大統領は神からの賜物である」と言うのだが、一方でロック・グループのために次のような歌詞も書いている。

あの人は緋色の絹衣を纏って蒼ざめた馬に乗り、
　いつでも俺たちの前を行くのさ。
俺たちはあの人の後に随き従うのさ、膝まで泥につかり、首まで罪に浸ってな。
俺たちの行く手にあるなら、家を燃やせ、橋を燃やせ。
俺はおまえらにそっくりになる。
おまえらはあの人にそっくりになる。
俺たちはみんながそっくりになるんだ。

そしてスルコフは、二〇〇八年に出版され、自身の経験に基づく小説『オールモスト・ゼロ』の著者と言われている。「言われている」というのは、この小説がナタン・ドボヴィツキーというペンネームで出版されたからだ。スルコフの妻の名はナタリア・ドボヴィツカヤだ。公式にはスルコフは序文の筆者であり、その序文のなかで彼は小説の作者であることを否定したうえで、あえて矛盾することを語っている。「この小説の作者は独創性のかけらもない、ハムレットに取り憑かれた三文文士に過ぎない」、「これは私が今までに読んだ本のなかでも最高傑作である」。インタビューのなかでは自分が著者であることを認めそうになることもあるのだが、いつでも完全な告白には至らない。すべてが彼のペンによるものかはさておき、彼はことさら自分をその本に関連付けようとしている。この本はベストセラーとなった。なにせ、この御代の重要な告白だし、僕たちはこれまでにないほど間近で体制の考えていることの内側を見ているのかもしれないのだ。

この小説は現代ロシアの風刺で、主人公のエゴールは家賃を払ってくれる人間なら誰にでも喜んで手を貸すような堕落したＰＲマンだ。以前アヴァンギャルドの詩集を出版していた彼は、今や貧しいアングラ作家たちから文章を買って、その権利を芸術家になりたがっている富裕な官僚やギャングに売っている。むろんその官僚やギャングは、それを彼らの名前で出版するのだ。この世界では誰もが売り物なのだ。いちばん「リベラルな」ジャーナリストにさえ値が付いている。この小説に描かれるＰＲと出版の世界は物騒なものだ。出版社はそれぞれ自前の犯罪組織を抱えている。組織のメンバーらはナボコフとプーシキンに関する権利を争って撃ち合いをする。そして後ろぐらい目的をもってシークレット・サービスが組織に潜入する。これはまさにスルコフの「ナーシ」が赤の広場で燃やす類の本だ。

ロシアの地方都市のシングルマザーの家庭に生まれたエゴールは、ソ連時代末期の見せかけのイデオロギーに幻滅した、「書物を通じて知識を得たヒップスター」として成長する。一九八〇年代に、ボヘミアン仲間の周辺にたむろしようとモスクワへと移り住む。エゴールは一九九〇年代にはＰＲ業界の導師（グル）になる。これは僕たちが知っているスルコフ自身の経歴と共通する部分が多い――スルコフは自身がここぞと思うときだけ、細かい点をマスコミに漏らす。彼は一九六四年、ロシア人の母と、スルコフがまだ幼い頃に家を出たチェチェン人の父とのあいだに生まれている。元学友たちが覚えているスルコフは、コムソモール（ソ連共産青年同盟）で先生のお気に入りの生徒たちをからかい、ベルベットのズボンをはき、ピンク・フロイドのように髪を長く伸ばし、詩を作り、女の子に人気があった。彼はオールＡの優等生で、文学作品に関する彼の作文をよく教師たちが教員室で読みあげていたほどだ。彼が普段付き合う仲間や政治的な仲間を信頼するには彼は賢すぎたというのは、本人だけの観方にとどまらなかった。

「革命詩人マヤコフスキーは、(共産主義革命後の) 人生は良いものだし、生きているのは素晴らしいと主張した」とティーンエイジャーのスルコフが、ソ連時代の生徒にしてははっとするほど破壊的な詩に書いた。「かといって、数年後のマヤコフスキーのピストル自殺を止めることにはならなかったが」。

モスクワに移り住んだあとのスルコフは、はじめは金属学から舞台演出まで、大学でのさまざまなキャリアを追求しては諦めていたが、それからしばらくして軍隊に入った (そこでは軍事諜報活動に従事していたのかもしれない)。なんにせよ始終激論を戦わすタイプだった (彼は実際に手を出したことで演劇学校から追放された)。彼の最初の妻は操り人形のコレクションで有名な芸術家であった (そのうちスルコフがそのコレクションを博物館に仕立て上げるだろう)。そしてスルコフが大人になった頃、ロシアは目もくらむような勢いでさまざまなモデルを試していた。ソヴィエトの沈滞はペレストロイカをもたらし、それがソ連の崩壊、リベラルな多幸感、経済破綻、オリガルヒ、マフィア国家へと繋がった。周りの何もかもがまさに目まぐるしく変化しているときに、何かを信じるなんてことができるのだろうか?

彼はモスクワでボヘミアンの連中に惹きつけられた。そこではパフォーマンス・アーティストたちが、「めくるめくような移ろいやすさ」という感覚を会得し始めていた。どんなパーティーも、オレグ・クリーク (ソ連崩壊後の人間の蹉跌を表現するのに恐水病の犬のふりをする)、ゲルマン・ヴィノグラードフ (裸で通りに出て、氷の溶けた水を頭からかぶる)、あるいは後にはアンドレイ・バルテエフ (この新世界がどれだけ奇妙かを強調するために、エイリアンの仮装をする) なしでは済ませられなくなった。そしてもちろんヴラディーク・マムシェフ-モンローだ。えらくわざとらしく、いつでも多彩なポーズを演じていたヴラディークは、(ドラァグクイーンのカリスマである) ル・ポールが混ざったポスト・ソヴィエトのアンディー・ウォーホルであった。ロシアで最初のドラァグ・アーティストである彼は、マリリン・モンローとヒトラー (「二〇世紀で最大の二つのシンボル」と彼はつねづね言っていた）に仮装することから始めて、ロシアのポップスターたち、ラスプーチン、（むろん額にビンディーもつけて）インド人女性のメーキャップをしたゴルバチョフなどを次々に表現した。彼はエリツィンやツタンカーメンやカール・ラガーフェルドに仮装してパーティーに現れた。ヴラディークはよく、「あたしが誰かを演じるときは、ほんの数秒であたしはその人物になってしまうの」と言っていた。彼のものまねはいつも異常なほど正確だった。彼は、対象者のイメージつくりを、その人物自身を浮き彫りにし、果ては傷つけるといった極限まで突きつめて行っていた。

ロシアがPRや広告の魔力に気づき始めたのと同じ頃、スルコフは自分の得意分野（メティエ）を見つけた。彼にチャンスを与えたのはロシアで最もハンサムなオリガルヒ、ミハイル・ホドルコフスキーだった。一九九二年、彼はホドルコフスキーの最初の広告キャンペーンを立ち上げた。このキャンペーンのなかでは、チェックのジャケットを着て、口髭を蓄え、満面の笑みを浮かべたオリガルヒが札束を差しだす姿が映し出された。「楽に金儲けしたければ、僕の銀行にどうぞ」がメッセージだった。「僕は成功した、君もできるさ！」ポスターはあらゆるバスと広告板に貼りだされた。反資本主義に育てられた国民にとって、この広告は衝撃だった。ロシアの企業が自社のオーナーの顔をブランドとして使ったのもこれが初めてなら、富が美徳として喧伝されたのもこれが初めてだった。以前にも大金持ちは存在していたのかもしれないが、彼らはずっと自分たちの成功を隠さなければならなかった。けれどスルコフは、世界が変化していることに気がついていた。

次いでスルコフは、当時のクレムリン王宮の宰相（ワズィール）ボリス・ベレゾフスキーの支配下にあったオスタンキノのチャンネル1で、広報の責任者として働いた。一九九九年、彼はクレムリン入りし、ちょうどミハイル・ホドルコフスキーのイメージを作り上げたように大統領のイメージを作り上げた。大統領がベレゾフスキーを追放し、ホドルコフスキーを逮捕・投獄したとき、スルコフはホドルコフスキーの新しいイメージを前面に打ち出すメディア・キャンペーンに手を貸していた。それによれば、ホドルコフスキーのイメージたるや、オリガルヒが満面の笑みで札束を差し出すというものではなく、今やいつでも獄中にいる姿だ。メッセージは明らかだった――『フォーブス』の表紙を飾っていたのが監獄へ入ってしまっても、たった写真一枚の差なんだよ……。

このような変化のすべてを通して、スルコフは、地位も、仕える相手も、イデオロギーも、何のためらいもなく変えた。

おそらく小説『オールモスト・ゼロ』のいちばん興味深い部分が顔を出すのは、作者が主役の内面を描くために社会風刺から離れるときだ。エゴールは、彼の生きる時代の浅薄さを見抜くことはできるが、誰に対しても何に対しても心からの感情を持つことができない「俗物のハムレット」として描かれている。

「彼の自我は殻に閉じこめられていた……外側にあるのは彼の影であり、人形だった。彼は自分をほとんど自閉症とみなしていた。彼は外の世界と接触しているように装い、偽りの声で他人と話して、彼が必要とするものなら何であれ――本、セックス、金、食べ物、権力など役に立つものなら何であれ――モスクワの混乱から引き出すのだった」

エゴールは人を巧妙に操りはするが、ニヒリストというわけではない。彼の神の概念はきわめて明確だ。

「エゴールは「創造の高み」をはっきりと見ることができた。創造の高みにおいては、盲いるような深淵のなかで、霊的で、導もなく、使われたことのない言葉・言葉・言葉がさんざめき、自由な存在は、つながり、分かれ、溶け合って美しいパターンを作り上げるのだ」

創造の高み！　エゴールの神は善悪を超えたものであり、エゴールは神の特別な仲間だ。エゴールは他人を気にかけるには賢すぎ、道徳心を必要とするには神に近すぎる。彼は世界をさまざまな現実を投影する場所と見なしている。スルコフは新たなエリートたちの根底にある哲学についてはっきり述べている。彼らはポスト・ソヴィエトのスーパーマン世代であり、これまでに存在した誰よりも強く、頭脳明晰で、機敏で、柔軟だ。

僕は毎日このような態度のさまざまな人間に遭遇している。オスタンキノのいくつものテレビ局で働いているプロデューサーたちは、私生活においては皆リベラルかもしれない。彼らはトスカーナで休日を過ごし、趣味は完全にヨーロッパのものだ。職業と私生活との折り合いをどのようにつけているのかと僕が尋ねると、彼らはおまえは馬鹿かという顔で僕を見て答える。「この二〇年というもの、僕らは自分たちがまるで信じていない共産主義、それから民主主義とデフォルト、マフィア国家とオリガルヒを生き抜いてきたよ。結果、僕らはそれらすべてが幻想であるし、何もかもＰＲであることに気づいたってわけさ」。

「何もかもＰＲ」というのは、新生ロシアのお気に入りの台詞になっている。モスクワにいる僕の同業者たちは、自分たちがシニカルでもあり啓（ひら）けた人間でもあるという気持ちを抱いている。この人たちに、僕の両親もそうだったが、ソ連時代に共産主義と戦った反体制派について尋ねると、彼らはその頃の反体制派を世間知らずの夢想家として切り捨て、「人権」や「自由」のような曖昧な概念への僕自身の西側的執着を世迷（よま）い言（ごと）だと片付ける。「君ら西側の国の政府が僕たちの国の政府と同じように酷いとは思えないのかい？」と彼らは僕に尋ねる。僕は異議を唱えようとする――だが彼らは僕に哀れみの笑みを向けるだけだ。この世界では、何かを信じてそれを支持する人は嘲られ、妖怪変化のような人物が賞賛される。かつてウラジーミル・ナボコフは、天敵から身を隠すために、発生過程の初期の段階において色を変える方法を学ばなければならなかった蝶の種について述べたことがある。その蝶の天敵はとうの昔に絶滅していったが、それでもその蝶は変身するという純粋な快楽のために今でも色を変えている。似たようなことがロシアのエリートたちにも起きたのだ。彼らはソ連時代に、生き残るために本心を隠すことを学んだ。今では絶えず色を変える必要はないのだが、ある種の暗い喜び、すなわち行動の美学というレベルにまで高められた体制順応主義（コンフォーミズム）のために、ロシアのエリートたちはいまだに色を変え続けている。

この心理状態を究極的に体現しているのがスルコフ自身だ。彼が学生やジャーナリストにスピーチをするのを見ていると、智天使ヘルヴィムのような微笑から悪魔のような目つきへ、「近代化」を説くつかみどころのないリベラルから（拒んだり責めたりするように）人差し指を振りながら話す国家主義者へと、わざと矛盾を孕んだ思想——「管理される民主主義」とか「保守的な近代化」とか——を吐き出しながら、水銀のように変化し形を変えているように見える。そして彼は笑みをたたえながら一歩退いてこう口にする。「我々には新たな政党が必要であり、その実現に手を貸さなければならない。手を拱いて、自発的に政党を結成させる必要はないのだよ」。そして、スルコフが演出する政治的なリアリティー・ショーに出演している政党員たち——口角泡を飛ばす国家主義者たちや赤カブのような顔をした共産主義者たち——を注意して見ていると、彼ら全員がいささか皮肉っぽく目をきらめかせながら自分の役割を演じている様子に気がつく。

ほかの場所では、スルコフはロシア語に翻訳されたばかりの新しいポストモダニズムの文章、壮大な物語の破綻、真実のありえぬこと、すべてがいかにたんなる「幻影（シミュラクラム）」であるかを語りたがる……ところが次の瞬間、彼はいかに相対主義が嫌いで保守主義が好みであるかを口にする。そのあとでは英語で暗記したアレン・ギンズバーグの「ひまわりのお経」を引用する。かつて西側が、自由市場経済、クールな文化、民主主義政治を一つのパッケージ（政治局、計画経済、社会主義リアリズムを打倒するために、議会、投資銀行、抽象表現主義を融合させたもの）に統合することでソ連を弱体化させ最終的には打倒するのに役立てたのだとしたら、スルコフの非凡な点は、このような繋がりをばらばらにし、権威主義（オーソリタリアニズム）とモダン・アートを結合させ、権利とか代議制という言い回しを使って独裁政治を正当化し、民主資本主義を本来の目的と反対の意味になってしまうまで切り貼りすることだ。

権力の絶頂期には、スルコフの野心はたんなる政党や政策、否（いな）、小説さえも超えて膨れ上がった。彼は新たな都市、ユートピアを創設することさえ夢見始めた。その都市の名はスコルコボで、ロシア版のシリコンバレー、ポスト・ソヴィエトの極致のゲーテッド・コミュニティになるはずだった。何億ルーブルもがこのプロジェクトに注ぎこまれた。気がつくと僕は、スルコフの「太陽の都市」へのメディア招待ツアーに加わっていた。僕らは長距離バスに乗り、モスクワ郊外を何時間も走った。スコルコボの観光案内所では、クローバーブルーの目を持つ娘が、僕たちに未来都市の3Dビデオ映像を見せてくれた――フランク・ロイド・ライトの様式で景観に組みこまれたオフィス、人造湖と学校、永遠の陽光とアドベンチャー・スポーツ、スニーカーを履いた起業家たち……。僕たちはバスに乗り、本物の風景――何マイルも続く雪に覆われた荒れ地と葉が落ちた木々――のなかをドライブした。スコルコボに着手してから今ではもう何十億ルーブルも費やされてしまっているが、いまだに何も建設されていないようなものだ（「このプロジェクトは、一〇〇パーセントではないにせよ、国庫から金を吸い上げる仕組みをスルコフの仲間うちに与えるために創設されたんだぜ」。そんな耳打ちや噂話が飛び交っている）。

僕らはこの未来都市で唯一すでに建設されている建物、ハイパーキューブへ連れていかれる途中だった。「まもなくハイパーキューブに到着します」と僕たちのガイドが言った。「ほらハイパーキューブが見えてきましたよ」。それはまさしくモダニズム様式の小さな構造物で、何もない原っぱで途方に暮れているように見えた。そこにあったのは、打ちっ放しのコンクリートの壁と巨大なビデオスクリーンだった。よく日焼けしていて、外国勤務のそれも地位の高いＫＧＢ職員特有の意地の悪そうな笑みを浮かべているＰＲ担当者は、スコルコボに関連する汚職事件はすべて解明された、と僕らに言った。彼の背後のビデオスクリーンでは、「革新」と「近代化」という言葉が何度も映し出されては消えていた。僕は「近代化」プロジェクトが失敗したのかどうかを尋ねた――なにせ、毎週逮捕されるビジネスマンやビジネスウーマンは増える一方だし、国営企業で働く国民は現在五〇パーセントを超えている。世論調査によれば、今や若者は起業家ではなく、官僚になりたがっている。PR担当者は肩をすくめて、大統領はスコルコボを完全にバックアップしてますよ、と答えた。

僕たちのスコルコボ見学にはセルゲイ・カレニクという青年が同行していた。彼はスルコフが創設したクレムリン青年隊「ナーシ」のメンバーだった。セルゲイは、パーカーを着て山羊ひげを生やし、スキニージーンズを履いていた。NYのブルックリンやロンドンのハックニーで見かけるような、流行に敏感な若者に見えた――彼は口を開くと大統領を賛美し始め、西側がロシアをやっつけようといかに躍起になっているかを言い募った。セルゲイはベラルーシのミンスクにある貧しい家の出だ。彼は、大統領をスーパーヒーローに仕立てた実際にかなり上手な漫画を描いたことで最初に名を上げた。そのなかで大統領は、ゾンビのようなデモ隊や、邪悪なモンスターである反腐敗ブロガーらと戦うが、これは自分の目的に合わせヒップスターの言い回しを吸収するスルコフ流の戦術の好例である。「クール」な人々をクレムリンの側に取りこもうとしているのだ。

この漫画がきわめて好評だったのでセルゲイは政府高官に紹介された。そして若いスピンドクターとしての彼のキャリアが始まった。「政治とは自分の地位を向上させるためにどんな状況でも利用できる能力なんだよ」とセルゲイが微笑みを浮かべながら僕に言った。彼の微笑みはスルコフのものに似ているように見えたが、そのスルコフはＫＧＢ職員に似ていた。

「君の政治観を定義してくれないかな？」と僕はセルゲイに尋ねた。彼はそんな質問をするなんて馬鹿かねという顔で僕を見てから、微笑んで言った。「僕はリベラルさ……これって、どんな意味にもなるんだよね！」

第２幕

クレムリン・マトリックスの裂け目

あなたは刑務所は他の人間の身にふりかかる何かよくないことだと思っている。
それが目覚めると、なんてことだ、あなたは囚人になっている。

逮捕される前の日の夕方、ヤーナ・ヤコブレバは田舎の別荘（ダーチャ）の庭に座っていた。日曜だった。日の明かりから夏の気配がゆっくりと消えてゆく。客は帰っていった。刈り取った芝に寝そべってのピクニックから持ち帰ってきた、どれも空になったワインのグラスとボトル、そしてチーズとスシを載せた皿があった。ヤーナは夏の残りを惜しむように上体をそらせて寝椅子に座った。急に寒くなっていった。不意に、ほんとうに不意に、彼女は何か悪いことが起きるのではという予感がした。その感じがあんまり強かったので、ヤーナは突然、自分が泣いていることに気づいた。

ヤーナの愛人のアレクセイが片づけながら庭を歩きまわっていた。ヤーナは大声で彼に声をかけたかったが、気持ちが変わった。不意の恐れについては説明できなかった。二人は二年間一緒に暮らしていたから、アレクセイが何を言うのかヤーナにはわかっていた。「さあっ、元気を出して」ってね。

翌朝は月曜だった。ヤーナは、短めの白いフリルのついたドレス、ピンクのハイヒール、白いハンドバッグといった週末のパーティーの服装のまま、レクサスを運転して街に戻った。二人はフルンゼンスカヤ駅にオープンしたコーヒーハウスでカプチーノを飲みながら、『フィナンシャルタイムズ』紙のロシア版『ベドモスチ』紙にざっと目を通した。それからアレクセイはタクシーをつかまえて、新興のロシアの大手エネルギー会社の上級管理職として職場に出たし、ヤーナはジムまで運転していった。そのあいだずっと、何か良くないことが今にも起こりそうだという感覚はぬぐえなかった。遠くの方からだけど絶え間なく耳の中で鳴っている、そんな感じだった。

受付でヤーナは、カウンターの向こうの女の子がおかしな感じでじろじろと見ているのに気づいた。不作法だわね、とヤーナは思った。ここは民間のジムだし、メンバーはこんな風にじろじろ眺められるためにお金を払っているんじゃないわ。奥の事務室につながるドアのそばにポリエステルのスーツを着こんだ男たちがいた。ジムのメンバーには見えなかった。一人は手を固く握りしめて、あちこち歩きまわっていた。

ヤーナのトレーナーは彼女にボクシング、速歩をやらせ、腹筋でとどめをさした。週末にワインを飲んだ後では節々が痛んだ。トレーナーは腹筋は手を抜かせた。「今度は木曜ですね」と彼が言った。たいてい週に三回ジム通いをしていたのだ。「都合がつけばね」とヤーナは応じた。思わず口に出たのだが、何でそんなことを言ったのかははっきりしなかった。「おやまあ、あなたが隠れる先なんてありませんよ」とトレーナーが笑って言った。

ヤーナはシャワーを浴び、白いドレスと赤いハイヒールとに着替えた。職場では背中でくすくす笑われることだろうが、なに自分の持っている会社だからヤーナに何を着てこいと言える者はいない。彼女はもう一人のパートナーと組んで二〇歳のときからこの会社を経営している。三四歳になった今では何十人もの社員を抱えているし、ハイヒールを履いてひょっこり会社に顔を出すこともできる。会社は、工業用洗浄液を輸入し、工場や軍の基地に売っている。一般の市民にはなかなか気づかれないが、売り上げは良いという種類の会社だった。ヤーナの家は研究に携わる科学者一家だった。父親は化学を教えていたが、今ではヤーナが化学産業で金を稼いでいるというわけだ。ソヴィエト時代の知識がスムーズにソヴィエト以降の経済に姿を変えたのである。

ヤーナが更衣室から出てくると、受付の女の子がじろじろ見つめるのはもっとひどくなっていった。ばつの悪い気がした。もうたくさんよと心に決めて、こごとを言おうとした。そのとき、ポリエステルのスーツの男たちが近づいてきた。歩きまわっていた神経質そうな男がこう言った。「私たちは麻薬取締局（ＦＤＣＳ）の者です。一緒に来ていただこう」。

ヤーナの心をまずよぎったのはこうだった。「それで受付の女の子がずっとあたしのことをおかしな目で眺めていたのね。麻薬取締局がヤコブレバのために来ている——なるほどね、あたしがヤクの売人に聞こえてくるわね！」

ヤーナは受付の女の子にすばやい笑みを送った。「たいしたことじゃないのよ。わたしは薬品を扱っているんで、しょっちゅう麻薬取締局とは付き合いがあるのよ」という意味を込めたのだが、女の子は顔を背けてしまった。

ヤーナはパニックは感じなかった。間違ったことは何もしていない。何でパニックを感じなきゃいけないの？

麻薬取締局はこの数ヶ月、ヤーナのオフィスに定期的にやってきていた。化学製品と薬品を扱う企業も、違法なドラッグとともに麻薬取締局の取り締まり対象だった。カラシニコフ銃を持ったマスク姿の男たちが急に経理課にやってくるのだ。たいしたことじゃない。ロシアじゃどんな会社にもしょっちゅう起きていることだ——公的機関が、税金、書類、登記におかしなところを見つけて賄賂を引き出そうとしたい場合だが。ヤーナは心配したことが一度もなかった。彼女の会社は何一つ後ろめたいことはやってこなかった。やってこなかったなら何を恐れる必要があるの？　大丈夫よ。

ヤーナは麻薬取締局の男たちに従って玄関に向かった。彼らは高額所得者相手のジムでは決まり悪そうに見えた。中心になっている男は汗をかいていたが、ヤーナが争いを起こさないと見て取ってもう落ち着いていた。でもどうして争いを起こさなきゃならないの？

外には二人運転手がいた。ヤーナが逃走できないように、新車のレクサスの前に、二台のマッチ箱のようなソ連時代の車を駐車していた。まるで警官と泥棒を扱ったテレビ番組みたいね、とヤーナは微笑んでしまった。

運転手のうちの一人がヤーナに近づいてきた。彼女の姿を上から下まで眺めまわした。

「きちんとした格好の人間を逮捕するのは気分がいいもんだね」

「あたしは逮捕されるの？」

「うーん……何とも言えんね」

「ボーイフレンドに電話しなけりゃ」

「電話はできないよ」

彼らはヤーナが自分のレクサスを麻薬取締局の本部まで運転してゆくのを許した。自分たちは後部座席に座りヤーナに運転させた。何もかもさりげないものだった。ヤーナには、自分が異次元の世界に入ってゆくと感じ取れた。ルールも違っているし、他の者たちが彼女になすべきことを命じる世界だった。それでも彼女はパニックを感じなかった。奇妙に思えただけだった。ヤーナはこの新しい世界のルールがどんなものか懸命に考えようとしていた。奇異な感じを覚えて、ぞくっとした。

麻薬取締局（ＦＤＣＳ）のオフィスは市の北側にある大きなスターリン様式のビルだった。入口にクレムリンの双頭の鷲の紋章がついていて、手の込んだ彫刻を施した墓石のような形だった。部屋のドアは押し開けるときには重かった。内部には事務室の並んだ廊下があったし、ポリエステルのスーツ姿の男がたくさんいた。彼らはヤーナを見ると、まるで彼女が恐ろしく重要な人物だとでもいうように眺め、口を噤んでしまう……そんな風に見えた。

彼らはヤーナをテーブルと椅子が二脚ある事務室に連れこんだ。彼女のことで気を揉んでいた。お茶はどうかな？　食べ物は？　ヤーナがチョコレートバーが欲しいと言ったら、近くの商店に買いに走った。ヤーナの弁護士がその場にいて、電話をかけるよう言った。アレクセイに電話してみたが出なかった。それで彼女は代わりにメールを送った。「あたし逮捕されちゃった☺」。文の後にスマイルマークを付けた。

「アレクセイに服を持ってきてもらった方がいいと思いますよ」と弁護士が言った。

これには恐れいった。

「しばらくここにいると考えているの？」

「そう長くじゃない。我々が解決しますよ」

あの捜査官が入ってきた。名前はワシリコフだったが、これはロシア語で「ひなぎく」に聞こえるのだ。ブルドッグのような顔をした男だった。

「我々はあなたを特定の由々しい犯罪で告発しています」とワシリコフが言った。

「どのことですの？」

「これを読んでください」と彼は言って、九〇頁くらいのフォルダーを一つ手渡した。

「そうしたら、すべてを理解したというサインをしてください」

ヤーナはワシリコフを見た。彼はロボットのようにどこにも視線を合わせていなかった。ヤーナはフォルダーを開いた。会社の請求書や商取引のコピーが入っていた。売買の明細書があった。どこまでフォルダーを繰ってもそれだった。請求書と明細書だけだった。毎日あたりまえにやっていることだ。ヤーナには理解できなかった。いったい何で告発されているのだろうか？

「あなたはずっとジエチルエーテルの売買をしてきた」とワシリコフが言った。

ジエチルエーテルは化学洗浄剤だった。ヤコブレバの会社は、フランスから輸入しそれを転売するという形で、ジエチルエーテルを中心にしてビジネスを築いてきた。

「そうですわ」

「非合法な麻酔物質です。非合法な麻酔薬の販売で告発されているのです」

誤解だわ、とヤーナは思った。ちょっとした誤解だわ。

「でも私たちの会社には免許があります」と、笑いをこらえながらヤーナは言った。彼女への告発は貿易していることに対してだったが、貿易しているものは正々堂々と貿易していた。いったいいつから、どこの工場でも使われている洗浄剤が麻酔物質になったのだろう？　道理に合わないわ。ヤーナは一〇年以上にわたってジエチルエーテルを貿易してきた。これじゃまるでチョコレートバーの工場にチョコレートは非合法だというようなものだ。ジーンズの工場にジーンズは非合法なものだといっても同じだ。ヤーナはワシリコフの顔を見たが、彼の方は黙ったまま見つめ返してきた。

ヤーナは続けて告発書に目を通した。その書類の束は彼女の日々の明細書だった。マスクをした男たちが彼女のオフィスから持ってきたに違いない。フォルダーに入っている書類は、どの頁も書かれているのは同じことだった。「一五〇リッターのジエチルエーテルを購入し、一〇〇リッターのジエチルエーテルを販売する」。それはヤーナが毎日やっていることだった。どうして告発されているのだろうか？

「精査したらサインをしてください」とワシリコフが言った。

ヤーナはサインをしたが理解はできていなかった。何もかもがくるくると回転し、めまいがし始めた。何が起きているのかが、論理の短絡が、彼女のシナプスではわからなかった。椅子の色は明るくなったように見え、壁は不潔になったように見えた。我々のまわりの世界は言葉と物とが対応することで成り立っているが、彼女のなかの対応関係は歪んできた。彼女は、頭の中のロジックをまっすぐな道としようとしては、そのたびに「滑って転んで」を繰り返していた。

ヤーナは廊下に出ようとしながらもまだめまいがしていた。アレクセイが来ていた。彼女に見えるのはアレクセイの目だけだった。その目が彼女を落ち着かせた。ヤーナは抱きしめようと彼の方に進んだが、誰かが彼女を急かした。「これはディナー・デートじゃありませんよ」とその誰かは言ったのだ。アレクセイはヤーナに、スニーカーとジーンズの入ったプラスチックのバッグを手渡した。またも誰かが彼女にさっさと行くようにと急かした。ヤーナは自制心が利かなくなりそうだった。泣き始めてしまった。今度は彼らは自分たちの車、ぼろぼろのラーダに彼女を乗せた。

彼らはヤーナをモスクワの警察本部、ペトロフカ三八番地に連れていった。外側はきれいで古い一九世紀の王宮だったが、ギリシアの神殿のような大きな三角形のポルチコがついていた。警察本部は、木々が縁取っているブールバールの一つの角にあった。ゴールドディッガーたちがオリガルヒに出会うレストランで、ベントレーが舗道にまで乗り上げて四重駐車されている「ガレリア」のちょうど真向かいだった。

ヤーナはペトロフカ三八番地のなか、警官ががやがやいっている場所へと押しこまれた。性別も異なれば年齢も差がある、そんなにたくさんの警官が一ヶ所にいるのを見たことがなかった。けれど皆が、まるで遠い親戚か同じ村の出身であるかのように、不健康そうで顔色が悪くのっぺりとした顔だったし、みなが海藻のような緑色の壁の前で青い制服を着ていた。彼らは犯罪者をあちこち連れまわったあげく監房へ入れるのだ。犯罪者は区別がついた――酔っ払いや叩きのめされた顔をした若者、ジプシーの娘にジャンキー。どこからも錠鍵をまわす音、鍵のじゃらじゃらいう音、ドアがばたんとしまる音がしていた。ヤーナはモンテクリスト伯を思い続けていた。彼女も部屋から部屋へと連れまわされた。自分が警官のあいだで渡されてゆく小荷物になってゆくように感じた。振り向いて！　かがんで！　手を頭の上に置いて！　靴を脱いで、ベルトを外して、ソックスを脱いで、パンティーも脱いで。

身体検査があった。

ヤーナはもう泣き続けだった。止まらなかった。彼らにはあたしが犯罪者でないことがわからないのだろうか？　見かける警官全員の目をとらえようとした。あたしがこんな犯罪者だらけのなかにいるべき人間じゃないことが彼らにはわからないのだろうか？　明白じゃないの？　あたしがここにいるような人間じゃないと、それだけでも彼らがわかったら、たぶん何か変わるわよね？　何もかも変わるかしら？

だけど、警官たちはまるで小荷物でも見るようにヤーナを見た。その日の朝には、彼女はフリルのついた白いドレスを着こんでレクサスを運転するビジネスウーマンだった。その彼女が今では小荷物だった。

彼らはヤーナを暗い監房に入れた。寝棚が三段あった。しばらくのあいだショック状態のまま横たわった。壁に向き直ると、ドア越しの声が聞こえた。「こちらに見えるように身体を向けて」。翌日に、保釈するかどうかを決めるための法廷に連れていかれた。

「法廷が解決してくれるわ」とヤーナは考えた。「法廷が解決してくれる」と思って彼女は育ってきたのだ。法廷は物事が解決される場所だから、彼女は保釈を得られると当然のごとく考えていた。有罪判決を受けているわけじゃない。悪いことは何もしていない。どうして保釈されないなんてことがあるの？

彼らはヴァンの後部座席に乗せてヤーナを法廷に連れていった。眠れなかったし、食事もとっていなかった。髪はくしゃくしゃだった。

法廷で彼らはヤーナを被告人席の囲いのなかに入れた。判事は髪をたばね眼鏡をかけた貫禄のある女性だった。思慮深い人物に見えた。彼女なら解決してくれるだろう。

「それで」と判事は言った。

「わたしは告発が理解できません」とヤーナは始めた。彼女は権威を感じさせる声を出そうとしたが、話しているうちにまたまた泣き出してしまった。泣きたくはなかった。何もかもばかげているんだもの。涙が流れてしまったのは、理解しようと努力したからなのだ。「わたしへの告発は貿易していることに対してですが、貿易しているものは正々堂々と貿易しているものなんです。筋が通りません……」。もうすすり泣きに変わってしまっていた。

「いいわ」と判事は言った。「検事の方からは？」

検事もポリエステルのスーツを着ていた。

「ヤコブレバはきわめて危険な犯罪者です。ずっと私どもから身を隠してきました。私どもは追跡して捕らえる必要がありました。裁判まで軟禁する必要があります」

今なんて言ったのかしら？　身を隠してきた？　どこに？　どこに身を隠してきたって言うの？　ジムに？　それともオフィスに？　いったい彼らは何のことを話しているのだろう？　検事はただ彼女に向かって笑みを見せているし、判事はうなずいては検事の述べたことを一語一語繰り返してから「保釈は認められません」と言った。ヤーナは刑務所の中で裁判を待つことになるのだ。次の審問は二ヶ月以内ということになる。

またも、何もかもがくるくると回転し、めまいがし始めた。検事が近づいてきてささやいた。「いけない子だね。どうして私たちから隠れていたんだい？」

黒は白で白は黒だった。真実なんぞないのだ。彼らが言うことが何もかも真実となるのだ。ヤーナは叫び声をあげたが、叫べば叫ぶほど、有罪に見えてくるのだった。一瞬自分の姿が思い浮かんだ。法廷の囲いのなかに入れられている目を真っ赤にした赤毛の女……。

彼らはヤーナをペトロフカ三八番地に連れ戻した。指紋を採られた。指がインクで汚れた。彼女は何か石けんを頂戴と叫んだ。何か石けんを！　彼らはヤーナを嗤った。それから誰かが彼女の方に石けんらしきものを投げてよこした。彼女の指よりも汚れている、工業用石けんのでこぼこした端っこを切ったものだった。そのうえ彼らは言った。「その石けんで済ませたら、返してもらわなきゃな」。

彼らは別の警察のヴァンにヤーナを押しこんで、刑務所に向かった。

ヴァンの後ろには鉄格子のはまった小さな窓があって、ヤーナは窓越しにモスクワの街並みを覗けた。彼女は顔をその鉄格子のはまった窓に向けた。死んだような真夜中だったし、道路はがらがらだった。自分がこっそり運び出されるところのような気がした。モスクワの町からだけでなく、現実そのものから、ファンタジー……と言っても悪夢の土地へと。それとも彼女はファンタジーを離れるところなのだろうか？　私たちは政治工学者たちの設計した世界に住んでいる。目を細めて見ると本物らしく見えるちゃちなリアリティー・ショーのセットだ。私たちはジムから、オープンオフィス、コーヒーバー、フランス映画、ワインバーに出かけ、さらにはトルコでのヴァケーションにまで――その方がパリでのヴァケーションよりも格好よく見えたから。そして私たちは雑誌『ＳＮＯＢ』を読むか娯楽チャンネルのＴＮＴを観ることができるが、これは何もかも民主主義的なんだよ、という見せかけだ。ほとんど現実に見える。けど同時に別の現実のロシアが、遠くの方から耳の中で鳴っている。そしてそれは私たちを、いつなんどきでもひっつかみ、ひっぱり入れることができるのだ。

ヤーナは、彼らがサドーヴァエ環状道路（ガーデン・リング）をぐるぐるとまわっているのに気づいた。彼女には運転手たちの姿は見えなかったが、声からするとお上りさんだと思った。

「道に迷ったの？」と彼女は金属のケージ越しに呼びかけた。

「黙ってろ」。それから一拍おいて、「ヴォルゴグラード通りに曲がる角を見つけなけりゃならないんだ」。

この新しい世界にもそれなりのユーモアはあった。他のあらゆるものと手に手をとってユーモアも、というわけだった。

ヤーナは、運転手が教習生で自分が教官であるかのように彼らに指示を出した。どのレーンに入ったらよいのか、どこでUターンしたらよいのか、どこに乗り入れたらよいのか。気分がよかった。束の間だが、ヤーナにはまた役割があったのだ。

彼らは「ありがとう」と言った。モスクワに来て日が浅く、自分たちの位置を確認できなかったのだ。こうした環状道路はわかりづらいし、どこで外れたらよいかわからずに何時間でもぐるぐるまわることもありえた。

そしてまたヤーナは、運転手の田舎者の青年たちに、自分が犯罪者でないことを証明したくなった。けれど、その気持ちを抑えようとした。この人たちがどう考えようと、何の意味があるというの？　けれど意味はあった。ヤーナは一日前の生活にしがみつく方法を必要としていたからだ。たった一日前のことだけど、もう失われつつあるのだ。

ヤーナは刑務所を見る前に音で知ることができた。三重の鉄の扉がある通路。大きな錠と、大きな錠前の舌のまわる音。大きな機械じかけの装置のまわる音。それからヴァンのなかは、マグネシウムの皓々たる光がいっぱいになり、彼女は目がくらむ。犬たちの立てる音がする。たくさんいて、うなり、遠吠えし、わんわん吠え、ヴァンをひっかく。そして臭い。刑務所の臭い。かびと湿気と煙草の臭い。その臭いをヤーナが忘れることはあるまい。

＊

ヤーナの物語を撮っているあいだ、ずっと僕は考えている。ＴＮＴは僕にこれを放送させてくれるだろうか？　最近のことだが、プロデューサーの連中は僕に向かって、自分の力で成功した独立心の強い新しいロシア女性をもっと求めているのよ、と言った。もうゴールドディッガーはたくさんよ。動き出してる新しい世代がいるじゃないの、とね。そしてヤーナは、基準をすべて満たしていた。彼女は背が高く、力強く、赤毛だった。ＴＮＴは、もっとドラマが欲しいわねと言ったが、ヤーナの物語にはそれがたっぷりと詰まっていた。それにラブストーリーでもあるしね。僕はそのフィルムを売りこんだ際に、実際にラブストーリーのアングルを強調したものだ。だけど残りはどうだろう？　どの程度まで見つからずにやり通せるだろうか？　不法な逮捕――たぶんね。僕がどうやってそれをまとめられるか次第だな……『ショーシャンクの空に』かな？

これはパラドックスだった。ＴＮＴは新しいヒーロー、ヒロインを探していた。新しい（金になりそうな）中産階級を獲得（そしてそれに向けて広告を）しなくちゃ。ただし、ＴＮＴは政治にタッチはできなかった。そしてこの二つが一点で出会うと……衝突だ。だからこそ、いつでも僕は電話を待っていたものだ。「わたしたちにはこれを放送はできないの。済まないわね、ピートル、放送できないのよ」って電話をね。

＊

ヤーナは四六の喉が咳をする音で目が覚めた。目に入るのは女ばかりだった。あんまりたくさんいて、あんまり密着していたので、彼女らは別個の人間というよりも身体の各部に分かれているように感じた。何十という鼻があったし、何十という手や足が寝棚から突き出していたし、尻や腿や胸があった。彼女の監房には四六名の女がいて、全員がぎゅうぎゅうに詰めこまれていた。ラッシュアワー時の地下鉄に乗っているようなものだったが、違うのは出口がないことだった。離れた隅っこに、キッチンと、どこのナイトクラブにも負けない音でMTVを放送しているテレビがあった。寝棚の間で回転しながら踊っている者もいた。シャウトしたり悪態をついたり歌ったり笑ったりする声が聞こえた。ヤーナの上では、誰かがいびきをかいていたし、横では誰かが紙袋でかさこそ音を立てていた。部屋の端に洗面所があって、五つの蛇口から水がいつでも勢いよく流れていた。何かが破裂していたんだろうし、誰もががらがらとやっていたからだ。

その後で散歩の時間になった。階段を降りて中庭にゆく。コンクリートの廊下が続いたあとで、二本の若木が植えられ、上の方は鉄格子のはまった一〇メートル四方のコンクリート造りの袋状の空間につながるのだ。ヤーナは、檻の中の虎を思いながらぐるぐるとゆっくりまわる。誰にも話しかけない……少なくとも初めのうちは。

夜になると列車の音が聞こえた。刑務所のすぐ脇に列車の線路があった。外に面した窓はなかったが、線路のシグナルとホイッスルが聞こえたから、朝まで眠れなかった。外はモスクワの郊外だった。

初めのうちは、ヤーナはただ書いていた。自分の寝棚で身体を丸めてアレクセイへの手紙をしたためた。ラブレターだった。そうすることで正気を保っていられた。手紙はめそめそしたセンチメンタルなものだったし、ヤーナは出そうという気はさらさらなかった。ただ、外の世界での暮らしについて考え続ける必要があったのだ。アレクセイの目について、どれだけ彼を愛撫するのを夢見ているかについて、彼とのあいだの子をどれだけ持ちたがっているのかについて、どんな家族になるのかについて……そんなことをしたためたのだ。監房の扉が開くたびに、ヤーナは看守がこう言ってくれるのじゃないかと願って飛び上がったものだ。「ヤコブレバ、釈放だぞ」。むろんそんなことは起きなかった。

ヤーナは家族との面会を禁じられていたが、両親はヤーナに着るものの入った小包を届けてくれた。着るものには家庭の匂いがしたので、彼女は大声で泣き出してしまった。

エスキモーのような顔つきの年配の女がヤーナの方にやって来た。「泣くんじゃないよ」と容赦のない声で言った。「あんたにできることで最悪のことだよ」。年配の女はポケットから何枚か写真を取りだした。「ほらあたしの子どもたちだよ。三年も会っていないよ。だけどあたしは泣いたりしない。あたしたちは誰でも泣きたいんだよ」。

それが、ヤーナが他の収監者と話した初めての機会だった。彼女は自分に宛てて戒めをリストアップした手紙をしたためた。

1 自分を憐れまないこと。
2 泣かないこと。
3 外の世界での暮らしについて考えないこと。
4 忍耐強くあること。
5 彼はおまえを待っていてくれる。彼はおまえのもとを離れたりしない。
6 微笑むこと。
7 彼はおまえを愛している。

それからの数日間で、ヤーナは監房をもっと注意深く眺めまわすようになった。どの寝棚にも小宇宙があった。祈っている者、書いている者、カードをしている者。突然半ダースばかりの人数のグループが同時に立ち上がり監房の隅っこに行ってエクササイズを始めた。スクワット、腕立て伏せ、腹筋。彼女らはよろめいている熊のようだった。何もかもやり方が間違っていた。ヤーナは近づいていって、一緒にやってもいいかと尋ねた。翌日にはヤーナは彼女らを矯正し始めたが、初めは、正しいやり方をしてみせるというように穏やかなやり方をとった。週末までには、ヤーナは彼女らのトレーナーになっていた。

ヤーナには彼女らのことがわかり始めた。この監房にいる者は誰でも同じ夢を繰り返し見ていたことを知った。誰かに電話をかけようとしても通じないのだ。ヤーナも毎晩同じ夢を見ていた。アレクセイの携帯に電話しようとするが、彼は「圏外」なのだ。彼女は、誰もが同じ夢を見ていることを知ってほっとした。

ヤーナの監房は初犯の者ばかりだった。半分は、まずヤク絡みだったが二〇代だった。彼女らは自分を持てあましていた。まともな会話の仕方を知らなかったのか、ＭＴＶやＴＮＴを観たりゴシップに興じていた。けれど、ヤーナが彼女らに話しかけると、両親と会えないでどれだけ寂しいかを異口同音に訴えた。彼女らは両親と結びつきなんぞなかったが、今では恋しがっていた。ウクライナ出身のララという一八歳の娘がいたが、ボーイフレンドにウクライナとロシアの国境を越えて持って入るよう渡された大麻の袋のために逮捕されたのだった。彼女はヤーナのゆくところどこにでもついてまわった。何回も何回も「あたしはこれからどうしたらいいのかな？」と尋ねた。夜になるとその娘は寝棚のヤーナの所にやってきては彼女をじっと眺めていた。ヤーナは起きて尋ねたものだった。「何をしているの？」

「読書しようと思ったけど頭の中の考えが離れないの」

女たちのもう半分は四〇代で経理係だった。ヤーナと同じでホワイトカラー犯罪で収監されていた。年配の女たちは二〇代の娘たちにやきもきしていたものだった。「必ずコップは洗うのよ」「汚い言葉は使わないこと」といったぐあいだった。年配の女たちのほとんどは、たとえば不動産屋とか旅行社とかいった小さな会社で働いていた。他の人間がなんで収監されているのか尋ねるのは野暮だったし、むろん彼女らはみな自分が「無実」だといった。けれど、しばらく経つと二人がヤーナになんでこうなったのかを話してくれた。会社は税金をごまかしていたが、男のボスは逮捕される前にロシアから逃げおおせたのだ。そして刑務所に入れられるのは女の経理係ということになる。つまるところ、彼女らはどこにでもサインしていたのだから。女たちがやっていたのは、ロシアのどの会社もやっている不正と異なるものではなかった。生き延びるために小さな会社なら手を染めざるをえない二重帳簿に過ぎなかった。けれど、税務監査官が逮捕のノルマを達成しなくちゃならないときや、他の会社を、つまりはもっと大きな会社を脅かしたくなって見せしめを示してやろうと思うと、彼らはこうした会社をつけまわすのだった。さらには、確かなことよ、とこんなことを言う女たちもいた。彼女らの会社がたまたま標的になったのは、まず破産させてそのうえで乗っ取ろうとするライバル会社かお役人たちの命令だ、と。これは「強制捜査(レイディング)」と呼ばれているが、年に一〇〇〇件以上が記録されている、ロシアにおいて会社を乗っ取る際のいちばんよくある形だった。ライバル会社かお役人――ずっと前からこの二つは同じものになっているが――がロシア連邦保安庁（ＦＳＢ）に金を払って会社のトップを逮捕させる。トップが収監されているあいだに書類や登記簿は差し押さえられ、会社は別のオーナーのもとで再登記される。元々のオーナーが釈放される頃には、会社は新しいオーナーによって購入・売却や分割の憂き目にあっているというわけだった。こうした強制捜査はレベルを問わず行われていた。上はほんとうにトップレベルから――たとえばクレムリンはミハイル・ホドルコフスキーのような石油会社のオーナーを逮捕し、それから会社をプーチン大統領の友人らに渡した——ずっと下って地元の警察署長が家具店を乗っ取るというレベルまで。大統領から地位の低い交通警官まで広まっていた巨大な「垂直構造の権力」を固定させていた接着剤は、この強制捜査をやれる権利を持つことだったのだ。

ヤーナはそれこそ自分に起きていることだと思った。もちろん彼女とて他の会社が、ロシア語で「レイデルストヴォ」と呼ばれる強制捜査の犠牲になっていることは耳にしていた。ただ、彼女はこれまでいつでも、そういった会社は攻撃されるからには後ろめたいところがあるのだと決めてかかっていた。何かいけないことをしているに違いない、と。何かをね。今ではそんなふうに思い違いをしていたとは愚かだったと感じていた。

この状況からの普通の脱出の仕方は賄賂だった。賄賂については十分なネットワークもあったし、産業だった。良い「弁護士」は法廷で弁護してくれる人間ではなく——判決は予め決まっているのだから——司法とか適切な省庁に賄賂を払うべきちゃんとしたコネを持っている人間のことだった。複雑なゲームだった。間違った人間に賄賂を払ったら、その金を失って終わりだ。ほんとうの意思決定者（デシジョンメーカー）を探さなければならない。それにあっという間（ま）にブローカーたちが姿を現し、自分たちが、自分たちだけが適切な人間への賄賂の渡し方を知っていると信じこませようとする。ヤーナは、両親が外でそうした人物を探しているのを知っていた。何でも助けられると言っている弁護士を一人見つけていた。ただ、その男はヤーナが嫌疑に対し有罪を認めたら、自分が何もかも整理してやると提案していた。そのうちにヤーナの母親に賄賂を払うのにアパートを売るように言ってきた。一〇〇万ドル近くになるだろう。ヤーナはうさんくさい話だと思った。どこかおかしい。ヤーナの会社は、何も悪いことをしてこなかった——その線でつっぱるべきなんだろうか？　そもそも何を白状させるつもりなんだろうか？　彼女の貿易しているものは、正々堂々と貿易しているものだったということをか？　道理の通らぬことを白状しろと？　仮に交渉を始めただけでも、相手に好き勝手に何が真実かを決めさせることで、自分の理性の一部を手放すようなものだ。そうなったら何もかもがこの手からこぼれ落ちてしまう。

ヤーナは他の弁護士を探してと頼んだ。その弁護士も同じことを言った。「これは決まり事なんだ。あなたにもその決まり事がわかったんじゃないのかな？」

当たり前の「レイデルストヴォ」でなく、もっと大きな事態が進行しているのかもしれないとヤーナに初めて考えさせたのはガリヤだった。ガリヤには最初の裁判の前にペトロフカ三八番地で会っていた。ガリヤは監房に押しこまれてきた。丸々と太っていて、涙を流して震えていた。五〇歳を超えていた。列車の駅で野菜やソックスを売っているのを見かけるような女だった。ガリヤは泣いていたし、ウクライナの訛りがあった。

判明したのだが、ガリヤは薬局のレジ係だった。列車の駅には小さな薬局がある。ある日の朝、麻薬取締局（FDCS）がやって来て、食品添加物を売っているというので彼女を逮捕した。食品添加物ですって！　関心が湧いてきた。

「あなたの名前は？」とガリヤが尋ねた。

「ヤーナよ」

「ヤーナ・ヤコブレバかしら？」

どうしてガリヤが自分の名前を知っているのかしら？　ヤーナは警察の「いぬ」について聞いたことがあった。この女がそうなのか？

「あたしが逮捕されたときに」とガリヤは説明した。「警官たちが話し合っていたのよ。それにあたしのことはヤーナ・ヤコブレバと同じ法律で書き留めておくって言ってたわ。みんなであなたのことを話していたのよ」。

*

ヤーナは全体像を理解しようとし始めたばかりだったが、収監されている理由はまさにそれだったのだ。一九五〇年にレニングラードの港の近くで、ヴィクトル・チェルケソフは港湾労働者の家庭に生まれた。労働者階級の子どもとして、彼は学校を出るとすぐに陸軍に入った。KGBに入ったとされるのはそこでだった。コネもなかったので、階段を一歩一歩上るようなものだった。KGBはチェルケソフを法学を学ばせるためにレニングラード大学に送った。そこで同じクラスにいた青年が、後に大統領となる。二人は友人になった。プーチン同様、チェルケソフも学業はできなかった。一九七五年にチェルケソフはレニングラードのKGBの第五局に入ったが、そこは反体制派や反体制の思想を持つ者を逮捕するのが管轄だった。KGBの職員にとって、ほんもののスパイ活動の勇敢な行為と比べて、第五局で働くのは気後れするものだった。一九七〇年代には、チェルケソフは、宗教的ないしフェミニストの地下運動のメンバーを駆り立て、破滅させ、投獄するのに従事していた。やがて局長になった。一九八二年には個人的に、ソヴィエト最初の労働組合のSMOTの捜査を率いた。ビャチェスラフ・ドリーニンは尋問された中の一人だった。こう述べている。

チェルケソフは、陰鬱で頭の鈍い男だった。彼の強みは唯一つ、顔も赤らめずに嘘をつけることだった。上司が入ってきたら、すぐにとび上がる。とてもへつらい屋で、上司らに依存していた。私たちを脅したものだった。「おまえを鞭でうったりしない。そういった手段をとっても良いんだがな」。けれども、チェルケソフがとりわけて意地が悪いというわけでもなかったし、捜査の腕が飛び抜けてよかったわけでもなかった。私の反体制活動の大半をどうやっても見つけられなかったくらいだからね。

イゴール・ブーニッチは一九八〇年から一九八二年のあいだにチェルケソフの扱った事案のいくつかに立ち会っていた。

尋問のあいだ、チェルケソフは、一八世紀に女帝エリザベスのもとで秘密警察の長であったアレクサンドル・シュヴァロフ伯の敷いた、「被疑者はいつでも困惑させておくものだ」という原則に倣っていた。尋問を始めるに際し、反体制派の前のテーブルに三枚の紙を置く。それぞれにその反体制派を告発できる法律が記されている——どれも似たような文言だが、処罰はまるで違っているのだ。

法律一九〇号　「反ソヴィエト的な考えの流布」、通常の処罰は精神病院への強制入院。
法律七〇号　「反ソヴィエトのプロパガンダ」、通常の処罰は五年間の収監。
法律六四号　「ソヴィエト連邦への背信行為」、通常の処罰は（銃殺隊による）死刑。

仮に反体制派の人間が当局に協力して密告したなら、その人物の事案は法律一九〇号で登録され、執行猶予がつく。協力しなければ、他の二つの法律によって告発されるのだ。

別の反体制派の人間たちは、チェルケソフの娘が尋問中に電話してくるときの様子をこう描いている。彼は電話に出ると、優しい笑みを浮かべ、口調まで変わった。「かわいこちゃん。パパは尋問してるんだよ」と言うのだった。チェルケソフには、ＫＧＢの職員なら誰でも持っている、思いのままにパーソナリティを使い分ける能力が備わっていた。

けれども、チェルケソフは歴史を見る目はなかった。一九八八年、ペレストロイカが最高潮に達しているのに、彼は新たな政党「民主同盟」――ソ連の終焉を求める活動家のグループ――の捜査に乗り出した。それは反体制派に向けての「法律七〇号」によって、ソ連で最後に裁判にかけられた事件だった。チェルケソフは、重要な反ソヴィエトの陰謀を発見したと言って記者会見を開いた。茶番(ファルス)としかいえなかった。青年活動家たちはすぐに連邦議会下院(ドゥーマ)の議員になったし、法律そのものが廃止されたのだ。二年も経たずにソ連自体が崩壊した。

一九九一年以降チェルケソフはサンクト・ペテルブルクのＫＧＢの長になった。サンクト・ペテルブルクの副市長になっていた将来の大統領である友人のバックアップがあってこそだった。

一九九六年にまだ若かった現大統領がモスクワに移り、九八年にＫＧＢの後継であるロシア連邦保安庁（ＦＳＢ）の長官になると、チェルケソフは第一副長官になった。「モスクワ雀」の言うところでは、友人の大統領就任時には、彼はＦＳＢ長官になる気だった。ところが、ニコライ・パトルシェフの後塵を拝する羽目になった。パトルシェフも、一九七〇年代のレニングラードＫＧＢの出身だったが、ずっと魅力的な防諜部門にいた。大統領はチェルケソフには、安全保障機関としては重要性のきわめて低い（二〇〇三年に委員会として発足し、〇四年に改称した）連邦麻薬流通監督庁（ＦＤＣＳ）をあてがった。二〇〇六年にＦＤＣＳは化学製品と薬品産業を取り締まってやろうという一連の動きに乗り出した。一夜にしてたくさんの化学製品が業務用・薬用から麻酔剤に位置づけが変わってしまった。食品添加剤を扱っていた薬局は強制捜査されたし、犬猫にケタミンを出していた獣医師は警察署に引き立てられ、ヤーナのような化学製品会社のトップは突然に「おまえらはヤクの売人だ」と知らされたのだ。計画は、こうした業態を「破産」させることだった。ヤーナのことも、もしFDCSの言うことを聞かなければ何が起きるかを皆に警告するために、道端の絞首台に吊す予定だったのだ。

＊

ヤーナがそこにいるのも四ヶ月になった。ほとんどの時間彼女はこう自分に言い聞かせていた。「これはゲームよ。これはテストなのよ」。それが彼女の対処の仕方だった。ただし、二ヶ月に一度、彼らはヤーナを朝の五時に起こし、法廷へ向かう車を待たせるのに地階に連れていった。保釈が許されるかどうかを知るために法廷にゆくのだ。

「昨日は最悪の日だったわ」とヤーナは投函されなかったアレクセイへの手紙にしたためた。「最悪な点は、暗いコンクリートの密閉された空間で二〇人が同時に煙草を喫い始めたことだったわ。ぞっとしたわ。檻のついたヴァンを待つのも、コンクリートも、暗いのも、舗装用の割り石も、手錠も、そのうえ煙草、煙草ですものね。こうしたことが何もかもゲームで、まわりの誰もかもがたんなる役者だって必死に思いこむのは難しいものなのよ」。

二時間後に彼らは女たちを刑務所のヴァンに乗せ、まるでスクールバスみたいにモスクワじゅうのいろんな法廷にと運んでゆく。モスクワを見ると、ヤーナには何もかもが突然リアルなものとなる。

「あたしたちのヴァンはサドーヴォエ環状道路に沿って走った。みんなが自分の用事で急ぎながら、通りを歩いているのが見えたわ。心のなかであたしは叫んでいたの。『あたしは戻りますからね。この世界はあたしなしじゃやってゆけないのよ。あたしは戻って、起きたことをみんな忘れるわ。なかったことにしてあげるわ」」。

そしてもっと強くこう叫びたかったのだ。「歩行者の人たち！　市民の人たち！　止まって！　助けて！あたしが目に入らないの？　あたしはここよ」。むろんヤーナは叫んだりしなかった。そして街行く人間の目に映ったのは、暗い格子のはまった窓のついた刑務所の小さなヴァンだけだった。

法廷では彼らはヤーナをまた囲いに入れた。両親はいつも来てくれていたが、アレクセイはこの前は顔を出さなかった。母親はいつでも晴れ着を着てきた。心が挫けていないと示すためだった。両親は外見が良かった。だから精神的に強かった。ヤーナは判事に向かって、繰り返して自分が拘禁されている理由がわからないと訴えた。告発はどれも辻褄が合わない、と。判事はうなずき、もう二ヶ月収監と言った。彼らはヤーナをさっさと追いやった。

ヤーナには、エフゲニー・チェルノウソフという新しい弁護士がついていた。見つけたのは、チェルノウソフがヤロスラブリでFDCS相手に数人の獣医を弁護したあとのことだ。獣医たちは、猫の痛み止めにケタミンを使っていたというので告発されていた。エフゲニーは騒ぎ立てて何とか告発が取り下げられるようにしむけた。けれどそこでの彼が対決したのは、手っ取り早く少額の金を稼ごうとする地方のFDCSの職員だった。今度はずっと大きな事案で上級の官僚に抵抗することになるわけだった。チェルノウソフの計画は、FDCSがヤーナを拘禁したままでは利益にならないと理解するまで騒ぎ立てることだった。このやり方は、ほとんどの囚人がとる、できるだけおとなしくしていて適切な人物に賄賂を渡すというのとは逆のやり方だった。チェルノウソフはヤーナに、自分は複数の人権擁護のNGOや業界団体を動かすと言った。彼は自身が以前は警官だったし、他の誰とも違ったやり方で事件に取り組んだ。昔は犯罪者を捕まえていたが、今では警官を捕まえるのが好きだった。チェルノウソフはアフガニスタンと南オセチアで従軍していたが、それが考え方に影響していた。彼は何よりも勝ち目の薄い戦いが好きだったし、しょっちゅうほろ酔い加減だった。彼はヤーナに希望を失うなと言った。

　こうした現実への小旅行の後で彼らがヤーナを刑務所に連れ帰ってきたときには、彼女は幸福感に近いものを覚えていた。外では両親とチェルノウソフが彼女のために世界を変えようとしている。けれど全体的な計画に指示を出す以外に、中にいるヤーナにできることはなかった。彼女の務めは正気を保つことだった。今では六名のフィットネスの「生徒」がいた。彼女らは午前中にエクササイズをし、午後も「散歩」のあいだにもう一度やりたがった。荒砂を詰めた古いプラスチックのボトルを持って出てバーベル代わりとした。体調も良くなったし、体重も減った。あるカップルなど喫煙まで止めてしまった。「トレーナー」としてヤーナはある種のステータスを得ていたので、最初にシャワーを浴びてよかった。彼女はときおりみんなに、ＴＮＴやＭＴＶからニュース番組にチャンネルを変えることさえ納得させることができた。こつはいつでも忙しくしていることだった。手紙を書く、新聞を読む、英語を勉強する、腕立て伏せをする。無駄にできる時間などなかった。ヤーナはこれをほぼ完璧にやってのけるようになっていた。

　どの囚人にもいくつか絶対に「してはいけないこと」があった。泣いてはいけない。将来や釈放について語り合ってはいけない。セックスについて話してはいけない……いつなんどきでも。だけどセックスは誰の頭の中にもあった。ヤーナの反対側の寝棚にいる経理係だったターニャは、雑誌から男たちの写真を切り抜き枕の下に入れていた。

「誰かの夢を見られるかもしれないでしょう」と静かな口調で言った。

　ヤーナは毎晩アレクセイの夢を見た。バッグを届けにＦＤＣＳの本部に来てくれたときの彼の目を夢に見た。手紙に自分のことを忘れるんじゃないか心配だと書いた。「それってわたしがエゴイストってことかしら。だけどわたしが気持ちをしっかりと保てるたった一つの方法は、誰かがわたしのことを待っていると知ることなのよ」。

ヤーナはエクササイズのために中庭に入ると匂いに気づいた。自由な頃はぜんぜん気づかなかっただろうが。「夏になると中庭の小さな二本の木から熱とパンの匂いがするの。以前は森に行ったけど何にも気づかなかったのね。ここではたった二本の痩せた木があるだけだけど、感銘を受けるものはふんだんにあるのね」。

あるとき、ヤーナはサーシャと一緒に中庭で運動をしていた。サーシャは旅行社を持っていた。ヤーナより少し年下だった。二人はどんなに子どもが欲しいかについてから話し始めた。彼女らがそんな話題で話すとは思えなかった。ヤーナにはどこからそんな話になったかもはっきりしなかった。サーシャは子どもを二人欲しがった。ヤーナはアレクセイについて教え、自分がそろそろ家庭を持って仕事を休む時機だと考えていることを話した。サーシャは彼女を見て言った。「あなたは三五歳よ。子どもを持つには遅すぎるわ。いくら何でも連中が五年以下の刑にしてくれるわけはないわ。それが最低限よ。いったんここに入ったら、それで終わりよ。有罪かどうかなんて大事じゃないの。子どものことは忘れるのね……」。ヤーナは興味を失い、サーシャの言うことに耳を傾けるのを止め、スタージャンプを始めた。それも速く行ったのでサーシャは追いついてこられなかった。

ロシアでは告発された者のうち九九パーセントが有罪判決を受ける。ヤーナの監房の女たちは、全員が、有罪とされて裁判が終わったと言って帰ってきたものだった。彼女らの受けた判決は想像を絶する酷さだった。コカイン一グラム所有で禁固五年、処方箋の偽造で禁固四年、オーナーがクレムリンの誰かと仲違いしたロシアでも代表的な建設会社の経理係として働いていたというので禁固一一年、といったぐあいだ。彼女らは自分の弁護士にもはめられることがしょっちゅうだ。弁護士は賄賂をとって、それから賄賂をその被告人が有罪である「証拠」だとする（その賄賂はいつの間にか消えてしまうのだが）。ヤーナの検事――法廷に向かって「ヤーナは危険だし、それまで隠れていた」と述べた人物――はそのなかでも残忍だという評判だった。「あたしはあいつより強いわ」と自分に向けてヤーナは記した。

ヤーナは、自分についての報道を見たくてニュース番組をあさった。チェルノウソフは、自分たちは連邦議会下院の議員らに手紙を送っているところだと教えてくれた。人権活動家たちがヤーナを擁護する集会を開いたり、小規模なピケを張ってくれていた。ただし、ロシアでは好き勝手に抵抗はできるが、何も変わらないのだ。何度でも叫んでよいが、誰も耳を貸さない。リベラルな新聞にヤーナについて小さな囲み記事が載ったが、それだけのことだった。

毎日新しいホワイトカラーの囚人が監房に連れてこられた。いちばん新しいところでは、ロシアで最良の旅行社を経営しているというのでカンヌで賞を受けたばかりの女がいた。ヤーナはこう記した。「すぐに、刑務所は大学の懇親会のようなものになるだろう。今はまた怖くなっている。どんな心構えをしたらよいのだろうか？　最悪に備えて？　みんなに一人残らずさよならを言うべきなのだろうか？　時は流れ、何一つ変わらない。あたしも他の女たちと同じだ。金を持っているとか貧乏だとかは、重要じゃない。この体制は人々を町なかから、職場から、家庭から引っ立てて、飲みこんでしまう。そして彼ら彼女らにいつそんなことが起きたのか、誰も知らないのだ」。

そしてある日のこと、みんなでニュース番組を観ているときに、突然ヤーナについての報道が流れた。オスタンキノのチャンネルの一つではなかったが、ちょっとだけ小さい「野党的」だと評判のチャンネルだった（もっとも、オーナーは実際には大統領の旧友の一人だったが）。プーシキン広場で、彼女の収監に抗議する五〇〇人が映し出された。「ヤーナ・ヤコブレバに自由を」と書かれた、上に彼女の写真の載ったポスターがあった。舞台では、比較的有名なミュージシャンがプロテストソングを歌った。チェルノウソフがスピーチをしていた。レポーターがこう言った。「FDCSは、麻薬の売買にまるで関わりのない人々を逮捕しているように見えます」。

翌日には、ヤーナの物語は新聞の一つに見開き頁で取りあげられた。ヤーナがシャワーを浴びて戻ると、監房の中の全員が集まって新聞を読んでいた。

「おやまあ」と彼女らは大声をあげた。「あなたはほんとうに無実となったのね」。

*

チェルケソフには複数の敵がいた。

彼は大統領に、ライバルでFSB長官のパトルシェフが大統領の弱点となっていることを証明しようとしていた。大統領は、FSBの管理下にあるものとされていた中ロ国境での税関業務のうち、違法なものの捜査権限をFDCSに委ねることで、チェルケソフをけしかけた。こうした類の捜査は、FDCSの権限をはるかに超えていた。大統領がチェルケソフにそれを任せたというのは、パトルシェフよりお気に入りだということになるのだろうか？

けれども、パトルシェフとFSBは容易には屈服しなかった。

チェルケソフがパトルシェフの捜査をしているのとまるで同じに、パトルシェフの方はチェルケソフと争う者たちを支援していた。だから、FSBがヤーナの物語を聞きつけたときに、警察がデモを止めさせないように、また適切なテレビ局や新聞がその抗議運動を報道するように取り計らったのだ。ここに「リベラルな」テレビ局や新聞が存在する理由の一つがあって、ある黒幕に他の黒幕をたたく武器を差し出すのだ。日を追うごとにヤーナの物語はよく知られるようになっていった。スターリン時代の「医師団事件」として知られる粛清をまねて「薬剤師団事件」というあだ名がついた。

仮に、ヤーナ、彼女の両親、チェルノウソフがそもそもやり返そうとしなかったら、こうした展開が望めるはずはなかった。初めに反体制的な衝動にかられることがなかったなら、何一つ生じなかった。ただし、やり返そうという気も、反体制的な衝動も、それだけでは不十分だった。ロシアで何かを起こすためには、勇敢に抗議をするだけでなくマキャベリストでなければならない。一派をもう一派と争わせて自分に有利に運ぶのだ。

*

釈放される直前にヤーナは夢を見た。彼女とアレクセイは見知らぬ国にいて長椅子（シェーズロング）に腰をかけていた。アレクセイは新聞を読んでいた。彼女は立ち上がって、長椅子の横にある高い木に上った。その木はとても高くて、木のてっぺんからは草原や森を見渡すことができた。突然彼女の目に、その同じ木に上っているグリズリーが飛びこんできた。グリズリーは唸りながら彼女に近づいてきた。彼女は恐怖で凍りついた。グリズリーは湿った歯を彼女の顔のところまで近づけた。そこで止まった。彼女は食べられると思った。すると突然グリズリーは後ずさりし始めた。大きな物音がした。木の下では狂暴な雄牛の大群が、地面を揺らしながら走りすぎていった。アレクセイは、何ごともなかったかのように新聞を読み続けていた。

ヤーナは上の寝棚にいる女のいびきで目を覚ました。その女はあまりにもひどいいびきをかくので、口から入れ歯が飛び出してカタカタいいながら床に転がり落ちた。

ヤーナが他の女たちにその夢の話をしたときには、「それは夢のお告げよ。災いは遠ざかっているけど、決して危険が去ったわけじゃないんだわ」と、皆が口を揃えて言った。

ヤーナは釈放される日、ララと一緒にエクササイズしていた。夜になるとヤーナの寝棚の隣に立つ若いウクライナ娘だ。ボクシング、それから腹筋。「あなたが行ってしまったら」と、ララが突然口にした。「あたしはあなたなしで、どうしたらいいかわからないわ」。

「私がいったいどこへ行くっていうの?」と、ヤーナは笑って言った。

彼女たちは昼食のために戻った。刑務所長が入って来たとき、女たちは全員食事をしていた。「ヤコブレバ、服と書類を持って私についてきなさい」と彼女が叫んだ。四人の女たちみんなが顔を見合わせた。

「たぶんまた検察官とデートね」とヤーナは冗談を言った。

「あなた、きっと釈放されるのよ」とターニャは言った。「自由になれるのよ」。

「シーッ」とヤーナは言った。「その言葉は決して口にしちゃいけないことは知っているでしょ」。

彼らは車でモスクワ市の北側にある麻薬取締局(FDCS)の本部にヤーナを連れ戻した。そこには彼女の弁護士と、そして彼女の両親が待っていた。彼女の弁護士は言った。「いいかい、我々は取引したんだ。君は保釈されるが、君のビジネス・パートナーは裁判まで拘束される」。

初めヤーナは何も感じなかった。彼女は母親の方に向きを変えてこう尋ねただけだった。「アレクセイは来てるの?」

「彼はあなたが釈放されるってことは知っているけど、ここには来ていないわ」と、彼女の母親は答えた。

彼らは保釈手続きのために刑務所に戻った。まだヤーナは呆然としていた。テレビカメラが刑務所に現れたときに、初めて彼女は泣き出した。寒かった。口に入った涙が温かかった。そこには人権擁護団体の人々やジャーナリストたちがいた。ヤーナはその人たち全員をハグして、感謝の言葉を叫んでいた。彼女は刑務所の中に七ヶ月間いた。こうして刑務所の外に出てみると、刑務所などには一度も入ったことがなかった……そんな気持ちが唐突に生じた。だが、まだ終わったわけではなかった。彼女は保釈が認められたが、最大の闘いは行く手に待ち構えている裁判だった。

チェルノウソフは彼女を、アレクセイと一緒に住んでいたアパートに車で送り届けた。アレクセイとの関係が終わったことは彼女にもわかっていた。彼女がいちども投函することのなかった彼への手紙は、すべて彼女自身のために記したのだった。彼女が持ちこたえるためにはそうした幻想が必要だった。アレクセイと電話で話すと（七ヶ月間で四回！）、そのたびに彼との距離は遠のいていった。彼は気遣っているふりすらしなかった。彼女は彼のために弁解を考えた。彼はきっと私が心に傷を負って出てくるのを恐れているんだわ。それまで彼女らの関係は自立した大人どうしの関係であったが、こうなったからには彼はかよわい女の世話をせざるをえなくなることが心配だったのだ。

「ふん」とチェルノウソフはぶっくさ言った。「彼はただの臆病者だよ。私とすらどうしても会おうとしなかったんだよ。私と会ったら会社でのキャリアに傷がつくんじゃないかと怖がっていたのさ」。

ヤーナが到着したとき、アレクセイはアパートにいた。二人は礼儀正しく抱擁を交わした。彼女は自分の持ち物をまとめてバッグに詰め、去り際にさようならと手を振った。彼女は感情を表に出さなかった。彼女はそのアパートに戻ってくることを夢見ていた。それが彼女の支えだった。これが最後の、たぶんいちばん難しいテストだった。彼女はさようならと手を振りながらちらっと微笑んで、そのテストに合格したのだ。

「いつだって女は刑務所にいる男を待つものなのよ」と、彼女はチェルノウソフに言った。「でも男は待ったりしないわ。そういう調査結果があるのよ」。

裁判は数週間後に始まった。弁護側の証人請求さえもが認められたという事実は、彼らにも勝つチャンスがあることを意味していた。本質的には、裁判の争点となっているのはジエチルエーテルそれ自体だった。奇妙だった。麻薬取締局（ＦＤＣＳ）の科学者たちは、それが麻酔剤であることを証明しようとしていた。ヤーナ側の科学者は、麻酔剤ではないことを証明しようとしていた。もちろん麻酔剤などではなかった。

その一方で、クレムリンというオリンポスの山では本当に重要な戦いが激しさを増していた。チェルケソフとパトルシェフとのあいだの争いは、「チェキストの戦い」（レーニンの創ったチェーカから、秘密警察は代々チェーカと通称されている。チェーカの要員がチェキストである）として知られるようになっていた。チェルケソフの部下は中ロ国境での密輸に関与したロシア連邦保安庁（ＦＳＢ）の幹部らを逮捕した。報復として、パトルシェフの部下はドモジェドヴォ空港のど真ん中で麻薬取締局（ＦＤＣＳ）の最高幹部を逮捕した。目出し帽の武装集団が彼らを取り囲んで、無理やり刑務所に引きずって行ったのだ（その当時『ハロー・グッバイ』がドモジェドヴォ空港で撮影されていたのだが、撮影班はこの角突き合わせを撮りそこなった）。ロシアでは国の所有者たちを一般人から隔絶するためのぶ厚いステージ・カーテンがかかっているのだが、このめったにないような数ヶ月間には、そのカーテンが引き寄せられてステージを覗けたのだった。ロシアのエリートたちは、パトルシェフ支持派とチェルケソフ支持派とで真っ二つに割れていた。クレムリンからの指示を仰げぬなかで、テレビ局や新聞社はどちら側につくか、態度を決めなければならなかった。チェルケソフは、ロシアの主要紙『コメルサント』に意見記事を書いた。これは後に「チェキストの宣言」として知られることになる。「ロシア国民を破滅から救ってきたのは我々チェキストだけである」とチェルケソフは記した。「我々は一体にならなければならない」。チェルケソフは鉄則を破った——なにせ内輪もめについて公然と述べたのだ。なぜ彼はそんなことをしたのか？　大統領が密かに彼をけしかけたのだろうか？　大統領はどこにいたのか？　彼は自分の下の相対立する派閥を抑えることができなかったのだろうか？　大統領になって以来初めて、彼の権威に影が差していた。彼は統率力を失いつつあったのだろうか？

　いやいや、彼は頃合いを見計らっていただけなのだ。男たちは二人とも体面を汚すことになった——チェルケソフは麻薬取締局（ＦＤＣＳ）がらみの疑惑や『コメルサント』紙への寄稿でだったし、パトルシェフは中ロ国境での密輸の露見でだった。一週間経つと二人とも解任された。大統領は自分の地位を脅かす可能性のある者を、一撃で二人も排除した。彼らは共倒れとなったのだ。大統領の反対派でさえ、できることといったら、一歩下がって密かに賛嘆することだけだった。

　ヤーナは裁判に勝った。法律は取り消された。ジエチルエーテルはふたたび合法になった。表向き彼女はまだビジネスを営んでいる。だが彼女はほとんどの時間を自身が立ち上げて「ビジネス・ソリダリティ」と名付けたＮＧＯに献げている。そのＮＧＯは、彼女と同じトラブルに巻きこまれた企業（ビジネス）のための良きサマリア人（びと）のようなものである。ヤーナは、そうした企業と、適切な弁護士、メディア、僕との橋渡しをしている。彼女は僕のアパートの向かい側にある新しいアパートに移った。これで、彼女のドキュメンタリーに何か付け加えることがあれば、いつでも彼女は僕に電話できるし、僕はカメラを掴んで彼女のアパートや、彼女が行く所ならどこであろうと駆けつけることができるわけだ。

　ヤーナはたまに僕を裁判に連れていくことがある。驚いたことには、法廷がすべて真新しくなっている。光沢のある明るい色のタイルが貼られ、天井は高く、照明は明るい。実際の裁判を以前よりもはるかに歪んだものにしているのは、まさに法廷がモダンであり、らしくない当たり前の場所であることだ。どこにでもいるような小物のビジネスマンたちがいる。誰もがでっち上げられた容疑に直面して、正真正銘困惑している……渦に引きこまれてまったく道理が通らない水面下の世界に飲みこまれたみたいだ。ヤーナは彼らに歩み寄って慰める。彼女を見ると、彼らは落ち着く。彼女は正義がなされるという希望を与えることはできないとしても、少なくとも正気というものがまだ存在していることを約束してくれる。そして僕が彼女の後ろで動きまわっているときにも、彼女はますます広くなる歩幅で、廊下を、そして法廷のなかを歩く。足を一歩踏み出すたびに彼女の背が高くなるように見える。彼女のたっぷりとした赤毛が、何かが燃えてでもいるかのように法廷を圧している。

*

僕はこんな風にヤーナの物語を編集した(ヤーナの賛同も得られた)。これにはハイレベルな政治的話題が何もかも含まれている。チェルケソフ、大統領、パトルシェフについての話が何もかも盛りこまれている。このドキュメンタリーでは、ヤーナは、腐敗官僚に対するトップダウン型でなくボトムアップ型のキャンペーンによって釈放される。もちろん腐敗は存在するが、個人がそれと戦えることを証明しているのだ。これは当たり前でなく、むしろ例外的なストーリーである。言い換えれば、一生懸命努力すればロシアには希望があるということにもなる。僕は恋物語に、大きな困難を抱えた強い女性に焦点を合わせている。ただ、このストーリーはもう一つ別のストーリーと一緒に編集されている。癌の手術を受けるための五万ドルを工面できなければ自分の子どもが死ぬことになる、そう言われた若い母親のストーリーだ。彼女はお金を工面するためにあらゆる手を尽くした。だからこのドキュメンタリーはたんに政治的抑圧についてだけではなく、二人の強い女性についての物語になっている。妥協であるし、うまくすり抜けた代物だ。けれども、少なくともこれはまずまずの出来となっている。加えて高視聴率だ。ロシアは新たなヒーローを求めているのだ。

建物解体用の鉄球が、モスクワ市の時を刻んでいる。それは、あらゆる街角で振れているメトロノームだ。この都市の変わりようがあまりにも急激なため、現実感というものがまるでない。どの通りだったかの見分けさえつかない。たった一週間前に食事に出かけた店を探しても、目の前ではブロックごと解体現場となっているありさまだ。寄り集まって町を形成していたのが、自壊の発作でも起こしているかのように、どこも解体されている。はっきりとした理由もなく長いあいだ見捨てられている荒れ地がある。また、以前に続々と聳え立つようになった摩天楼……そこに通じる道はいくらでもあるのに、摩天楼は汚い雪の中に空っぽのまま残されている。建築様式を探そうなんて正気の沙汰じゃない。ブーム当初の建物は、ソ連崩壊後の人間たちが、広く国外の建物を見てまわってとりわけ欲しかったものを、何でも彼でも模倣したものだ——トルコのホテル、ドイツの城、スイスのシャレーといったものをね。クレムリンの真向かいにあるオストジェンカ地区が取り壊されたとき、そこは（ロンドンの高級住宅街に倣って）「モスコウ・ベルグレーヴィア」という名前に変わった。（ロサンゼルスならぬ）「モサンジェルス」や、（随分寒い）「モスコウ・コートダジュール」までである。政治工学者たちの生み出す似非（えせ）西側風の政党と人工的でぶざまな点では同じだが、どちらもこの街に舞い降りている。別の場所では、原色が鮮やかな中世風の建物を見かけることができる——高い黒いゲートの向こう側には、コンクリート製のピンクの城に取りつけられたディズニーのような塔がのぞいている。そこに騎士の兜のような形をしたオフィスが並んでいるので、そのオフィス群は大地から現れた戦士たちの軍勢のように見える。すべての様式が一つにつめこまれた建物もよく見かける。クレムリンから見て川の向こう岸にある新しいオフィス・センターのビル群は、ローマ風のポルチコから始まって中世の城壁へと変身する。城壁には、忍び返し（スパイク）があるかと思えば金色のガラスの反射窓がはまっていて、上部にはタレット（ビルの角からとびだした小塔）とスターリン様式の尖塔（スパイア）が取り付けられている。それらが醸しだす効果は……最初こそ楽しいが、そのうちに鬱陶しくなる。多重人格障害の患者と話しているようなものだ。君は誰だい？　いったい何が言いたいのかな？　新しい摩天楼には、スターリン様式のビルのゴッサムゴシックなタレットを思わせるものがつくことがますます多くなった。一時ヨーロッパで最も背の高い住宅用の建物だったトライアンフ・パレスは、スターリン様式の「セブン・シスターズ」（一九五三年から五五年にかけて竣工したモスクワ大学を初めとするモスクワ市内の七つの摩天楼）のコピーである。この都市の政治学者たちがクレムリンが新たな独裁を築きつつあると叫び始めるずっと前から、建築家たちはすでに噂していた。「この新しい建築様式を見てみろよ、スターリン回帰をもくろんでるぞ。用心しろ、悪の帝国が戻ったぞ」。

だが元々のスターリン様式の摩天楼は花崗岩で造られており、壮大なモザイクと、小さくて禁欲的な多数のアパートにつながる「ヴァルハラ・ホール」を備えていた（ヴァルハラというのは北欧神話オーディンの宮殿から呼び方を取ったのだ）。新しい摩天楼の方は支配的に見せようとしているが、収容所のような印象を与える。開発業者が工事のあいだに大金を掠め取るので、摩天楼のなかでも重要なもの、豪華なもの、選び抜かれたものであっても、瞬く間（ま）に亀裂が入り沈下する。悪趣味と脅威が混じりあう比類なきモスクワ。僕は一度新たな不動産開発を宣伝するポスターを見たことがある。それは今の風潮をうまくとらえていた。ナチスのポスターのスタイルを真似たものだが、「生活は向上する」というスローガンの上に、光り輝くアルプスの山を背景にして二人のドイツ人らしき若者がいるという構図だ。この広告をユーモラスだと言っては間違いだろうが、それほどシリアスというわけでもない。まあ、その両方なのだろう。そのポスターが言っているのは、これが我々の住む社会だ（独裁体制）、でも我々はちょっとばかし面白がっているんだ（この体制について冗談口をたたいてもかまわないんだからね)、とはいえ面白がるのも真剣にやらなきゃね(この体制に投資して儲けているんだから、誰にもこの社会のルールを覆させるわけにはゆかないよ)、ということだ。

グネスドニコフスキー小路に曲がる手前で、もう僕にはパワーショベルが立てるうめき声のような音が聞こえるし、振動を感じ取ることもできる。空気だって赤レンガの粉塵の雲で埃っぽくなっている。一九世紀に建てられた豪華だった二階建てが、いとも簡単に崩れてゆく。パワーショベルの器用とは言えないアームが、まるで幼い子どもが遊んでいるように壁をばりばりと剥がしていく。古いアパートの内部が垣間見える——一九七〇年代の壁紙、何枚もの写真、ラジオが一台——やがて解体用の鉄球が振りまわされて、そのすべてが永遠に消えてしまう。グネスドニコフスキー小路は、観光ガイドが「モスクワの歴史的街区」と説明するプーシキン広場から、ほんの少ししか離れていない場所だ。ここに手を出してはいけないはずだ。それなのにクレムリンに一メートル近づくごとに、ドリルと解体用の鉄球の振動は激しくなるばかりである。不動産価格は、赤の広場からの距離によって決まる。解体の目的は、権力の中心に可能なかぎり近くにオフィスやアパートを建設することである。不動産市場の秩序を作り出しているのは、依然として、皇帝(ツァーリ)、共産党書記長、ロシア連邦大統領という権力者たちの手の届く距離にいる必要性によって定義される「封建的社会構造」だ。この国の組織——石油会社、銀行、省庁、裁判所——のどれもが、廷臣のようにクレムリンに群がりたがる。これでは、この都市は自滅する運命にあるようなものだ。外に向かって広がることができないため、あらゆる世代の建物が以前のものを踏み潰して建てられている。今世紀に入ってからだけでも、中心地では一〇〇〇棟以上もの建物が取り壊され、公的には「保護されていた」何百もの歴史的建造物が失われた。それなのに、それらに取って代わるはずのビルは暗くて空っぽだ。というのも、不動産は最も効率的なマネー・ロンダリングの手段だからだ。手口はこうだ。ロシア政府の一員が自分が所有する開発会社に建築を請け負わせ、そのビルを仲介業者が売る、そのビルを買うのは資産の安定化を図る名前も顔もないフォーブスたちというわけだ。

グネスドニコフスキー小路に面した建築現場の傍に小さな人だかりができていた。彼らはかすかな悲しみの身振りとともに蝋燭や花を舗道に置いていた。この古きモスクワに哀悼の意を表す「フラッシュ・モブ」がますます頻繁に行われるようになった。僕は時間ができると、消えゆく街を撮影している。超古代文明アトランティスの最後だもの。

その小さな人だかりの先頭に立っているのはアレクサンドル・モジャーエフだ。彼の髪の毛はくしゃくしゃで、スカーフを膝まで垂らし、ダッフルコートの深いポケットの両方からはウォッカとケフィアの瓶が突き出ている。彼は建築史とか都市史の学者なので、他の状況であればさして重要でない仕事に就いていることになろうが、ここでは古きモスクワの守護霊として、いくぶんカルト的な信奉者を生み出している。モジャーエフと彼の仲間たちは解体用の鉄球から建物を救出するための活動を始めていた。彼らは解体の危機に瀕している木造住宅の前でピケを張り、開発業者が手を引くだけの一悶着を起こそうとしている。だが、彼らが成功するのはきわめてまれだ。なにせ、数年間で彼らが救えたのは三〇〇〇棟のうち三棟だけだった。モジャーエフは三〇代と若い。だが彼の声は、まるで古いモスクワの壁そのもののように、ひび割れてざらざらしていた。彼はウォッカかケフィアの瓶を取りだして言う。「我々は、この建物に、古いモスクワに、そしてこれから取り壊されることになっている建物たちに対して通夜の祈りを捧げるために、ここに集まっているんだ」。

モジャーエフと彼の信奉者たちは、こうした追悼のためにピノキオのような仮面を着けている。そして彼らは葬式に現れる泣き女(め)のように空に向かってわめき始める。「ろくでなしどもめ、どれだけ俺たちの町を壊せば気が済むんだ！　すぐに何も、そうだ何一つとして残らなくなるぞ！」（このちょっとしたシーンは後日インターネットに投稿される予定だ）。

彼が向きを変える。僕たちは彼のあとについてアーチをくぐり、最後に残った古くて壊れやすいモスクワに分け入る。スターリン時代の壮大な街路という幹線道路のあいだに、平面的に渦巻き状に広がった小径、中庭、路地といった蜘蛛の巣。僕たちが狭いアーチをくぐると突然広々とした中庭に出る。そこではティーンエイジャーたちが家と家のあいだに水を流しこんでつくったスケートリンクでアイスホッケーを楽しんでいる。ここでは光が違う。薄暗くて柔らかい光だ。降ったばかりの雪が日の名残りを反射して、崩れかけたビルの飾りの漆喰のライオンと天使を照らしている。ここにあるものすべてが擦（こす）れてすり減り、ざらざらとなり、黄褐色と化してみすぼらしいが、中にちゃんと人が住んでいる。光が家の中に射しこみ始め、中にお入りと親が子どもたちを呼ぶ。ここでは言い方さえ異なる。抑揚はないが優しい調子で、愛情のこもった呼び名（かわいい動物や植物の名だ）で呼ぶ。「おいで、あたしの小鳩ちゃん」、「あたしの小さなブルーベル」。子ども時代、淡雪（あわゆき）、橇とまるで田舎のような雰囲気だ。ソ連の実験前に存在していたモスクワがここにある。一八世紀と一九世紀には、サンクト・ペテルブルグが首都であり、権力、体制、秩序の都会だった。モスクワは僻地で、朝寝坊して一日中パジャマで過ごすこともできる休日の町であったのだ。

ここにはクリヴォコレンナヤ通り（「歪んだ膝通り」）や、「ポ ター ポフ スキー」という口の中に入りこむ雪片のような響きの通りがある。でも僕のいちばんのお気に入りは「ピャトニツカヤ」だ。「毎日が金曜日」通りとでも訳せるかな。毎日が金曜日通りには、尊大さがない。そこには小さな二階建ての一九世紀の小邸宅が立ち並び、歌いながら温かな寝床に帰る幸福な酔っぱらいの友人同士のように、ひどく乱雑に凭れ合って建っている。中庭にはどこにもバーがある。安いウォッカと煙が立ちこめる部屋がいくつかあるちょっとした場所なのだが。ここにはオフィス街も、ナルシスティックな摩天楼もない。つんとした感じのショッピングモールもない。でも古い地下鉄の駅がある。大きくて、背が低くて、黄色くて、パンケーキのような形をした建物だ。そのなかでは学生たちがビールを分け合い、男の子が女の子を追いかける。僕がこの通りを気に入っている理由はその名前だ。金曜日は一週間のなかで最良の日だ、とりわけ金曜日の夕方は。労働する平日が休日へと徐々に溶けこんでゆく。日が沈むのにしたがって気分が軽くなる。しかめ面が微笑に変わる。呼吸がしやすくなり、しかも深いものとなる。ピャトニツカヤはその瞬間に献げられた通りだ……うまくその気になってきたなかで、その瞬間がやってくるのだ。通りのすべてがこう言っている。「さあ飲もう、おしゃべりしよう、知ってる話をお互いにしようよ。久しぶりだったね、長いこと僕らしくなれかったんだよ」。そして、僕はそのあとでは街をぶらつきながら、「ペチャトニコフ」の横道の三番に向かうのが気に入っている。そこでは大邸宅の傍にあるアーチに入りこむ。淡い色の湾曲したバロック様式のその家には並外れて大きな天使たちと窓が一つ付いている。そのアーチはどこにも通じておらず、その中には背の高い家々に囲まれた長い中庭があるので、そこに入った途端に深い谷に紛れこんだような感覚に襲われる。中庭の脇に建つ一軒の長くて背の低い木造家屋がオレンジ色の光に輝いている。そして中庭の真ん中には崩れかけたベンチがある。

「僕はペチャトニコフの中庭をタイムマシンって呼んでいるんだ」と、モジャーエフは歩きながら僕に言う。「プラハやロンドン、ローマやエジンバラに詳しい人にとっては、こんな古いモスクワの中庭なんて、たぶん建築上の意味なんかほとんどないんだよね。こういう庭が美しいと言えるかどうかもわからない。でも、際限なくイミテーションを続ける新しいモスクワと比べれば、この世界は本物だよ」。

ポクローフカ通りのとある角では、教師か医師に見える三人のふくよかな女が、飼い犬のラブラドールたちに囲まれてアールヌーヴォー様式のアパートの一角をパトロールしていた。僕たちが近づくと、彼女たちは挑むように目を細めた。そしてモジャーエフを見るとリラックスして彼に挨拶した。モスクワではこの手のちょっとした自警団がよく見られるようになった。彼らは強盗からではなく、開発業者から家を守っているのだ。開発業者は放火犯を送りこんで建物に火をつけてから、今度はその家が放火や引火の危険があると主張することで、その火災を家の所有者を追い立てる口実として利用する。大きな動機があると言える――不動産価格は二一世紀に入って最初の一〇年間で四〇〇パーセント以上も上昇した。それで、このような火災がモスクワでは日常茶飯事になったというわけだ。モスクワ市民は夜には自宅のパトロールを習慣にし始めた。医師、教師、おばあちゃん、主婦の集団が、すべての通行人を放火犯じゃないかとじろじろ見ている。警察を呼んでも無駄なのだ。最大手の不動産開発グループはどれも市長や政府関係者の友人や親戚だし、市長の妻は数あるなかでも最大の開発業者だ。ロシアでは幻のようなものである「中産階級」は、突然自分たちには不動産の本当の所有権がないことに気がついた。封建時代の農奴のように気まぐれで放り出され、住むところを変えさせられることがあるのだ。

僕たちは、壊れた木造の大邸宅の残骸に上るモジャーエフのあとについて行く。ここも最近の不審火で建物が全焼したのだ。その邸宅のなかでは、焼け落ちた屋根を通して雪が部屋の中に舞いこんでいる。部屋には空色の壁紙が貼られ、残骸となった古風な暖炉からは今では氷柱(つらら)が下がっている。僕らの足下の隙間だらけの板の下には地下室があり、そこで眠っているホームレスが見える。モジャーエフはかつての住人のものであろう古いノートを見つける。彼はこの家の物語を語り始める。だれが住んでいたか、そして何をしていたかを。ささやかな数の聴衆は熱心に聞き入る。彼の語り口にはどこか幻覚を起こさせるところがある。家の屋根は元に戻ったかのように思え、暖炉には赤々と火が燃えているのが感ぜられる。かつての貴族の足音や召使いの噂話まで聞こえてくる。それから一九一七年に共産主義者がどうやってこの邸宅を接収したのかが見え、元々の所有者が処刑されたときの銃声もが聞こえてくる。そしてこの小さな宮殿が共同住宅に変えられてしまうのが見えるが、そこの住人らはなんと皆がスターリンの大テロルによって逮捕されたし、第二次世界大戦中は小規模な病院になる。

モジャーエフは、随筆の一つにこう綴ったものだ。「古い壁やドアは、我々には理解できないものを知っているのだ。それは時間の本質だ。建物には人々の人生のドラマが刻みこまれている。我々はこの世を去り、建物だけが残る」。

「モジャーエフはこの街の記憶そのものなのよ」。なぜ参加したのと僕が尋ねると、オレンジ色のお下げ髪の少女が教えてくれる。「前は、わたしって自分が育ったモスクワのことをなんにも知らなかったもの」。

だがロシアという国の記憶には難がある。僕たちが傍を通り過ぎるビルのうちで、処刑部隊、裏切り、集団殺戮の舞台にならなかったものなど一つもない。最も穏やかな風情の中庭が最も恐ろしい秘密をさらけ出す。ポタホフスキー通りから外れようとする街角には、スターリンの大テロルによってどの家族も誰かしらが逮捕されたアパート群がある。そして、今では真新しいショッピングモールになっているその地下は、当時は法廷だった。そこでは無実の人々が次々と強制労働収容所行きを宣告されたし、法廷の処理があまりにも迅速であったため、一分も経たないうちに二つの事件に判決が下されたほどであった。そのうえこれはスターリン時代だけに限った話だ。その後何十年と続く陰鬱な裏切りの時代にはまだ踏みこんですらいない。隣近所の部屋のドアの前に立って聞き耳を立てたが、それというのもＢＢＣや「ラジオ・フリー・ヨーロッパ」を聴いていたら当局にそれを通報しようとするためだったのだ。

「政権が変わるたびに過去がまるで作り変えられてしまうんだ」。バリカドナヤ駅に戻る道すがらモジャーエフが僕に言う。「皇帝(ツァーリ)の記憶をレーニンとトロツキーが引き剝がしたんだ。トロツキーの記憶をスターリンが、スターリンの記憶をフルシチョフが、フルシチョフの記憶をブレジネフが、というぐあいに順々にね。共産党の世紀をペレストロイカがまるごと骨抜きにした……そしてヒーローが敵役に変わるたびに、救世主は悪魔に書き換えられ、通りの名前が変わり、写真から顔が擦(こす)り落とされ、百科事典が改編される。そんなだから、どんな政権だろうと以前の都市を破壊して、そこに新たな都市を築くんだ」。

　バリカドナヤ駅の角の小さなバロック様式の家は、一九二〇年代に構成主義派の芸術家の手によるアパート群によって隅に追いやられた。そのアパート群に取って代わったのがあざ笑うようなスターリンの摩天楼だ。だがそれも今では、まるでモンゴルの軍営の陣幕と槍を思わせる巨大なドーム型の新しいショッピングモールに貼られた、黒い輝きを放つタイルに側面を包囲されているありさまだ。これらすべての建物が押し合いへし合いして、まるでお互いを道から押しだそうとしているようなものだ。ロンドンやパリの建物が街区ごとに、ある種の調和、記憶、アイデンティティを模索して、一つの同じような様式で建築されているとするなら、ここモスクワではそれぞれの建物が一つ前の建物を踏みつけ蔑んでいるように見える。ちょうどあらゆる政権がその前の政権の威信を失墜させたように。

　二一世紀のロシア文化がそれ自体を構築するための健康で幸福な土台を探そうとするたびに、いつだって底が抜けてしまい、土台は土と血の中に埋まってしまう。オスタンキノのテレビ局が『１００グレイテスト・ブリトンズ』という二〇〇二年のＢＢＣのテレビ番組のロシア版を、二〇〇八年に『ネイム・オブ・ロシア』という番組名に変えて始めたときには、まぎれもなく愛国心を高揚するためのＰＲプロジェクトとして意図されたものだった。全国の視聴者がロシアの最も偉大な英雄に投票することになっていた。だが、ロシアがその模範になる人物、国父たちを捜し始めるにつれて、結局はすべての候補者が暴君であることが明らかになった。一六世紀にロシア・ツァーリ国を建国し初代皇帝となったイヴァン雷帝、ピョートル大帝、レーニン、スターリン。この国は虐待を好むリーダーへの畏怖で身動きならないように見える。『ネイム・オブ・ロシア』に一般投票が取り入れられたときには、スターリンが首位だったのでプロデューサーたちは困惑した。彼らは、いささか神話じみた事績を誇る中世の戦士で、一二二〇年に生まれたとされるアレクサンドル・ネフスキーが勝てるように投票を不正に操作しなければならなかった。ネフスキーは、一三世紀から一五世紀までロシアがまだモンゴル帝国の一植民地だったきわめて遠い昔に生きていた人物なので、あたりさわりのない選択に思えたのだ。ロシアが理想の国父を見つけるためには、自国の歴史の外にまで手を伸ばさなければならなかったわけだ。ただ、これは番組では決して言及されなかったことだが、ネフスキーの経歴についての数少ない証拠が物語るのは、彼が宗主国モンゴルのために税を徴収し、ロシアの他の反抗的な公国の小君主たちを鎮圧し殺害して名を上げたことである。

　絶え間ない身内殺しと裏切りに基づいて歴史を構築するにはどうしたらよいのだろうか？　否定する？　忘れる？　だが、それではロシアは国父を持たぬ孤児のままだ。だから、歴史は現在に都合が良いように書き直されるのだ。大統領が自身の権威主義（オーソリタリアニズム）を正当化する方法を探しているため、スターリンはソ連に大戦の勝利をもたらした偉大な指導者として称賛されている。テレビで過去を探索する最初の試み、つまり一九三〇年代のスターリンによる大テロルのよくできたドラマは放映されず、代わりに第二次世界大戦の祝勝番組が放映された（ただし、スターリンの勝利は公然と派手に祝われてはいるのだが、彼にまつわる話はかつての恐怖を密やかに蘇らせる。スターリンが戻ってきた！　十分に気をつけるんだぞ、ってね）。

　このような苦悩は建築様式にも反映されている。二一世紀のロシアが自身を探求し、逃避し、回帰し、否定し、再構築するのにつれ、モスクワも身悶えしている。

「モスクワは古いビルが解体されている唯一の都市なんだ」とモジャーエフは言う。「そしてまさに壊したビルのレプリカとして、直線とパースペックスと二重ガラスで建て直すんだ」（パースペックスというのは、元々飛行機の風防用の透明アクリル樹脂だ）。

クレムリンの反対側にあるホテル・モスクワは、気味の悪いスターリンの墓石のような建物だが、先ずは解体された。次いで跡地に何を建設するかで散々もめた。そして結局は、元の建物がほんの少し明るい色で再建された。そしてこれがグネズドニコフスキー小路が辿る運命なのだろう。取り壊されて、レストランを入れるべく似非皇帝スタイルで再建される。ウェイターは革命前のロシア語を話し、脳髄を入れたペリメニがメニューの呼び物となり、旅行者は「本物のロシア」に遭遇してご満悦、というぐあいだ。というわけで、モジャーエフの散歩は建築様式に関わるだけでなく、社会全体の統治方法にまで及ぶことになる。モスクワの高級雑誌は大きな政治問題にはあえて触れないが、代わりに比喩として都市政策について云々する。「私たちのモスクワを私たちの手に取り戻そう」と書く。そうすることで、もっと全般的な不満を表しているのだ。

鐘が鳴っている。モジャーエフは立ち止まり、短い祈りを唱える。彼は正教会の信徒だ。彼は酒を一杯呷るごとに必ず祈りの言葉を唱える。彼は私たちをとある教会へと導く。入口のまわりに人だかりがしている。皆そろってキャンドルを持ち、それが雪に映し出されて、通りのこの一画だけが金色に彩られているように見える。教会のなかでは、祈りの声は、ロシア正教のほとんど仏教徒的な詠唱の仕方のために反響がすごい。お香の匂いが強くたちこめているし、人々が聖像のまわりに集まりキャンドルに火を灯している。思わず胸が一杯になり、肌がぴりぴりする。正教会の信仰はキリスト教の原型に近いが、理性的な面が乏しい代わりに感情的で経験的な面が強いという主張には、かなりの真実が含まれていよう。詠唱、集まった人々、灯りと何もかもが自分に迫ってきて、イコンに向かってしまうのだ。そして、しょせんはテレビ業界で働く身として、僕はその経験がいかにして自分の職業の「視覚が情緒を呼び覚ます」という論理に従っているかに気づく。受難のキリストのイコンに目を凝らす。ちょうどテレビや映画を観ている者がスクリーンの主人公のクローズアップに自分を重ねるように、自身の経験をキリストに重ね合わせる。そして僕はかつてロシア人の亡命芸術家ヴィタリ・コマールにこう言われたことを思い出す。宗教劇の主役としてキリストをキャスティングしたことの天才的なところは、見ている人間が初めて本当に自分を重ね合わせることのできる神と出会えたことだよ、ってね。「キリストはチャップリンを始め、映画やテレビの偉大な敗れたヒーローすべての先駆者なんだよ」ともコマールは言ったものだ。「キリスト以前のすべての神は、完璧で熱望も持つアポロンの類か、目に見えぬ神だったんだ。でもキリストは脆いし失意にある。君と同じようにね」（コマールは彼自身の絵で、ギリシア神話のミューズたちに抱かれるスターリンを描いてまずソ連の図像学を風刺し、その後亡命してからは、神の新たなシンボリズムを探し求めている）。

　教会のなかに立つと、受難のキリストの絵姿の中に自身のすべての失敗を癒してくれる鏡を見いだす。それから頭を回らせて、生まれたばかりの赤ん坊と彼の母親の姿を見る。そうすると見る者の感情は、慰められる敗者から新たな始まりの可能性へと移るのだ。

　モジャーエフは歩き続ける。雪が降り積もった大通りを渡り、厚みのある緑のネットで覆われた建物を通り過ぎていく。このネットは間もなくこの建物が取り壊されるという印だ。モジャーエフは道中ずっと話しながら瓶から直接飲んでいる。彼が路地や家々を生き生きと蘇らせるので、まるでそこに幽霊がいっぱいいるかのように思える。彼の「心理地理学」にも、また、実在するとは言い切れない「古き聖なるモスクワ」の探索（より良い想像上のモスクワの探索となろうが）にも、どこか神秘的なものがある。

モジャーエフと僕がグネズドニコフスキー小路に戻ろうと踵を返したときには、もうすっかり日が暮れていた。パワーショベルは音を立てていない。モジャーエフは雪のいちばん上の層を拭い取ろうと身をかがめた。街灯の下でも、その下の雪の層がその日の大規模解体から出た粉塵でいかに濃い赤レンガ色になっているかを見て取ることができる。

「僕たちがバリケードを築くときには」とモジャーエフは冗談を言う。「これは僕たちの血に染まった結果ということになるのさ」。

散歩は終わる。僕たちは別れ、モジャーエフはジプシー・キャブ（白タク）を捕まえて家に帰る。ずっと僕は、彼が古きモスクワのどこかの路地に住んでいると思っていた。そうではなく、車は彼を乗せてずっと郊外へと進んでいく。タクシーのラジオからは「シャンソン」が流れている。彼は「モジャーエフの魔法の国」から遠く離れ、長方形の団地を過ぎるとすぐにＭＫＡＤに入る。ＭＫＡＤは最後のそして最も外側にあるモスクワの環状道路だ。

モジャーエフの住む、一九八〇年代に建設された荒れた二〇階建ての区画は、環状道路のすぐそばにある。エレベーターは故障している。彼は階段を上り、下手な落書きの脇を通り、湿った煙草の吸殻で一杯のブリキ缶の横を通り過ぎる。歩くのは酔い覚ましになる。息が切れる。彼の自宅は数年前に取り壊され、高層ビルに変わってしまった。彼は今はエミグレだ。

「人はすべてがいつまでも同じだと思いこんで育つ——家も木も両親も」と、後に彼は別の随筆に書く。「僕の両親が死んだとき、僕は自分たちが住んでいた建物を通して彼らを思い出すことができた。建物は時を思い出すのに関わりがあるというよりも、時を克服することに関わりがあるのだ」。

寒い屋外にいたあとでは、建物は暖房が効きすぎていて、自分が住む階に着く頃には彼は大汗をかいている。彼はアパートに静かに入ろうとする。彼の妻と子どもたちは眠っている。三人いるうちのいちばん末の子は、廊下に置かれた小児用ベッドで寝ている。彼は狭い居間に向かった。居間には、モジャーエフが取り壊しの際に回収してきた古いモスクワの残骸であるちょっとした遺物がいたる所にある。住宅の地下室にあった一六世紀の花模様の瀬戸かけ、火の鳥、優しい巨人、ネズミの王様といった模様の壊された窓枠の木彫装飾――失われた文明から得られた展示品のように陳列されている。

外では、ＭＫＡＤを疾走する車の音が立ちのぼる。高層ビルが暗闇に溶けこんでいる。ちょうど幕間に舞台セットが見えるように、クレーンの群れだけはまだぼんやりと見え、建設現場の周囲で振れているのが分かる。夜通し動かされるのだ。遠くには、絶えず工事中のフェデレーション・タワーの周りをクレーンの群れがびっしりと取り囲んでいるのが見える。これは「モスクワ・シティ」の中心となる摩天楼で、モスクワ・シティは（パリ近郊の）ラ・デファンス地区や（ロンドンのウォーターフロントの）カナリー・ワーフ地区へのロシアの対抗意識の表れだが、それらよりも高く速く建設された。首都の中心近くでありながら、肩をぶつけて邪魔だからどきなと主張しているようなものだ。モスクワの如何なるものよりもあまりにも高くて大きいので、その寸法、つまり高さと広さという構想そのものの見直しが行われている。「ロシアが跪いた状態から立ち上がるときが来た」が、大統領のお気に入りの決め台詞だ。フェデレーション・タワーはロシアの民話の戦士のように聳え立ち、「日を追うごとにというよりは、時間刻みで」成長している。

モジャーエフの赤ん坊が小児用ベッドでぐずり始め、泣き声が聞こえる。モジャーエフは赤ん坊を抱き上げて、泣きやまそうと上下に揺する。赤ん坊はほんの数か月前に生まれたばかりの混血児だ。モジャーエフの妻はキューバの出身だ。彼女の両親は共産主義者で、ユートピアを求めてソ連時代のモスクワにやって来た。モジャーエフの子どもたちは三人とも肌が黒い。この辺の子どもたちが会ったことのある黒人の子どもは、この三人だけだ。虐められ、ひどい悪口を言われている。モジャーエフは子どもたちがあたりまえの生活を送れるように、国外へ移住することを考えていた。

モンテネグロ、彼は心の中で思う。彼は以前から「モンテネグロ」という言葉の響きが好きだった。そうでなければ、ロンドン。それとも、もっと遠くのほうがいいかもしれない。

入門儀礼（イニシエーション）

正午近くなると、町にベンジンの臭いが立ちこめる、週末の夜に盛りあがり過ぎたのが口に残っているし、日曜日の白い雪も月曜日には泥濘（ぬかるみ）に変わってしまう――そして僕は遅刻だ。カメラをひっつかみ、最上階にある僕の部屋を飛び出す。僕の部屋からは凍りついた川の湾曲部が見渡せ、その向こうにはスターリン・ゴシック様式の摩天楼の一つが巨大なのこぎりの歯のよう形なのがよく見える。深緑色の階段ホールは、煙草の吸殻とブーツからとんとんと落とされた雪が溶けた小さな茶色い水たまりでいっぱいだ。アパートの部屋のドアにはセキュリティのために当てもの（パッド）をしてあるので、精神病院の病室のように見える。そうしたドアの向こうは大富豪の部屋だ。この若々しい顔をした億万長者たちの町では誰もがうまくやっているが、このブロックは特にそうだ。古いスターリン・ゴシックのこのブロックは、党とKGB、そして外交のエリートと名優たちのために確保されている。古い秩序の恩恵をこうむることはまずないが、新たな秩序の恩恵は真っ先に受ける人々だ。けれども、団結して階段ホールを改装しようと思う者など一人もいない。関心があるのは自分の部屋の敷居までだ。自分個人の世界にはいくらでも関心を払い一生懸命に磨き上げるが、共用部分に出ると戦闘用の顔になる。

僕はエレベーターに乗る。薄暗い黄色い電球がまだ灯っていた。気のふれた女の前を通り過ぎる。この女は階段ホールに座って朝から晩まで「あたしは卵、あたしは卵なんだよ」と叫んでいる。「KGBが来て連れていかれたんだ。あいつらが来て連れていかれたんだよ。あたしは卵なんだよ！（彼女はいったい何を言ってるんだ？　僕はいつも心の中で思う。彼らが彼女に何かしたのだろうか？　それともたんなる戯言（たわごと）なのか？）。表玄関で僕はズボンのポケットをたたいてかすかに膨らんだパスポートの輪郭を確かめた。そしてパスポートがそこにないことに気がついた。パスポートはつねに携帯しなければならないのだ。いつだって必要なんだ、「ドクメントゥイ（書類）」が！　いつ何時（なんどき）呼び止められて書類をチェックされるかわからない。そんなことが起きるのはせいぜい年に一度か二度のことなのだが、それでも小さなスタンプ、規則書、許可証を全部集めるためには、列に並びいくつものドアをノックしなければならない――法の条項と要件だが、それら自体がしょっちゅう変わってしまう。これはちょっとしたトリックだ。このせいで、みんないつもハラハラしていなくてはならないし、しじゅうポケットを軽くたたいて書類を確認したり、目を覚ますたびにバーで無くしたんじゃないかと心配になってしまう。そのうちに、無意識にパスポートを手でたたいて確かめるようになる。何も考えずに日に何度もポケットに手を伸ばしてチェックするようになるので、ポケットを確かめていることに気づきもしなくなるのだ。それこそ本当の権力になる――腕の無意識の動きに影響を与え始めたときに。

僕は自分の部屋に戻らなくちゃならない。

小さな入門儀礼（イニシエーション）はいくつも存在する。つまり体制が人にまとわりつく方法はいくらでもあるのだ。いちばん最近の僕の経験は運転免許試験だ。インストラクターの説明によると、僕は賄賂（今月ならば五〇〇ドルで済むが、急がないとそのうち一〇〇〇ドルに跳ね上がってしまう）を払わないかぎり合格しないのだそうだ。僕はちゃんと習って正当に試験に合格したいんだと抗議した。彼の説明では、僕が払わないかぎり交通警察は僕を合格させないのだそうだ。

インストラクターは僕の両親の友達の友達で、僕の知り合いは皆が彼を信用しろと言う。彼は、彼が言うところの「あがり症」のタイプ、つまり女優や駐在員のような人間たちへのレッスンを専門にしている。僕はあきらめて金を渡すことにしたので、彼は妥当な取引を行った。僕は、その時点で封筒に入った免許証を受け取れるものと思いこんでいた。驚いたことに僕のインストラクターは、僕に運転免許試験場に行って他の人たちと一緒に試験を受けるようにと言った。

学科試験は大きくて、明るくて、新しいオフィスで、最新型のコンピューターを使って行われた。そこでは二〇人ぐらいがコンピューターの前に座って、運転中に起きることのさまざまなシナリオからなるシミュレーションをこなしていた。僕は、本音では少し安堵して、賄賂は受験の途中で消えてしまったんだと思った。僕は問題に答えるのに自分の常識を使い始めた。二〇問中一八問正解、合格には十分だという結果に、僕は驚くと同時に自己満足を味わうことになった。その部屋にあるコンピューターはどれもが、二〇問中一八問の正解が出るように事前に操作されていたにちがいないということに突如として気がついたのは、あとになってからのことだ。あの部屋にいた全員が、合格するための代価を払っていたのだ。

次いで実地試験が行われた。駐車場に置かれたいくつものコーンを次々と避けながら運転するのだ。僕はペダルが二セットある教習用の車に乗りこみ、制服姿の交通警官の隣に座った。彼は、僕に車をスタートさせるようにと言った。僕はあまりにも緊張していたし、レッスンを受けた時間もかなり少なかったので、ペダルを正しく踏めずにエンストを繰り返していた。交通警官は微笑んで、肩越しにちらりと後ろを見た。そして自分の手許のイグニッションキーをまわした。「ハンドルに両手を置いて運転するふりをしなさい」と、彼は僕に言った。僕は言われたとおりにした。交通警官が彼のペダルで車の動きをすべてコントロールしているあいだ、僕は虚ろな笑みを浮かべて走りまわる車に乗っていた。しばらくすると、僕はまるで自分が車を運転しているような気分になった。

僕はアパートに帰ると、乱れたままのベッドに脱ぎ捨てられた昨日はいていたズボンの中に入っていたパスポートを見つける。僕は盗まれにくいように、特別な内ポケットにパスポートを隠している。だがこれでは、僕のパスポートは、僕が足にかいている汗にいつもひっついてしまうことになる。表紙のロゴは擦(こす)れて薄くなっている。縁はめくれかけている。僕の写真を覆っているプラスチックの皮膜は剥がれそうだ。僕はタクシーを拾おうと、急いで通りに戻った。車は角を曲がって通りに出てしまうと、すごいスピードを出す。三菱、ハマー、BMW、メルセデス、そうした車の窓はどれも中が覗けぬように濃いスモークの入ったガラスだ。少なくとも隠しておく物があるふりをする以上、中にいるのは重要人物にきまっている、というわけだ。一台が止まる。ウィンドーが下り始めるので、僕は目の高さを合わせるためにかがみこむ。運転手の顔を品定めする時間はほんの数秒しかない。酔っ払ってるか？　頭がいかれてるか？　もっと悪ければ、道路の駐車帯に連れこまれて金品を奪われることもある。ここで生きるためにはいろいろの細々した書類や文書に署名する必要があるにもかかわらず、あらゆることが一瞬一瞬の即座の信頼と取引、つまり「カーク・ダガヴァリッツァ（お約束したように）」ということになる。そこでは、正式に定まっていることなど何一つないけど、誰もがゲームを理解している。

三駅広場（コムソモーリスカヤ広場）まで三〇〇ルーブルでどうかな？

四〇〇なら？

じゃ三五〇だ。

僕は助手席に座り、運転手をもっとよく見定めようとする。こういう車内での運転手との関係は奇妙なものだ。お金を払っているので乗客が主導権を握るべきなのだろうが、本物のタクシーではないため、運転手が気分を害することもある。この運転手は顎ひげをはやしていて、落ち着いているように見える。彼がスイッチを入れたCDからは賛美歌が流れている。僕は彼に、交通警察が一夜のうちに道路標識を「一車線」から「進入禁止」に変えそうな角に注意するようにと忠告する。これはドライバーにぼろを出させ、罰金を自分の家賃の足しにしようとするためだ。この街は賄賂の障害物コースだ。選択肢は、腹を立てるか、悪戯心でゲームをしてそれを楽しむか、である。道路はもう混雑していた――僕が乗る距離は短いのだが、時間は長くかかりそうだ。モスクワっ子は渋滞のなかで自分の生活を占う。その日の成功や失敗も、移動にかかった時間によって判断する。渋滞はモスクワのシンボルになっている。この町を救済する唯一の方法は、金融や行政の中枢を「内環部」（インナー・リング・エリア）の外に移動させることであろう。だがそれは、この国の体制の封建的な本能からは逸脱する行為となろう。そのため、交通があらゆるものの中心に手づまりがあることを表すものとなっている――一方では自由市場は誰もが自動車を持てることを意味するが、他方では根底にある社会構造のためにすべての車が渋滞で身動きが取れなくなってしまう。おっと、大物、金持ち、権力者たちの、サイレンを鳴らした黒い（必ず黒い）防弾のメルセデスは、別のルールに従って生きている強大な富や権力を持つ現代の大立て者（バロン）たちが運転して、我が物顔に車の流れに逆らって、道路にまくための（融雪用の）硫酸スラッジを入れた荒砂の中を疾走する。サイレンはこの街のステータス・シンボルだ。もっとも忠誠心の強い官僚、ビジネスマン、映画監督らに（または一定の金銭を対価として）爵位のように授けられる。彼らが通りすぎるとき、運転手と僕は二人とも不満の声を上げた。僕らはちょっとの間（ま）、共通の敵に対して団結したという感じがする。僕はリラックスして、彼がかけている讃美歌がどんなに好きかということを話した。けれども目的地に着いて僕が降りようとすると、突然彼は僕の肩をつかんでグイっと引き寄せたので、僕たちは向き合う形になった。彼の腕は逞しく、握力が強かった。

「心配するな、兄弟」と彼は僕に言う。「俺たちは通りから全部片付けるつもりだぜ。不浄なもの、クロい奴ら、ムスリムと奴らの汚い金をな。聖なるロシアが復活するぞ」。

ときおりこの手の人々に遭遇する。(ロシアは西側よりアジアに近いとする)新ユーラシア主義者、大ロシア主義者、聖なる新帝国主義者などだが……クレムリンから密かに支援を受けて、自分たちの持つ媒体の力で街の話題を腐敗から遠ざけ、外国人に激しい怒りを向けるように操作している者も少数だがいる(クレムリンはそうした話題を、あまり自分の口にはのぼらせない)。

僕は駅を通り抜けて、サンクト・ペテルブルグ行きの列車と僕の最新のテーマに向けて歩みを進める――兵役義務、つまりはロシアで成人男子になるための大きな入門儀礼(イニシエーション)だ。毎年四月と一〇月が来て、若い兵士の集団が街に現れると、突然カーキ色が通りにあふれかえる。痩せて、大きすぎるか小さすぎる軍服を身にまとい、寒さでちじかんだ赤い鼻と赤い耳をして、マイバッハや金箔が施されたレストランを睨みつけている。彼らは地下から温風が吹き出てくる地下鉄駅の入口付近でたむろし、大通りの街角で生ぬるいビールを舐めているあいだは寒さに震えている。彼らは足を引きずるようにして階段を上がり、アパートのドアを叩き、公園を闊歩する。ロシアのおおがかりな隠れんぼの時期が今年もやって来た。兵士たちは、徴兵を逃れた若者たちを捕まえていやも応もなく陸軍に入隊させるように、という命令を受けている。一八歳から二七歳までの健康な男子には兵役が義務づけられているかもしれないが、可能な者は誰もが兵役を避けるのだ。

もっとも一般的な逃げ道は医師の診断書だ。ある者は精神障害を装い、精神病院で一ヶ月間過ごす。母親たちは彼らを病院に連れていき、「息子は精神に異常をきたしています」と言う。「息子はずっと、暴力をふるうぞといって私を脅すんです。それに泣きながら目を覚ますんです」。もちろん、医師は詐病であることを知っているし、精神病院に一ヶ月入院させるためには何千ドルという多額の賄賂が必要となる。こうすれば無理矢理入隊させられることはなくなるが——精神異常者に銃は持たせられない——ただし、精神障害という診断は彼のその後の経歴にずっとついてまわる。その他の医学的な解決策はもっと短期間で済む。手か背中を負傷していると称して一週間入院するのだ。このやり方は毎年繰り返さなければならないので、病院は毎年病気のふりをするニキビだらけの若者でいっぱいになる。だがこの医学的手法なるものは何ヶ月もの準備が必要だ。適切な医者を見つける、それから適切な病気も——というのも兵役を免れることのできる病気はしょっちゅう変わるからだ。小さなスタンプが押された登録カードを持って徴兵登録事務所に出頭する。この登録カードのために、母親は何ヶ月もかけて根まわしとそのための貯金をするのだが、そのあげくに、今年は扁平足や近眼がもう法的には兵役免除の理由にならないことに気づく始末だ。

大学生ならば、卒業するまで兵役を回避できる（もっと言えば、学部時代に他愛ない演習に参加して兵役を果たすこともできる）。ロシア人男性が高い教育を求め、二〇代後半になるまで次々と異なった学問分野の修士課程に在籍しつづけるのに、これ以上の刺激となっているものはない。大学に入れるほど成績が良くない場合は？　そのときは、賄賂を贈ってどこかの教育機関にもぐりこむより他はない。徴兵逃れのニーズを満たすことも理由となって新たに開校した大学が何十校もある。徴兵される可能性があるので、大学から落ちこぼれることがずっと危険なものになった——すぐさま陸軍が飛びついてくるのだ。悪い点を取ってこようものなら、母親はやきもきして、頑張るようにと息子に金切り声を上げ出す。そして息子が落第しそうだと見て取ると、息子がその年及第できるようにまた賄賂を使うことになる。だが教師は見かけを取り繕うために一定数の学生を落第させなければならない。そこで思い悩んだ母親たちは、もっとも高くつく窮余の策についての探りを入れ始める。軍司令部への賄賂だ。母親たちは将軍たちへの手づるを求めたり、司令官室のドアを叩いてすすり泣いたり、息子の自由を求めて泣き叫んだりする（金銭だけでは必ずしも十分とは言えない。感情に訴えて、賄賂を渡す権利を得る必要がある）。

だが、このような選択肢が使えるのは金とコネがある者に限られる。それ以外の者、貧しい者にとっては、今はかくれんぼの時期である。兵士たちは該当する年齢の男と見れば、捕まえて身分証明書と兵役免除証明書を見せるように要求する。適切な書類を持っていない者がいようものなら、もよりの徴兵登録事務所に引き立てて行く。だから若者たちは、地下鉄の駅を避けたり柱の陰に隠れたりするのに時を費やし、兵士たちが女の子といちゃついたり通行人に煙草をたかったりしているのを見ると大急ぎで通り過ぎる。ティーンエイジャーが警官に追いかけられて、地下鉄の長くて暗い大理石の廊下を全速力で駆けぬけてゆくのを見かけることがある。兵士らがアパートに立ち寄ると、徴兵される可能性のある者は居留守を使い、戸口を塞いで引きこもり、彼らが立ち去るまで息を潜める。兵士らは結局はうんざりしてそこから立ち去るのだが、それをやり過ごしても、警官に書類をチェックされるたびに、その若者が兵役を回避していないかどうかの電話確認を警官が署に戻ってからするんじゃないかと思って震えることになる。そして地下鉄に乗るとき、大通りを渡るとき、映画館のそばで友達と会うとき、自分の家の小さな庭から出るとき、そんなときはいつでもその若者の人生は慄き（おのの）で一杯になる。しかも二七歳になるまで半ば不法に生きることになる。公式な旅券を申請することができないので、ロシア国外に旅行することもできない。

ここからがこの体制の天才的なところだ。もしその若者がなんとかして徴兵を逃れたとしても、彼も母親も家族も、賄賂と恐怖と偽装のネットワークの一部となる。結果として、その若者は国家——彼が恐れを感じ、そして避けるか、欺くか、買収したいと願う、強大な監禁者であることを十分に承知している存在――との関係においていくつもの異なる役を演じ切る俳優になることを学ぶ。すでにその若者は半ば不法に生きているし、罪人なのだ。そしてそれは体制にとって都合がよいことなのだ。若者が偽装を続けるかぎり現実的なことはなせず、つねに国家との妥協を模索する。国家はそうなると、若者に対して、国家にとってちょうどよい案配の不快感を感じさせられる。いずれにしても、若者はもう抜けられない。実のところ、軍隊での一年が若いロシア人を型にはめるあからさまな過程だとすれば、徴兵逃れの儀式のほうが体制とのはるかに強い結びつきを生み出すのだ、そうも言えよう。

　徴兵逃れをするにはあまりにも貧しかったり、あまりにも怠惰だったり、あまりにも不運だった者は――もしくは入隊することがいちばんましな選択枝に思える者は――駆り集められ、裸にされ、丸坊主にされて髭も剃られて、国じゅうの基地に送り出される。四月と一〇月の召集の終わりには、街中（まちなか）の通りが、徴集兵で一杯の巨大なトラックで渋滞してしまう。トラックは防水シートの幌がつけられ、後ろは開いている。徴集兵は座ったまま彼らが去ってゆく町をじっと見つめている。剃られたばかりの頭の軽さにようやく慣れたとでもいうように、自分の頭を撫でまわしている。新兵が何処に送られるかは賄賂の金額次第だ。誰もが恐れるチェチェンや南オセチアを始めとする、生命の保証のない「デス・ゾーン」に送られてしまう者もいる。だが賄賂の支払いが間に合えば、そんなところには行かなくて済む。誰も逃れることができないのが、ロシアでは「古兵（グランドファザー）の法律」と呼ばれる新兵いじめだ。毎年何十人もの新兵が殺され、何百人もが自殺している。虐待されている者は何千人にものぼる（しかも、それらの数は公式の統計に過ぎない）。どんな母親でも自分の息子を軍隊に入れたがらない理由がこれだ。新兵は「スピリット」と呼ばれる。防水シートの幌のついたトラックが陸軍基地の門をくぐると、新兵たちは、待ち構えていた古参の将校たちがこう叫ぶ声を聞くことになる。「首をつっちまえ、新兵ども、首をつっちまえ！」そして、壮絶なしごきが始まる。

過去と現在の徴集兵の母親たちが運営するNGO「ロシア兵士の母の委員会連合」が、新兵たちにとって、基地から逃げ出した際にかけこむ避難所になっている。本部はサンクト・ペテルブルグにある。僕は、夢の超特急サプサン号に乗ってサンクト・ペテルブルグまで行く。TGVと同じくらいにお洒落なうえに座席幅も広いが、あまりにも料金が高いので、乗れるのは新興の中産階級ぐらいのものだ。通常の列車ならサンクト・ペテルブルグまで八時間かかるところを、サプサン号に乗れば四時間で到着する。なんと言っても彼の「チーム」が二つの都市のあいだを快適に往き来することができるように大統領はサプサン号を走らせたのさ……そう笑い飛ばす者もいる。今やこの国は「サンクト・ペテルブルグ仲間」によって支配されている。つまり大統領が共に育ち共に学んだ古い仲間たちだ。鉄道の駅からは、僕は町まで車を運転して行くのだが、通り抜ける市中は芝居の書き割りのような建て方だ。というのも、そもそもがピョートル大帝の頭の中にあったヨーロッパ文明を表現する、西側に向かってのロシアの正面だったのであり、内実を伴っていないからだ。

「ロシア兵士の母の委員会連合」のオフィスの壁には、亡くなった兵士の写真がずらりと並んでいる。僕は、すぐそばにあるカーメンカという基地から最近逃げてきた一八歳の兵士四人にインタビューしに来たのだ。僕は遅刻したのだが、彼らは全員静かに待っていて、僕が入ると急いで気を付けの姿勢を取った。彼らはパーカーとサンクト・ペテルブルグのサッカーチームであるゼニトのフットボール・スカーフを身に着けている。彼らは普通のいじめが理由で逃げたわけではないし、忠実でタフでもあることを証明しようと必死だ。彼らは五〇歳の女性たちのところに避難しなくてはならないことに当惑しているように見える。彼らは「ロシア兵士の母の委員会連合」のことを決してその名前で呼ばず、たんに「組織」と呼ぶ。

「殴られたっていいんだ。血尿が出たって、そんなこと怖くないんだ」と、いちばん痩せた兵士が言う。

「スツールが壊れるほど頭を殴られる。それもいいさ」と別の兵士が同調する。

「顔にガスマスクを着けて、煙草を吸いながら腕立て伏せをさせられるんだ。それに合格すれば本物の男というわけだ」

「僕は赤じゃない……」。彼らは繰り返し言った。「赤」というのは「裏切者」のことだ。これは刑務所用語だ。というのも、一九四〇年代にスターリンが囚人を使って軍隊の要員を補充し始めたときに、軍隊は刑務所の掟とヒエラルヒーに感染したのだ。

「規律は必要だよ。でもカーメンカで起きていることは規律とは何の関係もないんだ」

「『古兵(グランドファザー)たち』は僕らから金を脅しとるために殴るんだ。僕らを一人前の軍人にしたいからじゃないんだ」

新兵たちは一日のほとんどを軍用車輌の修理と塗り替えに費やしていた。その後その車輌はカーメンカの司令部によって密かに売りはらわれることになる。新兵たちは実質的に無給の労働力として使われている。

この少年たちは一晩休みなく殴られた末に逃亡した。「古兵(グランドファザー)たち」は一日中飲んでいた。そして夜になると少年たちをこん棒で引っぱたき始めた。指揮官はそばを通り過ぎたが何もしなかった。指揮官レベルは、自分たちのもっと大がかりな汚職行為に古兵(グランドファザー)たちの助けが必要なので、彼らの楽しみを邪魔したりしない。彼らは古兵(グランドファザー)たちをかばうためなら、どんなことでもする。ロシア兵士の母の委員会連合によれば、カーメンカでは一週間で五人の「新兵(スピリット)たち」が脾臓を傷つけられた。指揮官たちは新兵(スピリット)たちを一般の病院に連れていくわけにはいかなかった。余計なことを聞かれるだろうから。そこで、一度の手術につき四万ルーブル（一〇〇〇ドル以上）支払って、裏口から連れて入るほかなかった。

午前六時に古兵(グランドファザー)たちは、正午までにそれぞれ二〇〇〇ルーブル（五〇ドル以上）ずつ持ってこなければ殺してやると新兵（スピリット）たちに言い渡した。新兵の一人ヴォロージャは、そのために急いで逃げることに決めた。彼はフェンスをすり抜けて道路まで出た。車で迎えに行った父親が、彼を乗せて「組織」に連れてきた。

　ヴォロージャは自分の話をする際には、ボソボソと小声で話す。僕は大きな声で話してほしいと注意し続けなければならない。

「もちろん、これは司令官がコーカサス出身のクロだからだ。クロどもが基地を支配しているんだ。全部奴らのせいなんだ」とヴォロージャは言う。「組織」の女性たちがチッチッと舌打ちして、頭を横に振る。「ロシア兵士の母の委員会連合」の女性たちは毎日この言い方を耳にしている。特にサンクト・ペテルブルグはスキンヘッドの中心地だし、とりわけヴォロージャの贔屓チームのゼニトのサポーターたちのあいだではなおさらだ。

「君たちを殴ったぐうたらたちはクロなの？」と「組織」の女性たちが尋ねた。

「いや、連中はクロくなかった」とヴォロージャは認めた。

　彼が逃げたあとで、この事件は闇に葬られてしまう可能性もあった。ヴォロージャは誰が殴ったのかを届け出、軍は否定し、話はそこまでということになっただろう。

　だが、司令官は慌てた。彼は車で町までやって来て、ヴォロージャを彼のアパートの前の通りで捕まえ、自分の車に押しこんで基地に連れて帰ろうとした。ヴォロージャの父親が車で追跡して、司令官を止めるために彼の車にぶつかっていった。玉突き事故が起きた。警官が現れた。テレビカメラもやってきた。「ロシア兵士の母の委員会連合」のメンバーがなんとかヴォロージャを引っ張り出した。その後、新任の国防相がこの事件を知った。クレムリンは軍隊を改革すると公約したばかりだった。国防相は、彼が本気であることを国民に示すためにも見せしめが必要だった。カーメンカではすでに調査が行われていた。前の月には三人の新兵が演習中に死亡していた。司令官が慌てた理由はおそらくそれだったのだろう。これで国防省は調査を強化する口実ができたし、テレビ・レポーターたちはこの件についての番組を制作するようにと促された（二年後、つまり次のクレムリン・パージで、腐敗追放を掲げた国防相自身が横領の罪で裁かれた）。

僕は今では「ゲームのやり方」を覚えている。体制によって与えられた自由のかけらを活用するのだ。僕は他のいじめの話――暴力亭主と結婚したリアリティー・ショーのスター、自分のアパートの中庭でいじめられている子ども――のあいだにヴォロージャの事件を挿入するつもりだ。そうすれば、僕のプロデューサーたちは満足する。平凡な人間が国家に酷い目にあわされるというような話が視聴者の受けがいいと分析しているからだ。これがＴＮＴ世代の日々の現実（リアリティー）だ。彼らはこの種の話の制作を他にもいくつか発注している。別のディレクターは、賄賂の支払いを拒否したエカテリンブルグに住む男性が、交通警官たちに半殺しの目にあった事件についての番組を制作中だ。今その男性は、交通警官が賄賂を取るところをビデオに撮りインターネットで公開することで、彼なりの復讐をしている。ＴＮＴが制作している別の番組は、石油会社社長に衝突された車に乗っていて死んだ若い女性に関するものだ。社長はコネを使って罪を免れたのだ。モスクワに戻った僕は、警官に殴られたティーンエイジャーの話を撮ったばかりだ。この事件の全容は携帯電話で撮られていたが、警察はなんと警官たちを殴ったとしてティーンエイジャーを起訴した。僕は、ヤーナ・ヤコブレバから聞いたのと同じわけがわからなくて絶望している声を、ティーンエイジャーたちからも聞いた。ヤーナはこう言っていた。「まるで、彼らこそは現実を定義しうるって感じね。足もとの床が抜けてしまうような感じよ」。クレムリンは警察を浄化するという新しいキャンペーンを発表しているし、親たちはこれが彼らの子どもたちを救う助けになってくれることを期待している（だからこそ、僕が番組を撮影することが許されたんだが）。

僕が会う犠牲者たちは、人権や民主主義については決して口にしようとしない。クレムリンは人権や民主主義という言い回しを使うことをずっと学んできたし、それもどんな反対派が自分たちで効率的に使おうとしてももはやその余地もないほど、さんざんっぱら使ってきたからだ。犠牲者たちの怒りは人権や民主主義のように秩序だっておらず、警官や軍隊に対する嫌悪といったものだ。そうでなければ、すべて外国人のせいにする。ティーンエイジャー、無政府主義者、芸術家のなかには集結して抗議行動をする者たちもいる。地下鉄からドッと出て来て、道路や主要な広場を封鎖するのだ。彼らは自分たちの集会をモンストレーション（この言葉自体ロシア発祥だ。創造的なパフォーマンスとしての示威といったところだ）と呼び、不条理主義者らしい横断幕や垂れ幕を持ち出す。

「太陽が君らの敵だ」

「僕らは英語を日本語にするぞ」

「アイフィヤトロヌーを大統領に」（むろん、そんな名前の人物はいるわけがない）

クレムリンの不条理に対抗する唯一の方法は、不条理をもってすることだ。「戦争（バイナー）」と呼ばれる芸術団体は、モンストレーション運動の偉大なトリックスターだ。通りを駆け抜けて婦人警官たちにキスをする。法廷にゴキブリを放つ。サンクト・ペテルブルグの橋の裏側にペニスを落書きして、橋が上がると、ペニスが地元のロシア連邦保安庁（ＦＳＢ）のほうを向くようにする。議事堂に髑髏と大腿骨のマークを映し出す。

他のどこの文化であろうとこんなことは軽薄に映るだろうが、この見世物と残酷さの社会では、これが酸素のように感じられる。パフォーマンス・アーティストのマムシェフ－モンローさえもが政治に関心を寄せている。雑誌のなかで大統領をグロテスクに真似るポーズをとった。彼は数日間というものこの役に没頭した。「あたしがプーチンになったとき、自分が糞といっしょに爆発しかけている蛆虫のトーテムになった気がした。だけど、あたしは悪役じゃなくて、新しい生活が始められるようにロシア、ソ連、何でも食べ尽くさなきゃならない掃除夫だったのね……。プーチンはあたしたちの国を食い尽くしちゃうわよ。ある日あたしたちがクローゼットに手を突っこんで服を取ると、その服が手の中で埃に変わってしまうのよ。だって蛆虫が食べちゃったんだもの」。

だけど僕がうまくいっているなと感じた途端に、僕の狭い道のゆくてが遮られた。「申し訳ないんだけど、ピーター」。TNTで僕のプロデューサーたちが言う。「わたしたちは作っちゃいけないって言われたのよ。その……「社会派」の番組をね。わかってもらえると思うけど……」。

これを言うとき、彼女らは少し決まりが悪そうだ（彼女らの中に新しいメンバーがいる。赤毛だ。結婚してロンドンに住むために辞めた黒髪の後任だ）。彼女らのそんな様子に僕も決まりが悪くなって、頷いてしまう。もちろん、わかりますよ。僕はもう、ヒントが出されそうな時点で空気を読むことを学んでいる。僕は「理由」を訊かなかった。視聴率優先なんてことを主張したりしなかった。口には出せない壁が存在する。クレムリンの、万事を浄化しようとする波は過ぎ去った。二〇〇八年の西側の金融危機が石油価格を下落させた。クレムリンが改革と戯れようにも資金が足りなくなったのだ。僕たちには冷静さが必要だ。経済は凍りついている。

僕がTNTを出たのは夕方近くなので、スシ・バーのネオンサインがもう硫酸スラッジの汚い黒い山を照らし出している。市当局が道路にまく荒砂に入れるこの化学物質のせいで野良犬が足を火傷する。ビルに沿った暖かいパイプに野良犬が群れ集まるたびに、連中がクンクン泣くのが聞こえる。二人の豚面の警官が街角をパトロールしている。モスクワっ子は彼らを「制服を着た狼男（ウィアウルフ）」と呼び始めている。僕はジロジロ見ないようにして、「顔を伏せて猛烈な速足で」というモスクワ・スタイルで彼らと擦れちがった。肝心なのは彼らの注意をひかないことだ——というのも、僕のたくさんある登録証のうちの一つが期限切れなのだ。だが、それでも彼らは僕の恐怖をかぎ取る——彼らの権力を示す台詞を吐き出す。「「ドクメントゥイ(書類)」！　すぐに出すんだ！」　僕は筋書きを知っている。彼らは僕を中庭の暗闇に連れこむ。ここからが究極のモスクワの取引になる。賄賂をこっそり渡すのだ。その日の朝パスポートの頁のあいだに予め挟んでおいた五〇〇ルーブル紙幣だ（経済が悪化するにつれて相場が上昇している）。だが、むき出しで金を差し出したりしてはいけない。賄賂を払うには相応のデリカシーが必要なのだ。ロシア人の「賄賂」を表す語彙数は、エスキモーの「雪」を表す語彙数を上まわる。僕は自分好みの言い回しを使う。「いい機会なので、あなた方に対する僕の尊敬の念を表してもいいですか？」「もちろん、構わんよ」と狼男たちは言う。急に笑顔になって、警官の制帽の下に金を滑りこませる。彼らが求めているのは、いくばくかの尊敬だけなのだ。

これをやるときには表には出さずともいまだに震えがくるが、僕の腕もだいぶあがってきた。

真夏の夜の夢

この町のところどころにある巨大な広告板に一枚の広告が掛かっている。暗い部屋のドアの裂け目から外を見つめる男のきれいな一方だけの目。通行人を覗き見ながら、同時に自分を解放するようにと彼らに懇願している。これはグリゴリーが所有する企業の一つのための広告だ。新生モスクワのできたばかりのオフィスを埋めつくすオフィス家具（黒がいちばんの売れ筋だ）の会社だ。グリゴリーは三〇代で、若くして自力で身代を築いたモスクワの億万長者の一人だ。官僚にではなく起業家になることが流行りだった一九九〇年代に、あっという間に金持ちになった若者の一人だ。

モスクワではグリゴリーの名は、彼が開く大がかりなパーティーで有名だ。僕たちが大立て者や狼男から一晩だけ逃れられるオアシスだ。今夜のイベントはグリゴリーの結婚を祝うためのものだ。彼はこの日のためにミニ・ヴェルサイユのような豪勢な建物を買収した。公園への入口付近では、モスクワの幾つもの撮影所からやって来たメークアップ・アーティストたちが、チームに分かれて、ゲストたちを映画の衣装に着替えさせている。今夜のテーマは「真夏の夜の夢」だ。毎週毎週代わり映えしない連中がグリゴリーに付きまとって、彼の思いついたばかりの気まぐれにあわせて気晴らしをする。公園のなかでは見えないロープに乗った空中ブランコ乗りたちが、木々から舞い降りたり、木々のあいだを通り抜けたりしている。輝く銀色の尾鰭が付いたマーメイドの衣装を着たシンクロナイズド・スイマーたちが、身を翻して暗い湖に飛びこんだ。水中から間欠泉のように水が噴き上がる。その小さなしずくが降ってくるさまは、夜空に虹が架かるようにライトアップされる。皆が不思議がる、新郎新婦はどこにいるの？　スポットライトが湖を照らし出す。グリゴリーと彼の花嫁は共に白い服を着て、亀の甲羅のように設えられた別々の小さなボートに乗り、それぞれが湖の両側に現れる。亀の甲羅は魔法のようにお互いに近づく（潜水夫が押していたことを僕はあとで知る）。二艘のボートは湖の真ん中で出会う。恋人たちは手を取り合い、裸足で水の上に踏み出す。二人は沈まない。彼らは湖面に浮いたまま、向きを変え、湖を横切って僕たちの方に向かって歩いてくる。彼らのゆくてを幾筋ものレーザー光が照らし出している。僕たちはこの奇跡に息をのみ、全員が拍手喝采する。この演出効果は、湖面の下に特別に設置された秘密の通路によって得られたものだが、それでも神々しさがある。

けれども月曜日が来れば、グリゴリーは賄賂を要求する汚職官僚の世界に戻ることになる。ビジネスマンの世界は縮小している。グリゴリーの会社のポスターでさえ、密かな社会的な際があるのを示唆しているように見えてくる――ドアの隙間から覗き見る目は「独裁者（ビッグブラザー）がお前たちを見ている」というのに照応しているのだろうか？

僕がグリゴリーに初めて会ったのは、大学時代の旧友キャリーヌを通してだった。僕が覚えている故国イギリスでのキャリーヌは、サンダルを履いて絞り染めのスカートを身に着け、自分の巻き毛が絶えず目に入っていた。その後彼女はモスクワに渡り変身を遂げた。彼女は髪をアップにし、背中の空いたドレスを着て、ビルケンシュトックのサンダルの代わりにデザイナーズブランドのヒールを履いていた。彼女は、あるロシア人男性に出会ってから変わったのだが、それがグリゴリーだった。僕が初めてモスクワに来たときに、彼女が僕たちを引き合わせてくれた。彼は新しい摩天楼の一つに住んでいたが、住んでいるペントハウスは、沸き返るモスクワを見おろす場所に鎮座ましましていた。それは特にグリゴリーのために設計されたもので、何冊もの高級な建築雑誌で特集を組まれた。仕切りをつくらぬオープン・プラン、オール・ホワイトの色調で、プラスチックを主体としてできているのだ。未来のイメージ――でなければ精神病院のイメージかもしれない。グリゴリーはモスクワの新興成金の多くに共通する歩き方をした。突然ぎくりとしたような奇妙な目つきをするが、自信に満ちた気取った歩き方をするのだ。彼は聖歌隊の少年のよう幼な顔をずっと保っていて、小柄で、しなやかな体つきをしていた。

見まわしてみて、アパートには彼の経歴を示すものが何もないことに僕は気づいた。本、衣類、銀器、写真と、古いものは何もなかった。まるでグリゴリーが虚空からいきなり現れたかのようだった。

時が経つにつれて、僕は彼のことをもっと知るようになった。

彼はタタールスタンで育った。彼の父親はソ連の石油産業で働いている一人に過ぎなかった。巨大な国営のエネルギー会社の歯車の一つだった。数学と物理学に秀でた若者に成長したグリゴリーは、自分がトイレに入っているのも忘れてトイレで何時間もチェスの本に読み耽り、オンラインのチェス・ゲームのグランド・マスターをそらで覚えたりするおとなしい子どもだった（僕は一度対戦したが、彼は一〇手で僕を負かした）。彼の才能はすぐに見出され、一九八〇年代にはモスクワの特別な数学・物理学大学に送りこまれた。そこでは複数のノーベル賞受賞者に教えを受け、ソヴィエト帝国に栄光をもたらすために、他の学生とともに一旦は自我を砕かれたうえで精鋭のインテリ部隊という型に嵌めこまれた。ペレストロイカの時代だった。ソ連は軋み揺らいでいた。西側の映画、本、音楽が新たなブラック・マーケットに流れこみ始めていた。誰もが自分なりの西側のイメージをつなぎ合わせ、自分なりの自由のコラージュをつくった。グリゴリーはフレディ・マーキュリーの音楽に、そしてその後はパオロ・パゾリーニやデレク・ジャーマンの映画、ダダイストによるアヴァンギャルドの映画、ピーター・グリーナウェイの映画にも入れこんだ――ソ連のタタールスタンからできるかぎり遠ざかったのだ。ソ連が崩壊したとき、彼は学業を卒えようとしていた。年長の世代にとっては、たとえば大統領のような人間たちにとっては、帝国の崩壊は悲劇だった。だがグリゴリーのような二〇代の人間にとっては、帝国の崩壊は、突如として何もかもが可能になることを意味していた。

グリゴリーは、自分でコンピューターを作るところから始めた。売れ行きはよかった。彼はすぐに、一緒に働く学生チームを雇った。銀行業界に進出した。そして彼の世界は一変し、ボディガードが必要になるような、脅迫まみれのものになった。パーティーで人々が囁いたものだ。グリゴリーが生き存えて事業をしてこられたのは幸運だったよ、と。

「最悪なのは、金を貸しているときだよ」。グリゴリーは真新しいシルバーのスポーツカーでモスクワ郊外の森を走り抜けながら、一度僕に言ったことがある。「こっちが金を借りているかぎり、殺されはしない。だが、金を借りている奴らってのは、金を返すより借りてる相手を殺すほうを選ぶんだ。ボディガードなしで外に出られることが夢なんだよ。当たり前の生活がね」(僕たちがドライブしているあいだじゅう、ボディガードのジープがバックミラーに映っていた)。

「モスクワに何を望んでいるんだい、ピーター?」別の機会に彼が尋ねてきた。僕たちが明るいブルーの色をしたカクテルを飲んでいた時だ。

「そうね、だってモスクワは好景気だろ。もっと、もっと、上向いていくしね」

「そんな風に考えられるのは外国人だけだよ。モスクワは、蛸が自分の足を食っているのと同じさ」

それからこんなこともあった。彼が学び直したいと考えていたときだ。でも、今回は政治経済をだ。「ロシアを機能させる何らかの方法があるはずなんだよ。絶対にね!」

僕がグリゴリーに会うときは、いつもセルゲイが一緒についてくる。セルゲイはボスを目立たせる取り巻き連中を指揮している。彼が芸術家、ディレクター、俳優、外国人を連れて来るので、グリゴリーは自分がボヘミアンの宴会の中心にいるような気になれる。専属の仕立屋がセルゲイの服を仕立てる。ケープ、膝まであるブーツ、ツイードの膝丈ズボン――二一世紀の魔術師になるための洗練された扮装だ。セルゲイは催眠状態のなかで、脈拍にあわせて自分の瞳孔を縮小したり拡大したりする術(すべ)を習得している。愛車は緑色のヴィンテージ・ジャガーだ(黒いジープとハマーが支配するこの街では、この車を見かけることそのものが魔術めいてくる)。

セルゲイとグリゴリーは数学・物理学大学で共に学び、同室だった。だが卒業してからは、グリゴリーは大富豪になったが、セルゲイはずっと芸術家になろうとしていた。彼は芸術家になることをあきらめて、カルトに加わった。彼はカルトから戻って来て、「夢に現れたことの具体化」だの「現実を再分割してそのセグメントのあいだを通り抜けられるようにする」だのといった謎について論じた。

「僕はグリゴリーの癒やし人（ヒーラー）、グリゴリーの魔法使いだ」とセルゲイはよく言う。「パーティーは「聖史劇」なんだよ」。ときおりグリゴリーはセルゲイの神秘への執着を笑うが、グリゴリーは週を追うごとに、もっともっとセルゲイが必要になるようだ。セルゲイが彼の手を取って、彼らがそれらを観ながら成長した映画の世界からそのまま出現してきたような、より良い世界へと逃げ出させてくれるのを待っているように見える。

ある晩、グリゴリーの次のパーティーの招待状をセルゲイが届けてくれた。招待客らは今年のアート・プロジェクトの心構えをするように言われている。今回は、ありえないほどおしゃれな少年たちが揃って黒い服を着ている。グリゴリーが登場したので、彼のお抱えカメラマンは（彼にはどもり癖がある。ここで僕と同じくらいアルコールを飲んでいるのはこのカメラマンだけだ）それまで飲んでいたカクテルを置いて敏捷に動きまわる。シャッター音が一気に炸裂する。これがモスクワ流だ――金持ちには必ず専属カメラマンがいる。金持ちは休日、パーティー、家族の集まりにカメラマンを同伴する。生活がそのまま雑誌の一冊になるようで初めて成功したと言えるのだ。

グリゴリーがやって来て、僕らはその晩のパーティーに乾杯する。

「今夜、僕らはロシアの本当の顔を暴露するんだよ」とグリゴリーは言う。「スクリャロフを紹介するんだ！」

照明が点（つ）いて、クラブの奥の方にあるステージを照らす。ガーゴイルのような顔をした男が皇帝のローブを纏い玉座に座っている。彼は身体を揺らしながら、唾を吐き、ボソボソつぶやく。彼の額の膨らみは小さな第二の頭のように突き出しているために、目が押し下げられて暗い裂け目のようになっている。その目は捕らえられた獣の目のように落ち着きなく部屋を見まわしている。これがスクリャロフだ。セルゲイは公害のひどい地方都市の鉄道駅にあるバーの外で彼を拾った。スクリャロフは地元では狂人扱いで、三文文士としても桁外れだった。陰謀説、ナンセンスな政治的ユートピア、理想都市についての熱狂的な叙述――その殴り書きをセルゲイがグリゴリーに見せたとき、グリゴリーは「これぞ新生ロシアの真実の声だ」というインスピレーションを得た。彼らはスクリャロフを飛行機でモスクワまで連れてきた（彼はそれまで一度も飛行機に乗ったことがなかったので座席に茶色いしみをつけてしまった）。彼らは最高級ホテルの最上階にスクリャロフを泊め、トップクラスの権力者たちが君の考えに興味を持っているんだよ、と伝えたものだ。今夜、彼らはスクリャロフの本の出版を発表する。この国の未来についての彼の物乞い的ヴィジョンだ。セルゲイはその物乞いをロシアの偉大な預言者、この国の未来のリーダーだと紹介するのだ。

スクリャロフは自分の本からの抜粋を朗読し始める。本を持つ彼の手は震えている。何よりもゾッとするのは彼の両の手だ。工場の煤煙、泥、血、鉄道のトイレの浮きかすが層になって、こびりついている。彼の本は彼の故郷の町の話で始まっている。その町は帝政期には最も相応しい名前のヤーマ、言葉どおりでは「穴」と呼ばれていた。初めは怯えていたスクリャロフは、早口で朗読をした。

ヤーマの心理的状況は危機的なものになっており、精神的暴力行為が増加している。この暴力は病理学的、物質的、政治的、道徳的、財政的レベルを始めとして、いろいろなレベルで起きている。人々の精神的武器庫の不安定化をめざす、官僚のあいだの汚職はいや増している。

この件（くだり）は、モスクワについてのナンセンスな風刺のようにとらえられる。ありえないほどおしゃれな少年少女たちはリラックスしだし、拍手して、グリゴリーに今年のアート・プロジェクトの祝いを述べる。スクリャロフの朗読は続く。次の章のテーマは彼の経歴だ。

　僕自身の人生についての話をしよう。事実、数字、できごと、裁判、拷問、プラスとなるもの、マイナスとなるもの、闘争、転落、混乱、解明、リアリティー、リアリズム、視点、見解、ときに暗く、ときに明るい、彩りのある局面について、全部ひっくるめて話そう。僕が生まれたのは一九七二年の四時二〇分、当時はソ連だったヤーマという街だった。僕は伝統、秩序、共産主義の教えに則って育てられた。ただし、僕の魂はいつだってそんなものには抵抗していたのだけれど。一九七九年一〇月二八日、僕は共産主義少年団（ピオネール）に仕立て上げられた。僕のピオネールのバッジを外して、こんな言葉とともにトイレに流した……。「トイレよ、もしかしたらお前がピオネールになれるかもしれないね」。

　グリゴリーはガーゴイルのようなスクリャロフを見上げている。物乞いが彼の話を語るにつれて、彼とグリゴリーが薄気味悪いほど合わせ鏡のようになっていることに僕は気づき始める。同じ時代に生まれた二人……信じていない体制のもとで子ども時代を過ごし、今は腐敗官僚が牛耳る新たな体制と対立している。グリゴリーは自分が精神病院に入っているような気がして、ペントハウスをそう見えるように改装している。スクリャロフは本物の精神病院で人格形成期を過ごした――彼の自伝の大部分を占めるのは彼が精神病院でつけていた日記だ。

　セルゲイはいつものようにグリゴリーの肩に手をやり、彼の成功に微笑んでいた。イベントが終わると三人は腕を組み合って、カメラマンにポーズを取る。この都会では彼らは息が合っている。

　だが週を追うごとに、グリゴリーには一段と過激な再生が必要となってくるように見える。僕が彼を見るたびに彼は新しい衣装を着ている。仮装パーティーのテーマごとに変貌を見せるのだ。ある晩は小妖精（エルフ）、それからヒトラー、ラスプーチン……。逃避し、変化し、突然変異する。髪を短く刈ったり、長く伸ばしたり、横に流したり、前に垂らしてみたりする（ボディガードたちだけが変わらない。彼らのボスは奇人（エクセントリック）だ。そうだからといって彼らがボスを憎んでいるのか大好きなのかは、僕にはまるでわからない）。セルゲイは太陰暦を調べて、黄道一二宮の占星術に則ってパーティーの手筈を整える。水瓶座が天空にあるとき、彼はモスクワ動物園を運営している人間たちと話をつけて、イルカの水族館（ドルフィナリウム）を夜間借り受ける。パーティーの参加者は、どちらもつるりとしている奇麗な女の子とイルカのあいだで潜ったり泳いだりする。新月のときのパーティーのテーマは「白」だ。グリゴリーはケージに入れた白いウサギを持ち、「今夜は僕の再生のためにあるんだ、新しい僕の誕生だ」と宣言した。グリゴリーはウェイターとして一週間カフェで働き（「普通の人ってどんなものなのか知りたいんだ」と彼は言う）、その次の週には戯曲を書いている。あまりにも速く事が進むため、どの役も彼に馴染むことはない。彼のまわりのいたるところで、この都市は激しく動いている。解体用の鉄球が振りまわされている。ゴッサムゴシック様式のタワービルが次々と出現している。それから今度は威張り散らす官僚やチェキストが押し寄せてくる。そしてニュースではいつも同じメッセージが流れる。「私たちの偉大な大統領が安定をもたらしたのです」。だが僕が目の当たりにしている現実は、グリゴリーのような優れた青年たちが蝕まれていることだけだ。

テレビ界への影響も次第に大きくなっている。元々のＴＮＴの成功への戦略は、『アプレンティス』（ドナルド・トランプの決めぜりふ「君はクビだ」が有名だった番組で、世界のいろんな国で制作された）や『ドラゴンズ・デン』（日本の『￥マネーの虎』がこれまたイギリス始め世界のいろんな国で制作された）のような、西側でヒットしたリアリティー・ショーのリメークだった。こうした作品は世界じゅうで成功してるんだからロシアで成功しないわけはないだろう？　ところがTNTが作ったロシア版は失敗だった。西側のほとんどの番組の前提にあるのは、業界で言うところの「向上心」だ。一生懸命働いて、魅力的な新たな生活という見返りを得るのだ。このような番組は抜きん出た人間、頭の良い外向型を称賛する。だがロシアでは、そんな種類の人間は投獄されるか追放されるのが落ちだ。ロシアで報われるのは、陰で操る人間、陰鬱な党官僚、廊下トンビの達人だ。ロシアの聴衆に受ける番組は、違った原則の組み合わせに則っていたのだ。群を抜いて成功したのは『パスレードヌィ・ゲローイ（最後のヒーロー）』であった。『サバイバー』（世界中に広まった視聴者参加の生き残り番組）のロシア版で、屈辱と困難がベースとなる番組だ。

グリゴリーはゆっくりと、何千人ものロシア人と同じように、ロンドンの安全と穏やかさへと、生活の拠点を慎重に移し始めている。彼がモスクワで過ごす時間は毎年どんどん少なくなっている。ロシアから離れると彼は落ち着く。彼には子どもたちがいる。彼はフェイスブックの頁に新たな人生の写真を載せる。アリゾナのトランスフェスティバル、アイスランドの雪の中、スコットランドのハイランドでの写真を。グリゴリーは今、ボディガードをお払い箱にするほど穏やかな気持ちになっている。彼は世界中に掃いて捨てるほどの金を持っているが、ウェスト・ロンドンを縦横に大きな赤い二階建てバスで移動するのが好きだ。

＊

彼らの復活した快楽主義（ヘドニズム）を考慮すると、壮大さとけばけばしさを増すモスクワの夜々（よよ）の目も彩（あや）な変転に、その快楽主義を強いるものがあったのだろうと思われる。「ヘブン」というオリオナが男を引っ掛けるクラブの一つでは「プーチン・パーティー」なるものさえ一度行われている。ストリッパーがポールダンスをしながら、繰り返し歌うのだ。「抱いて、首相閣下……抱いて、首相閣下……抱いて、首相閣下……」（当時、大統領は少しのあいだだけ首相だった。もっとも、その当時も彼こそが実権を掌握していたし、いわば仮装パーティーで首相に扮していただけのことで、実際には大統領だった。メドベージェフとのタンデム体制の頃の話だ）。「プーチン・パーティー」の雰囲気は、封建的なポーズとお茶目でポストモダンな皮肉の混じり合ったものだ。つまり、ご主人様へおべっかを使うのは掛け値なしだ。けれど、自分たちはコーエン兄弟の映画を楽しむような解放された二一世紀の人間ばかりなので――自分たちが仮にご主人様を裏切れば即座に殺されることは承知しつつも――おべっかを使うのはせいぜい皮肉な笑みを浮かべながらということになるのさ。

それだから、フォーブスたちや女の子たちと一緒に装飾過剰なクラブで過ごしている夜ふかしの途中でも、僕は午前二時頃になるとたいがいクラブを出る。コートとマフラー姿で、ミチャ・ボリソフのバーの一つへと黒い氷の上を滑りながらよろめき歩く。僕は何年か前にはポタポフスキー通りの地下にある彼の小さなバーに通い、そのあとはゲルツェン通りの彼のワンルームの部屋に行っていた。そこには僕がもっと華々しいイベントで会ったことのある人たちが大勢いたのかもしれない。数あるボリソフのバーはどれも「前衛的（アンダーグラウンド）」な場所ではないし、特に安くもない。食べ物はまともから酷いの中間で、ビールは温（ぬる）いし、しばしば持ってくるブランドを間違える。ボリソフ自身がいることも珍しくないが、彼は何年間も酔っ払ったままなので、たとえ友情を誓ったことのある間柄の人間が店の中に入って来たときでさえ、彼のむくんで肉の垂れた顔はその人間の向こう側を見つめている。ボリソフは締まり屋なのでエアコンなんぞ取り付けておらず、彼のバーはどれも饐（す）えたようなロシアの煙草の煙でもうもうとしているため、チェーンスモーカーでさえ息がつまる。だというのに、ドアを通り抜けて入った途端にどこよりも楽に呼吸ができるのだ。

ボリソフのバーは、モスクワで唯一破られていない伝統を活用している。ソ連の反体制派（ディシデント）や反体制順応派（ノンコンフォーミスト）の伝統だ。ソヴィエト時代に家庭のキッチンで始まり、それまで一度も「ボリシェヴィキ風に話す」ふりをしたことがなかったため一九九一年以降も改革の必要がなかった伝統だ。キッチンで生まれたその伝統が、ボリソフのバーへと場所を移して続いている。文学の教授であったボリソフの父親は服役したことがあり（彼は午前四時頃になれば、その話をしてくれる）、彼が最初に開いたバーは古いアパートで、各自で酒瓶を持ち寄って自分の詩を読んでいた。今の常連客は六〇代の年配世代からその子どもや孫までに及ぶ。ボリソフのバーにはフェイスコントロール（この言葉自体がロシア起源だ。用心棒がぱっと見て客にするかどうかを選ぶことだ）はないが、韻の踏み方の良し悪しが分からない客に対しては、放り出すぞと脅す可能性はある。

僕は夜っぴいてボリソフのバーをハシゴしてまわる。彼は一つの通りにたくさんの店を出しているので、僕はこの雰囲気から離れなくても済む。「クヴァルチーラ四四号室」という店がある。一九七〇年代の反体制派のアパートのような装飾が施され、自分の両親の家で見かけたような本が置いてある（キッチンで飲んでいた時代に戻るわけだが、今じゃそれを経験するには代価を払わなければならない）。「ジャン＝ジャック」という店のテーマはフランスのビストロで、「ジョン・ダン」のテーマはイギリスのパブだ。だがそれは空虚な模倣というよりは、想像上の国外移住（エミグレーション）という機智に富んだ行為に感じられる。一九二〇年代のパリの白系ロシア人のエミグレがいる場所や、追放された反帝政主義者でいっぱいの一九世紀のロンドンのパブを訪れたりするような感じだ。暗闇と夜明けのはざまには、大統領のロシアからみんな逃げ出したくなるんだ。

もし次の日になってもこんな気分ならば、僕はゲルツェン通りにある巨大な黄色いコンサート・ホールに出かけていって、擦り減った大理石の巨大なホワイエにあるバーで、アルメニアブランデーをたっぷり注文したい。スライスしたレモンを少し添えてだな（新鮮なのをくれって、僕はいつも言い張る）。僕は一階席を避けて、すぐに階段を駆け上がり天井桟敷に座る。僕の周りには青白い熱心な音楽学校（コンセルヴァトワール）の学生たちとオールドミスになりかけの女性たち（たいていは音楽教師だ）がいる。彼女たちの息はブランデーの香りがして、このコンサートが彼女らのためだけに開かれたのだという気分に浸りきっている。席に着いてやっとあたりを見まわした時、僕はどこか違っているなと気づく。そう照明だ。たいていのクラシックコンサート会場では人工照明のみだ。でも、ここゲルツェン通りのホールには巨大なアーチ型の天窓があり、そこから空が見える。見えるのは空だけ。天井なんてものは見えない。タイミングが良くて丁度日が沈み始める頃ならば、ブランデー色に染まっていく空が見えるはずだ。音楽が始まると、僕はいつもコンサート・ホールがなんとなく持ち上がったような気分になる。そして、もし風が吹いていて雲の動きが速ければ、ブランデー・レモン・風・空・音楽が動力となっているツェッペリン飛行船に乗って空を飛んでいるような、ほかでは味わえない気分になれるのだ。

第３幕

さまざまな精神錯乱（ディリリアム）

ルスラナ・コルシュノワが一六歳のおりに将来スーパーモデルになれると目をつけられたとき、みなの注意を引いたのは彼女の目だった。シベリアの血を引いているのを示す目の輝きは、大きくてウルフブルーの色をしていた。まなざしは、ずっと遠くのどこか、雪に覆われた荒野に白い真冬の陽が射しているのを連想させた。その目の持つ力が、わずかな欠点で高められていた。ルスラナの目はどちらも内側のくぼみの底に涙がたまってしまうのだ。そのためにいつでも目に涙がたまって輝いてしまい、いまにも泣きだそうとしているか、あるいは泣きやんだばかりに見えたのだ。喜んで泣くのか悲しみから泣くのかはわからなかったが。複雑な目だった。深みもあれば、淡くもあり、青い目だった。その目とははっきりとした対照をなして、目以外はルスラナの顔はまるで無邪気に見えた。子どもの顔の中に、実年齢より一五歳も年上の、それもモデルというより女優の目があったのだ。

一八歳でルスラナは、ニナ・リッチの売り出す「うっとりさせる魔法の香水」のCMのスターとなった。今でも記憶に残っているかもしれない。おとぎ話を模していた。大きなひだの入った舞踏会のピンクのドレスを着たルスラナが、宮殿の白い部屋に入ってくる。殺風景な部屋にあるのは、ピンクのりんごの形をした香水の罎を除けば葉のついていない悄(しお)れた木が一本だけ。香水の罎は枝の一本からぶら下がっている。その木の前に濃い赤い色をしたりんごの山が築かれている。ルスラナはピンクのりんごの罎を見る。一〇代の娘らしく興奮して息をのむところにカメラがズームインしてゆく。りんごを積み上げた山を上へ上へとてっぺんまで昇ってゆき、手を差し伸べ、欲しかったものを手にする。

二一歳になる二日前にルスラナは死んだ。タブロイド紙、ケーブルＴＶ、高級ファッション誌などどこにも出ていた。「ロシアのスーパーモデル、マンハッタンのダウンタウンの九階にある自宅アパートメントの近くから身を投げて死亡。自殺と思われる。遺書は見つかっていない」。

ルスラナの体が地面に打ち付けられるとすぐに、噂がとびかって収拾がつかなくなった。ドラッグだったのか？　愛情のもつれか？　マフィアの仕業か？　売春婦だったのか？　突然一〇〇〇ものルスラナが立ち現れた――ヤク中、娼婦、振られた恋人。そしてそうした益体（やくたい）もない噂の向こうから、ルスラナの魔法でもかかっているような魅惑的な顔がじっと僕を覗いていた。

僕には「手づる（アクセス）」があった。ドキュメンタリー制作者やＴＶプロデューサーが欲しくてたまらない魔法の言葉だ。僕の友だちの一人が、ルスラナの友人たちや家族と知り合いだったのだ。ルスラナが亡くなってから何ヶ月も、彼らはドキュメンタリー制作者を拒んでいたが、僕だけは例外扱いしてくれた。僕はわくわくしながらＴＮＴに電話した。何もかも備わっているストーリーだったからね。スーパーモデルも自殺もパーティーも出てくるんだから。モスクワ、ニューヨーク、ロンドン、パリが舞台だ。魅力的な話で悲劇的な話だ。制作するようにと言ってもらうのも、それまでになく楽だった。その番組を制作するのに普段より前払いがずっと大きいっておまけもついていた。

「だけどあまり暗いものにしないようにね」とＴＮＴ側は言ってきた。「局じゃ前向きな話を必要としてることを忘れないでよ」。

＊

ルスラナは、マンハッタン島のウォール街の街角で死んだ。言わずと知れた金融地区が、イーストリバーにぶつかるところだ。僕が着いた晩は寒くて湿っていた。日中はオフィスで働いている人間でいっぱいだが、午後六時をまわると、すぐに静まり返ってしまう。葬儀で棺をかつぐのに向いてる黒いスーツを着こんだ会社員が家路を急ぎ、カフェバーももう閉めている。ルスラナのアパートメントはその通りでたった一棟だけの住戸用ビルにあった。変わった形の建物だった。コンクリ造りでアウトラインがふぞろいの一二階建てビルで、各フロアの向いてる角度が多少異なっているのでおかしな格好で組み合わさっているが、通りの角にはぴたりとはまっている。家族で住んでいる者はいないも同然。住んでいるのは、通商だの貿易だのに携わる旅ばかりしている人間やグローバリゼーションの歩兵たちだ。パキスタン人の羊毛貿易商人、マレーシア人の博士課程の院生といったところだね。ルスラナのアパートメントは、ニューヨークに仕事に来ているモデルたちが互いに引き継いで使っていた。

警察によるルスラナの死体検案書には、彼女の借りていたアパートメントの部屋の写真がついていた。一冊の本も、壁に貼った一枚の写真も絵もなかった、ドアはどれも中から閉められていた。バルコニーに通じるドアは開いていた。バルコニーの床には煙草の吸い殻が散らばっていた。彼女はいつもそこで煙草を喫っていた。隣のオフィスビルの建築現場で使っている黒い分厚いネットが、ルスラナの部屋のバルコニーのそちらの側には全面的に張ってあった。バルコニーの床には台所用のナイフが転がっていた。ネットには長い切り目が入っていた。ルスラナがナイフを持ちだして薄く切り裂いたに違いない。バルコニーは道路からは斜めになっていた。よってルスラナがバルコニーから飛び降りられたはずがなかった。どう落ちても下の階のどこかにあたってしまうからだ。建築現場にゆける足場にあった隙間は小さなものだった。しなやかな体をした娘だけが通れるとても狭い隙間だった。警察が到着したときに、警官は誰一人すり抜けることができなかった。

隣の建築現場では、新しい一五階建てのオフィスビルの枠組みはもう建っていた。コンクリートの箱には階段や隔壁はすでにできていたが、正面の壁はなかった。警察による検案書には、ルスラナが誰もいない建築現場でどのくらいのあいだうろうろしていたのかは特定していない。数階上の方で、飛び込み板のように道路に突き出ているフロアがあった。そこから飛び降りたんだろうか？　検案書では飛び降りた場所も特定していない。

通りはルスラナが死んだ日曜にはほとんど人がいなかった。その年でもいちばん暑い日で、頭が痛くなるような真夏のニューヨークだった。週末にはバンカーも寄りつかず、真夏とあっては逃げられる者はみな金融地区から逃げ出してしまう。一二時四五分に道路で作業していた市の職員がドサッという大きな音を聞いていた。「車が人をはねたんだと思ったんだけどね。振り向いたら、道の真ん中に若い娘が横たわっていたのさ」。そう彼は警察に述べている。ルスラナは、ビルから八・五メートル離れていた境界線のところに横たわっていた――八・五メートルもだ。スーパーモデルは踏み外して落ちたんじゃなかった。助走をつけて空中に飛び出したのだ。

死ぬ前の晩に、ルスラナは、シャネルのモデルのヴラダ・ロスリャコヴァと一緒にいた。幸いにもニューヨークでヴラダをつかまえられた――またアジアのどこかに飛ぶところだった。こうした娘たちは紙面にあるイメージとは似ても似つかない。情緒不安定で、どこに焦点を合わせていいのかよくわかっていないように放心状態だ。彼女らがきりっとするのは、仕事でポーズを決めるときだけじゃないかと思える。それまでは奇妙なほどどっちつかずだ。もっとも、ヴラダの顔は完璧に均整がとれている。それに、彼女はインタビューのあいだじゅう、カメラのフレームの真ん中にいる。

「あたしたちはマンハッタンのお気に入りのビストロでディナーをとったわ。彼女が数日じゅうにたぶんパリに来るって計画も立てていたし。その晩遅くにあたしは撮影のためにパリに飛んだの。彼女は、ちゃんとパリに着いたかと気づかって、あたしがパリに着陸したときにメールをくれたわ。ニューヨークでは朝だったはずよ。それから数時間後……数時間後にあたしはネットで彼女が亡くなったって知ったのよ」

「いつもと違う点に気づかなかったかな？」

「なかったわねえ。でも彼女は去年はほとんどモスクワにいたから。最近はそんなに会ってなかったのよ」

「何かで動揺していたってことは？」

「ないわね」

「ラリっていたとか？」

「まさか！」

「あなたはどうして彼女が自殺したとお思いですか？」

「彼女が自殺したなんて信じるのは……いやね……できないわ……信じませんとも」

ヴラダはルスラナを「優しい」「正直」「知的」と表現する。「子どもみたいにね」。この言葉を彼女は繰り返す――「子どもみたいにね」。僕の後ろには、インタビューのあいだじゅう、ずっとルスラナの母親が控えている。ヴラダが話すのを承諾したのはルスラナの母親が頼んでくれたからだったし、ヴラダが知ってることを何もかも話しているのかどうかはなんとも言えない。僕の耳にも、僕らの会話のあいだじゅう母親が涙をこらえようとして苦しそうにあえいでいるのが聞こえる。母親がインタビューをする番になるとほんの

二、三ヴラダに質問しただけで、泣くために部屋から駆け出していってしまう。母親はこう言う。「絶対にあの子を行かしちゃいけなかったのよ。絶対によ。あの子は子どもだった。こんな世界に向いてなかったのよ」。

母親はルスラナと同じ目、まるで同じ目をしている。だから、母親と話していると、なんとなくルスラナがそこにいるような感じがする。母親が小さな早口でしゃべると、ほんとうに聞き取りづらくなる。

バレンチナはメディア、テレビ、ジャーナリストを憎んでいる——娘のルスラナの物語を勝手に入手しては語ろうとした輩どもだったからだ。

「どうしてあの連中は寄ってたかって娘がヤク中だったとか娼婦だったとか言うの？　よくもできたものだわ。その人間をぜんぜん知らないのに誰かのことを取り上げちゃ何だかだと言うなんてどうしてできるの？あの連中にどんな資格があるっていうの？」

僕はバレンチナに、僕はそんなことはしませんからと告げる。ルスラナの臓器と血液のサンプルは、ニューヨーク検死官事務所の地下保管所に残してある。バレンチナの許可を得て、僕はドラッグの大量摂取の痕跡があるかどうか、血液サンプルを完全に検査してみるために送る。バレンチナは、娘の意識を失わせるために投与された可能性のあるルフィノールやクロロフォルムなどの薬品も検査すべきだ、とも主張する。「ルスラナは自殺したりしはしないわ」とバレンチナもヴラダも二人とも言い張る。「あの子はそんなタイプじゃないのよ」。

＊

ルスラナはカザフスタンのアルマトイで育った。一家はロシア人であった。父親は赤軍将校であり、カザフスタンはソ連崩壊前に彼が駐在していたたまたま最後の場所というだけだった。崩壊後は自分で事業を始めた。

「あたしたちは富裕でした。初めてほんとうに富裕になった家族のうちの一つでした」と、僕らがニューヨークの街中を歩いていたときにバレンチナは言った。「でも夫は殺されてしまって」。

そのときルスラナはまだやっと五歳だった。弟はルスランだった。ルスランとルスラナ。「二人に同じ名前をつけたのですか？」

「ええ……きれいな名ですもの。そう思いません？」

バレンチナは職を探してまわった。戸別訪問のセールスの仕事を見つけた。アメリカの化粧品会社がちょうどカザフスタンで販路を拡張しているところだった。会社の売り上げは、西側では下り坂だったが、東側では上昇していた。バレンチナは登録してみた。実演販売のマネキンになる訓練コースを受講した。自分自身が信じこんでいるかぎり、あなた方は誰にでもどんなものでも売りつけられるのよ、そうインストラクターは教えた。彼女はセールスに成功する「秘伝」を伝授された。初めて顧客とおしゃべりをするときには三度「イエス」と言わせることよ――顧客は天候について同意しただけかもしれないけど、そんな風にすれば口紅とかアンチエイジング・クリームとかを持ち出しても「イエス」と言わせることができるわ。旧ソ連領ではそうした会社はとてつもなく成功を収めていた――お金が儲かるという約束、秘訣、西側の美しさが一括して提供されていたのだから（罠は、セールスパーソンが実際には騙されていたことだった。化粧品を大量に購入したうえで、それらが売れるかどうかやってみなければならないシステムだった。自分たちはセールスパーソンだと思っていたけど、現実は「お顧客さん」だったのだ）。

「わたしはとても腕のよい一人だったのよ」とバレンチナは僕に語るが、僕はそこに会社が訓練で植えつけたプライドを嗅ぎ取る。「わたしは昇進して中間管理職にまでなったのよ」。

バレンチナはルスラナを、アルマタイでは最良と見なされていたドイツ語学校に入れた。名門校に通ったのだ。ルスラナは歯列矯正をしたし、良い点をとったし、ドイツにある大学への進学準備をしていた。膝まで届く長い髪をしていた。

「とってもきれいな髪でね」とバレンチナは思い返して言う。「洗髪にはいつでもわたしが手を貸してやらなきゃならなかった。一五歳になるまで、あの子は一人で髪の毛を洗ったことがなかったのよ」。

モデル業のスカウトから電話がかかってきたときには、バレンチナは一笑に付したものだった。モデル業は母子の考えているようなことではなかった。売春を仄めかすところがあった。いずれにせよルスラナは大学に進むのだ。けれどスカウトは電話をかけてくるのをやめなかった。スカウトの女性は説明した。イギリスやアメリカにおいてさえも、モデル業は大学の学費を稼ぐいちばん良い手段よ。ルスラナはまっすぐに西側にゆくのだし、モスクワに引き留められることはないのよ。彼女らの思惑では四大ファッション・ウィークの一つのロンドン・ファッション・ウィークでデビューさせるつもりだった。

「ロンドンですって。とうとうロンドンの町を見られるのよ!」行きたいとせがんだとき、ルスラナは母親にそう言ったのだ。

*

そのスカウトの名前はタチヤナ・チェレドニコヴァである。僕はモスクワで彼女を見つける。空港へ向かう途中だというので車のバックシートで話をする。僕はデザイナードレスを着こんでハイヒールをはいた女性を想像していたが、タチヤナはまるで正反対である。トナカイの柄のフリースを着てスノウブーツを履いている。僕らはクリスマスキャロルのCDをプレイヤーで聴く。西側でのクリスマスの日が近づいている（ロシアの日付では一月になる）。タチヤナはヨーロッパやアメリカを旅行しているあいだに、プロテスタントに改宗していた。

「プロテスタンティズムは勤勉と正直さに尽きるわね」と彼女は新しい信仰について僕に語る。

僕はルスラナについて尋ねる。

「もちろんやましい思いはあるわね。ほら母親と一緒にいて幸福で大学進学の準備をしていて――そこでわたしが突然現れてこう言う。「はーい、モデル業界にいらっしゃい、こちらはとても素敵なところよ」ってね……。そうしたらあんな風に終わっちゃって……。でもわたしは彼女にとって大学の学費を稼ぐには良い方法だろうと本気で思っていたしね。たくさんの娘さんにとってそうなのよ。チャンスなのよ」。

タチヤナは率直にそのように語る――二枚舌なんてことは彼女の場合はない。僕はどうやってルスラナを見つけたのか尋ねてみる。

タチヤナは生活の半分を出張に費やしている。彼女の人生は、頬骨、脚、尻、唇のオンパレードでそれも尽きることがない。年に一〇〇〇人の娘に会う。たぶんそのうちの三人が頂点に上り詰める。旧ソ連領がタチヤナの担当区域だ。冷戦時代には、この国を知り、この国を調査し、細部までことごとくを――それこそ高層建築の立ち並ぶどの区画も、どんなぬかるみ道も、どんな工場も――把握していたのはスパイだった。今ではそれがモデル業のスカウトに代わった。ヴォロネジ（ロシア）、カラガンダやアルマトイ（これらはカザフスタン）、ロストフ（ロシア）、ミンスク（ベラルーシ）といった都市は、美人の、汲み上げて磨き立てねばならない天然のままの娘たちの、豊富な源泉である。こうした場所を聞いたことがない方も多かろう。タチヤナはそうした町を隅から隅まで知っている。かつてソ連は世界の大陸の二〇パーセントを占めていた。現在旧ソ連の国々は、世界のオイルの一五パーセントを産出している。けれど、パリやミラノのファッションショーでキャットウォークを歩いているモデルは、五〇パーセント以上が旧ソ連領の出身なのだ！

二〇〇四年にタチヤナはカザフスタンに出かけた。ミス・アルマトイの審査委員だったのだ。地元のビジネスマンたちが彼女を招聘した。彼らは、タチヤナに、おおかた彼らの愛人だったが、娘たちの中から一人を選んでパリへと連れていって欲しかったのだ。けれども、娘たちは胸と尻が大きかった。オリガルヒが鼻の下を伸ばすタイプだ。パリやミラノの要求に合うところはどこもなかった。タチヤナはアルマトイにいるあいだにどこのエージェンシーにも顔を出してみた。誰一人として際だっている娘はいなかった。失望させられる旅だった。

タチヤナは帰りのフライトに乗っていた。思っていたより早くペーパーバックを読み終えたので、機内誌をぺらぺらとめくってみた。

そこでめくる指がとまった。ウィスキーの宣伝とカザフの植物についての記事のあいだに、少女の写真が載っていた。素晴らしかった。その写真は曖昧なテイストのものだった。モデル体型の痩せた少女がどこかの部族の服を肌を露出するように着こんで、プラスチックの木でできたジャングルのなかで、ロリータと（『ジャングルブック』の）モウグリーを足して二で割ったようなポーズをとっていた。だが少女自身は、これはもう素晴らしかった。彼女の青い目のじっと見つめる視線はどこまでも届きそうだった。あまりにも力強く深みがあったので、何もかもが――タチヤナも飛行機も雲も――その青い目の中にとらえられてしまいそうだった。何もかもが、この幼いと言ってよい娘のじっと見つめる視線の中に漂っている、小さくて安っぽいものになってしまったのだ。

タチヤナは飛行機が着陸すると、モスクワのキャスティングエージェンシーの同僚に即座に電話を入れた。

「その娘を見つけたのよ」と彼女は告げた。「その娘を見つけたのよ！」

だけど、ルスラナはモデルではなかった。彼女の名を聞いたことのあるエージェンシーは一つもなかった。結局彼女らはその写真を見つけた。ルスラナはその雑誌の編集長の娘と友だちだったのである。二人はアマゾン川についての記事のために、面白がって何枚も写真を撮ったのだ。タチヤナがそれらの写真を見つけたのは、神秘的と言える幸運のおかげだった。おとぎ話のようだった。

「彼女はただちにロンドンのエージェンシーの一つに雇われてね。ロンドン、パリ、ミラノでショーに出たわ。休日だけ、学業の合間を縫ってね。あとになってモデル専任となると、電話でありがとうと言ってきたわよ。モデルの子からありがとうなんて聞くのはまれなことよ。ルスラナは違っていたのね」

「どうして自殺したんだと思われますか？」

「彼女はわたしの知っているなかでいちばん情緒的に安定しているモデルだったわ。いちばんバランスがとれていたわね。教育もいちばん高かったしね。まるで理解に苦しむわ」

車の渋滞が始まっていたが、僕らは辛うじてタチヤナのフライトに間に合いそうだ。彼女は出発ゲートへと駆けていく。

行く前にタチヤナは振り返ってこう言う。「もしルスラナのお母様に会うなら、よろしく伝えてね。私が毎日ルスラナのことを思い出しているって言ってね。それからあなたがたがわたしを見つけなきゃならないなら、わたしは日曜はほとんど教会に出かけてるわよ」。

＊

僕はルスラナの初のロンドン行きのビデオを見つける。旧ソ連領から初めて外へ出たのだ。大荒れの天候のロンドンの一日にティーンエイジャー、いやいやまだ子どものルスラナが、タワーブリッジの写真を撮っていたり、歯を見せて間抜けな笑顔を見せていたり、大口を開けて笑っていたり、歯列矯正をやっている最中なので笑いながらも歯列矯正器を隠そうとしていたりする。それから彼女はパーカーを脱いでそれを投げ出す。するとたっぷりした金髪の膝まである髪の毛が見える。モデル業界では彼女のニックネームは「ロシアのラプンツェル（髪長姫）」である。

マーシャはルスラナがヨーロッパに来て間もない時期には親友だった。僕らはモスクワ・ファッション・ウィークのあいだに会った。ショーの舞台裏を抜けてゆくと、モデルの娘たちがいかに幼く見えるかにびっくりする。ニンフェット（九歳から一四歳の抗いがたい性的魅力を持つ女の子）めいてるどころか、思春期前の少年のように骨と皮なのだ。

マーシャは二〇代だったが、まだ一五歳にしか見えなかった。バンビのような茶色の目をしていた。彼女がロンドンでルスラナに会ったのは、ルスラナの一七歳の誕生日のことだった。ルスラナがモデル業を始めた最初のシーズンだった。

「ルスラナの髪を誰が洗っていたんですか？」僕は話の糸口に尋ねてみた。

「わたしたちはアパートで交代に洗いっこしたのよ。初めて会ったときには、ルスラナが自分の娘のように感じたわ。とってもあどけない感じでね」

二人は、ロンドン、パリ、ミラノで、六分割したフラットを下宿としてシェアする間柄だった。二人にとって、オーディションが続く時代だった。身体はスリーサイズ（三二インチ、二三インチ、三三インチ）に収まらねばならず、緊張した娘たちは何としても選ばれたいとお互いの体つきを――脚とヒップと胸とを――じろじろ眺め合った。何であれ選ばれないのは、おまえの身体つきが、ひいてはおまえがだめなんだという非難だった。僕らはモデルは理想体型だと思うけど、彼女らの頭にあるのは、自分たちはまだまだ完璧にはあてはまってないという思いだけなのだ。

「ルスラナはよく泣いていたわ。彼女は選ばれないことを、自分がいけないからだと思うのね。でもそのあとで冷静さを取り戻してたわ。慰みに詩を書いてたわ」

詩のいくつかは今でもネットに残っている。

イバラでうめくよりも
イバラのあいだに一輪のバラが育っていることがあたしは嬉しい

しょっちゅう彼女らは空腹にさいなまれた。エージェンシーは食費としてはとてもわずかしか支給しなかった。あっという間（ま）につかってしまう。

「パリとミラノではこんなディナーがよくあったわ。お金持ちの殿方がやってきてお金を払ってくれるの。わたしたちはただで仲間入りできたのよ。ルスラナもわたしも、よく出かけたものよ。だってわたしたちが食事にありつく唯一のチャンスだったのよ」

「それから？」

「殿方たちは、わたしたちと「親密」だったなんて言えないわよ。たくさんの娘たちには、モデル業をするのはお金持ちに出会えるチャンスに過ぎないけどね。殿方が誰かと寝るのに一生懸命にならなきゃいけないというわけじゃなかったわね。そんな馬鹿げたことがいくらもわたしたちのまわりにはあったわね」

水道もないところで育った「それどこにあるの？」ってところの出身の娘たちには、興奮してしまって、シャンパン、コカイン、セックスといったどんちゃん騒ぎにふけるのもいたけど、ルスラナに限ってはね。「わたしたちは奥手だったのね」とマーシャは言う。「早寝をしちゃうタイプね」。

ルスラナの成功はすぐにやってきた。一年経つと『オフィシエル』誌で初めてのヒットを飛ばした。長い髪を紡いで海藻のようにゆらめく首飾りにしてから、それを身体に巻きつかせた。彼女の顔は子ども時代から女への一線を越えるように変わるところだった。といってもロリータめいてはおらず、民話に出てきそうなイメージだった。そしてまた例のじっと見つめる視線——タイガ、バイカル湖、雪の荒野を思い出させる視線だった。

それから、ルスラナをつかまえ、彼女の人生を変えたあの広告、ニナ・リッチがやってきた。魔法の木、ピンクのりんご……そしてスターダム。その広告はルスラナをジェット族(セット)へと一気に押し上げた。投資銀行ベアー・スターンズのトップのジェリー・エプスタインはティーンエイジャーの娘への性的嗜好で名高かった(後に性的同意年齢未満を相手の強姦で投獄された)が、自分の持つカリブ海の島へとルスラナをジェットで連れていった。このロシアの新しいメガリッチは、この新しいロシアのスーパーモデルと一緒にいるところを見られることに、とりわけてご執心だった。彼女はモスクワで過ごす時間がどんどん増えてゆき、クラブというクラブのVIPルームに顔を出すようになった。そう、すべてのゴールドディッガーや熱烈なファン(ワナビー)にとっての「夢の暮らし」だった。ルスラナは実際にそんな暮らしを生きていたのだ。彼女が恋に落ちたのも、いちばん寛げるのもモスクワだった。ルスラナの出世はモスクワの勃興と軌を一にしていたのだ。

ルスラナがアレクサンダーと出会ったのもクラブでだった(ニューヨークのクラブでだったかモスクワのクラブでだったか誰も覚えていないが)。彼はその場にいたロシアの大立て者(タイクーン)のなかでもハンサムだったし、ルスラナは天にものぼる思いで恋に落ちた。

元ミス・チェリャビンスクだったリューバは、この情事のあいだのルスラナのことを知っていた。リューバのモスクワのマンションは、かわいらしいクマの人形のコレクションでいっぱいだ。小さなパグが、僕らの対話のあいだじゅうやかましく吠えている。「あたしって子どもの頃おもちゃを持ってなかったのよ。それで今埋め合わせをしているのね。クマちゃんだけで二〇〇〇以上いるわ。どこの町に行っても新しいのを買いこんで来ちゃうのよね」。

リューバはアレクサンダーについて僕に話してくれる。

「彼はそう若くはなかったけど、ゴージャスだったわ。娘たちは足下にひれ伏すのよ。あたしの友だちでもたくさん彼とつきあったわね。みんな申し分のない娘だったけどね」

ルスラナの友人たち、そうリューバのような経験を積んだモデルたちは、彼女に恋愛感情を持ってはだめよと警告した。だけどルスラナはこの恋はほんものだと確信していた。結婚し、子どもを産んで、堅実な家庭をつくりたがっていたのだ。

「そこがルスラナの問題だったのよ。あの子には子どもじみたところがあったわ。彼女は信じこんでいたのよ。それに彼が年配だったのも気に入っていたのね。父親がいなくて寂しかったのよ」

ルスラナは友人たちに、アレクサンダーは自分と結婚したがっていると告げた。彼を自分の母親に紹介した。一緒に住んでみた。

アレクサンダーがルスラナを振ったときに、彼女は返事欲しさにメールを送り続けた。食事も喉を通らず、眠ることもできず、体重が減ってしまった。彼女は友人たちに、なんとか気持ちを元に戻すようにアレクサンダーを説得して欲しいの、とさんざん頼んだ。彼女のフェイスブックのページは、報われない愛を綴った詩でいっぱいになった。

わたしは愛を与えたし、傷ついたことは許したわ、
奇跡を見越して苦しみは胸のうちに隠したの。
あなたはまた去っていった、その代わりに
ピンクの夢のお城と壊れた城壁を残してね。

あるいは、

愛しいひと、黙っていないで、お願いだから。
わたしの魂はあなたを焦がれているというのに。
止まってちょうだい。振り返ってちょうだい。
愛しいわたしのちっちゃな太陽。
あなたがいなければ、息－も－で－き－な－い。

ついにはアレクサンダーのアシスタントが、ルスラナにこれ以上彼を悩まさないようにと告げた。そしてアレクサンダーがルスラナを振ったのと同じく突然に、彼女のキャリアも失速してしまった。お呼びもかからなくなった。

「彼女には理解ができなかったのね」とリューバは言う。「突然、その他多数になってしまったのよ。あの子誰なのってね」。

ルスラナはその前の数ヶ月間仕事を求めてニューヨークに戻った。ニューヨークにはロシア人の豪華車ディーラー、新しいボーイフレンドのマークがいた。もっとも、ディーラーとしてより、モデルを総ざらいしてパーティーを開くことで知られていた。

「あたしはマークがこれまで情事の相手にしてこなかったたった一人の娘かもね」とリューバは言う。ルスラナはまた別のプレイボーイにひっかかったが、今回はずっと情けない相手だった。「そこがルスラナのいけないところよ」とリューバは繰り返す。「あの子は相手を信じこんでしまうのよ」。

＊

エレーナ・オブホヴァも昔はモデルだった。今では心理学者だ。「この娘たちを見てよ。みんな途方に暮れてるのよ。モスクワにはいっぱいいるわ。わたしはたくさんのクライアントを持つわけ。だって、とても特殊な生き方ですもの。わたしなら普通の分析医よりも彼女らのことをよりよく理解できるわ」。

エレーナ自身も、ウズベキスタンのタシュケントの街中でたまたま見いだされた。カザフスタンのルスラナ同様、エレーナもソ連崩壊後に取り残されたブロンドの民族ロシア人の娘の一人だった。僕らは春のモスクワを抜けて歩いていったが、男という男が僕の隣の巨大なブロンド女性を眺めまわした。

インタビューを撮影する段になると、彼女はそれまで僕がインタビューしてきた若い娘たちとはまるで違っていた。エレーナは自分について語る言葉を持っているし、単語を探してなんとなくそこらに目をやるのでなく、カメラを凝視している。

「わたしは一五歳でした。キッチンのドアで聞き耳を立てていたのを思い出すわね。スカウトが両親にわたしをミラノにやるように説き伏せていたの。わたしには、そこらを歩いている娘と変わらないわたしをスカウトの男性がなぜ選んだのかわからなかったわ。わたしは自分が背が高すぎて醜いって思っていたし、学校じゃ誰もがわたしをからかっていたものよ。わたしはそのときドアで聞き耳を立てながら、両親がイエスと言うのを必死に祈っていたわ。イタリア！　イタリアはおろか、モスクワにも出かけたことがなかったのよ。そしたらわたしの哀れな父は何が起きているのかわからなかったのね。モデルとファッションデザイナーが同じものだと考えてしまったの」

エレーナの両親は、学校を卒業してからならと言って、最終的に彼女の好きにさせた。彼女は一六歳だったが、ミラノに着いたときには一七歳になっていた。

「ああ、わたしはとっても混乱していたわね。みんなは、優しいくせに同時にたちが悪いのよ。つまりね、語り口は優しいけど言っているのはたちの悪いことなの。わたしはみんながわたしに魅せられるだろう、映画スターみたいになるだろうって思っていたわけね。だけど、その逆だったわ。モデルの人となりなんてものに誰も関心を持たないの。ただの写真になってしまうのよ。辛いことだったわ。大人になってゆくときに、わたしは自分について語ったり、ジェスチャーまじりで話したり、叫んだり、笑ったりすることに慣れてしまっていたんだもの。モデル業をしていて最初に学ばなければならないのは、仮面をつけること、自然にポーズをとって口をふくらませたり笑ったりという一連の仕草をとることね。そうしてると、それと気がつく前に、普通に話したり、自然に笑ったりすることができなくなってしまうのよ。だけど、一六歳、一七歳、一八歳なら、自分のうちの何もかもが今にも爆発しそうになるわ。でも、モデルという職業はそれをおさえることに尽きるわね」

「それに男たちですか？」

「ええ男たち。連中が集まってくるわね。モデルは賞品なのね――でも彼らは写真のなかの娘と寝るわけでその娘と寝るわけじゃない。そうするとその娘は、自分自身ではいられず、自分のイメージとなってしまうんだし、いっそう途方に暮れるのよ。そのうえ、モデルを自分に夢中にさせることに生活のすべてを傾けているような、きわめてよく見るタイプの男たちにも巡り会うしね。彼らは、内面の苦悶を演じてモデルたちを次から次へとおだててロマンス気分にさせる、似非ロマンチストね。そうすることで、間違いなくちょっとばかり自尊心をかき立てられてるのよ。で、車とプライベートジェットと花とが揃うと、まるで完璧に思えて、モデルの側はほんものと思ってしまうのね。それで現実にぶつかるとぼろぼろになっちゃうのよ。自分が何者か、何がほんもので何がにせものかなんてことがわからないほど混乱してくるところまでゆく。そうするとこれは奇妙に思えるのはわかっているけど、自分がもう一度ほんものになれる唯一の方法は自殺することだと感じ出すのね。わたしのしたのは首吊りだったわ。窓敷居に立って飛び降りたのよ。紐が切れたに違いない。わたしは何時間も経ってから意識を回復したのね。首を吊った跡がついていたけど生きていたわ。わたしはただ恥ずかしかった。とても恥ずかしかったわ」

けれども、僕が恋愛とキャリアがルスラナの自殺の触媒になったのではないかという考えを持ち出すと、彼女の友人たちも母親も全員が僕の方を見て異口同音に言うのだ。

「ルスラナは違うわ！」

「彼女はそんな風じゃなかったわ！」

「男のために自殺するなんて絶対にしない子だったわ！」

「彼女は大学に進学したがっていた、モデル業が終わるかどうかなんて気にしてなかったわ。そんなことは彼女にはまるで大切じゃなかったのよ！」

アメリカに戻ると、送っておいたドラッグの試験結果が戻っていた。ルスラナは最後の数ヶ月間に違法なドラッグを使用していた形跡はなかった。けれども、彼女の意識を失わせたかもしれない麻酔薬の類を飲まされていたわけでもなかった。

ただ、ルスラナの家族と友人たちが警察の死体検案書を精査するほど、首をひねることが多くなってゆく。どうして警察は、ルスラナが飛び降りたその建築中のビルのなかには立ち入らなかったのか？　どうして警察は、彼女が跳んだ実際の場所を特定しなかったのだろうか？　いったい彼女が八メートル半も跳べたなんてことがありうるだろうか？　どうやって？　ルスラナはひっきりなしに書いていた――なのになぜ遺書がないのか？　彼女は友人たちに、古い契約で取りはぐれがあると仄めかしていた。そうしたことの一つが何らかの軋轢を生じさせていたのだろうか？

僕は、ルスラナの母親が証拠をいまいちど精査するために検死解剖の専門家を見つけるのに力を貸す。その専門家はルスラナの臓器の標本を求めてくる。組織検査をすれば、彼女の臓器が地面に叩きつけられる前に停止していたかどうかが示されるはずだ。解決の新しい手がかりを得られるかどうか知るために、彼は標本の病理学的な検査を再度行うことだろう。

＊

数ヶ月が経つ。僕は一本の電話を受ける。もう一人のモデルが自殺した。今度はウクライナのキエフでだった。アナスタシア・ドロズドワという名のルスラナの友だちだった。彼女もまた、高層マンション地区で身を投げたのだ。

リューバはどちらの娘もよく知っていた。彼女はファッションショーの舞台裏で立て続けに煙草を喫いながら、唇を噛む。「初めはルスラナ、今度はアナスタシア。いったい次のあたしの友だちは誰なのかしらね？」

僕はＴＮＴに電話する。「また自殺者が出ましたよ。両親に会いに出かけるところです」。ＴＮＴのプロデューサーたちは用心深い。「自殺二件というのはちょっとばかりわたしたちには気のめいる話ね。わたしたちには前向きな話が必要なのよ。それを忘れないようにしてね」。

僕はキエフのカフェで二番目の自殺者の母親のオルガと座っている。痩せ型で、昔はバレリーナだった。ウェイトレスが注文をとりにくるが、つらいやりとりになる。娘を亡くしたばかりだというのに、クリームたっぷりにするかどうか答えなきゃいけないなんて。

「わたしは遅く帰ったのよ。娘はいなかった。遺書があったわ。「何もかも許してね。わたしのことは火葬にして」ってね。わたしは警察署まで走ったわ。一人の警官が不用意にこう言ったのよ。「あんたは、高層マンション地区で身投げした娘の母親かな？」わたし、どう言ったらいいかわからなくてね。トレーナーの入ったバッグを見せられた。娘のだったわ。だからもう疑うこともできなくなったの」

母親のアパートに戻ると、子ども時代のアナスタシアのホームビデオを観せてくれる。アパートは一九六〇年代のありふれたパネルブロックの造りだったが、内部は新しい床とヨーロッパ風のオープンキッチンできれいに改装されていた。アナスタシアが母親へのプレゼントとして費用を払ってくれたのだ。アナスタシアが成長している時分には、地元のバレエ団にバレリーナが住まわされていた寮で、母子（おやこ）は二段ベッドに寝ていた。父親はアナスタシアが幼い頃に出ていってしまった。母親はアナスタシアをバレエスクールに送った。

「そうすれば、少なくとも娘は、いざというときに頼みにできる職業を一つは持つことになるから」とオルガは言う。「ソ連時代は、バレリーナは堅実な仕事だったのよ。今じゃそれほどじゃないけど」。

ホームビデオは、一四歳の時のアナスタシアがバレエの練習をしているところを見せている。彼女は他の誰よりものっぽだし、ぶきっちょで、つま先転回のあいだによろける。オルガは娘がミスをするたびにたじろぐ。オルガ自身は小柄で、動きはどれも軽やかで正確だ。

「娘の身の動きはちょっとてんでんばらばらでね。ダンサーになるには背が高すぎるし、ひょろっとしてぃすぎね。娘は先生たちに小言ばかり言われていたけど、ずっと屈辱の連続だったのね。だけど誰もが娘にモデル業に進むべきだと言ったものよ。そこでは娘がのっぽで痩せてるのも理想的ってことになるわ。あの子もさんざん言ったものよ。「やらせて、やらせて」ってね。わたしは娘が卒業するまで待たせた。そのあとは引き留めたりはできなかったわ」

モスクワでは、アナスタシアはエリート・モデル・ルック競技会のトップ5に入った。バレエの訓練を受けていたことが、理想的なポーズと動き方をもたらしていた。彼女はチュニスの全欧トーナメントに連れていかれ、トップ15にランクされた。

チュニスからの飛行機を降りるアナスタシアを見たとき、オルガは悟った。ここまでだわね、娘は今じゃ別人だわ、と。「あの子は新しい世界を見て帰ってきたのよ。クルーザー、高級車、富——わたしが与えてやれなかったものね。親より稼ぐようになる子どもに何が言える？　わたしがあの子に教えられるものがあったかしら？」

最初の数年は、アナスタシアはヨーロッパの土産話をたくさん持ち帰った。どんな人々に会ったのか、どんなパーティーに出かけたのか、何もかもを夢中になって話した。アナスタシアは、モスクワを拠点にしようと決めた。すると、少しずつ変わっていった。

「あの子は、前より——なんて言ったらいいのか——物質主義的になり始めたの」とオルガは言う。

オルガの友人たちの言い方はもっと手厳しい。

「必要なのは、お金と最高な車を持っていて、わたしに家とヴァケーションとを保証できる、そんな男性なのよ」、そんな風な話し方をし始めたんだな」と語るルドルフは、ウクライナの走り高跳びの元チャンピオンで、オリンピックでは銅メダルをとった。彼はオルガとデートしていたことがあった。「あの子が求めるものはとても具体的だった。だけど、ある意味じゃ理解できたよ。モデルはスポーツマンのようなものだ。若いうちにすべてをつかまなきゃならない」。

アナスタシアはモスクワ流のゲームをしようとしていた。億万長者の街のルブレフカの気の利いた場所に住まわせると約束した裕福な既婚男性たちと情事を重ね、友人たちには「成功間違いなしよ」と言っていた。好んで口にするフレーズは「わたしはモスクワにしがみつくのよ！」だった。

けれど、そもそもアナスタシアはそのゲームをするのがまるで不得手だった。何度となく恋に落ちたし、男性の注意を一身に引きつけたいと望むのに、先天的なものだろうが、モスクワ流のゲームのでないルールに基づく関係ばかり結んでしまう。だから、いつでも当惑し、傷つくはめになった。彼女の場合は既婚男性との関係は必ず破綻する。いっときどこかのペントハウスに住まわせてもらっても、気づけばそこを出て、友だちのところに転がりこんだり、狭いフラットを他の娘たちとシェアしたりしていた。モデルとしてのキャリアは足踏み状態だった。大失敗というわけではなかったが、カバーガールになることもなかった。亡くなった年齢の二四歳になる頃には、モデルとしてのキャリアが終わろうとしていることに気づいていた。

人生最後の年、アナスタシアの言動は根底から変わりはじめた。やたらと攻撃的になり、亡くなる前の春、最後にミラノに行ったときには、出番をすっぽかし、他の娘たちとは喧嘩になった。彼女の振る舞いのことでイタリアのパートナーから苦情の電話が何度も入ったが、エージェントにはそれがどうにも解せなかった。

以前のアナスタシアはつねにプロとして振る舞っていたからだ。

最後の夏、家に戻ったときには見る影もなくなっていた。がりがりに痩せ、ヒップはたったの八二センチ。頭を垂れて黙りこくり、何か恐ろしい秘密を知りながらも誰にも打ち明けられずにいる、とそんな風に見えた。かつてのアナスタシアはいつもパーティーの花形で、どんな場でも明るく盛りあげた。レストランでもあまりに大きな声で笑うので、他のテーブルの人々が振り返り、目を見張るほどだった。それが今では自分の部屋から出ようとしない。四〇度の熱気のなか、羽ぶとんをかぶり、あぐらをかいて座っていた。胃が差しこむと不満をもらし、電話は切っていた。丸一週間、髪を洗わなかった。新しい仕事のための面接があっても、何を着るかを決められず、取り乱して泣き崩れるありさまだった。フラットを歩きまわり、体を揺らして、「逃げ道がないのよ」とくり返した。

「あれはあの子じゃなかった。人が違っていたわ」とオルガは言う。「いつもはわたしに近況を話してくれていたのに、あのときは黙りこんでいたの」。

アナスタシアの死後、母は娘の部屋を調べた。主のいない部屋に入るのは奇妙な感じがしたし、いったい何を探しているのか、自分でもよくわかっていなかったけれど――日記、手がかり、なんでもよかったのだ。そして、たまたま一冊のフォルダーを見つけた。そのとき初めて見るものだった。そこには大学の卒業証書のような「修了証書」が二枚おさめられていた。オルガはそれを発行した組織の名前に目をとめた。「ザ・ローズ・オブ・ザ・ワールド」。ザ・ローズ・オブ・ザ・ワールド？　なんなの、その名前は？

二枚のうちの一枚は基礎コース、もう一枚は上級コースの修了証だった。アナスタシアが書きこみをしている紙も見つかった――外見も中身も自分をすっかり変えなければならない、違う人間にならなければならない、と書いてある。そして彼女の性格でも最悪のものがリストアップされている頁が、そこいらじゅうに見つかった。曰く、怠惰、目標が持てないこと、ドラッグ、まちがった男ばかり選んでしまうこと。アナスタシア宛てのメモがしたためられた葉書もあった。

「あなたが何者であるかを理解したときこそ、まわりの誰もが反対をまるで口にすることなくあなたを認める。アナスタシア、あなたは道の半ばにいる。あなたの子守唄は『冬の終わり』」

「道の半ばにいる」とはどういう意味で記したのか？

そこでようやくオルガは、ザ・ローズ・オブ・ザ・ワールドのことを思い出した。そういえば、一年半前、アナスタシアはモスクワで「心理学トレーニング」とやらに参加するようになったと言っていた。

そこでどんなことが行われるのか、とオルガは尋ねたが、アナスタシアの答えはあいまいだった――子ども時代の経験を思いだすといったようなことだった。秘密を何でも吐きだすとかね。「ザ・ローズ」で行われることは誰にも話さないと約束する契約書に署名したのだ、とアナスタシアは説明した。だけど、そこの基礎や上級のコースを受ければ自分は変われるし完璧になれる、コースに合格できればそれこそなんでもできるようになる、ともオルガに説明した。

オルガは娘を諭した。おまえは健康な若い娘で、自分を完璧にする必要などない、やめなさいな、と。

当時、オルガは「ザ・ローズ・オブ・ザ・ワールド」をなんとも思っていなかったが、今ではもっと知りたいと望んでいた。だから、葬儀が終わると、アナスタシアの友だちを脇に連れ出し、何か知っているかどうかを尋ねた。

その友人たちはオルガに尋ねた。アナスタシアが「ザ・ローズ・オブ・ザ・ワールド」でさらに一年を過ごしたことを知ってましたか？　亡くなる数ヶ月前まで通っていたんですよ。

いいえ、知らなかったわ、とオルガは答えた。一年以上も前に、行くのはもうやめたのとアナスタシアは言っていた。

そこでどのくらいの金額を使ったか知っていますか？

いいえ、知らないわ。

何千ドルも使ったんです。それも、次から次へと注ぎこんでね。ルスラナもそこに行っていたのを知っていますか？　二人は一緒に通っていました。ルスラナは三ヶ月、アナスタシアは一年以上も。

「それってセクトかもしれません」。モデル仲間たちは言った。「確信は持てないけど」

オルガはオンライン検索を始めた。

「人格形成のためのトレーニング」だと「ザ・ローズ・オブ・ザ・ワールド」は自らの特徴を述べている。ウェブサイトでは「私たちのセミナーでは、本当の自分を見つけ、本当の目標に気づき、物質的な富を得る方法をお教えします」と述べていた。その言葉に華を添えている写真は、丘の頂上に立つ人々を下から見あげる形で撮影したものだ。輝くばかりに幸せそうな人々は、両腕を広げて強い風をいっぱいに受け、飛んでいってしまいそうだ。

「ザ・ローズ」は、企業研修も専門領域だとしていた。

オルガはアナスタシアが残した「ザ・ローズ」からの書類を仔細に調べた。そして、二人の男性の名前を見つけ、アナスタシアの携帯電話（愛人の誰かからもらった金メッキされた最高級の携帯電話のヴァーチュ）からその電話番号を見つけだした。一つの番号は応答がなかったが、もう一つにはあった。相手が電話に出ると、オルガは自分が何者かを告げ、アナスタシアに何があったかを伝えた。その男性はショックを受けていた。けれど、違いますよ、「ザ・ローズ」がそれほど重要だったとは思えません、とも言った。彼もまた何かの書類に署名していたので、そこで何があったのかを正確に話すわけにはいかなかったが、「ザ・ローズ」では泣いてる人の姿を見かけることが多かったと教えてくれた。この男性は最初の基礎コースを終えただけでやめてしまったが、アナスタシアはそれよりずっと長くとどまったわけだ。

インターネットフォーラムやチャットルームでは、盛んではないものの、「ザ・ローズ」に関する議論がなされている。「ザ・ローズ」のおかげで自分は変わり、人生が永遠に変わったと書いている者が数名いる。あれは詐欺だと書いている者たちもいる。危険なものじゃないかなと書いている者たちもいる。チャットルームへの投稿はすべて匿名のものだった。

＊

僕はＴＮＴでプロデューサーたちに「ザ・ローズ」の話をしたが、彼女らはあまり乗ってこない。

「必要ならなんでも調べてね、ピーートル。だけど、モスクワっ子のためのライフ・トレーニングに視聴者が興味を持つかしら？」と一人のプロデューサーが言う。

「費用はいくらだと言ったかしら？　一回一〇〇〇ドルもするの？」別のプロデューサーがつけくわえる。

「それが地方のシングルマザーと――うちの視聴者とどう関係するの？　彼女らの世界には無縁のものだし、憧れもしなけりゃ、理解もしないわよ。ほどほどのものにしておいたら」。そう三人目も言う。

「でも、それが実際にセクトだったら？」僕は言葉を返す。

「ロシアのセクトというのは、シベリアのコミューンのいかれた変人どものことよ。この連中が何をするの？　企業研修なの？　それはわたしたちが知っているどんなロシアのセクトにも似てないわね。それにね、ピーートル、私たちにはもっと前向きな話が必要なのよ」

「ザ・ローズ・オブ・ザ・ワールド」にいた者は皆、秘密を守ることを誓約していた。誰かを潜入させる必要がある。そこにいる娘たちにまぎれこみ、組織に雇われている人間やすでにしばらく在籍している参加者とも親しくなってもらうのだ。二人の生徒が亡くなった今、ゴシップもいくらか流れているに違いない。ロシア人で、できれば亡くなった二人と同じ年頃の人間に頼みたかった。

僕は覆面記者のアレックス（むろん本名ではない）に話を持ちかけ、協力を快諾してもらった。アレックスはそうした仕事ではいちばんできるということになっていて、ギャングや腐敗した国家機関への潜入経験もあった。基礎コースには一〇〇〇ドルをわずかに下まわる額を払い、研修は三日間続く。毎日のトレーニングが終わったら、アレックスは僕とヴィータ・ホリモゴロワ――心理学の研究者で、ロシア・サイコセラピスト協会の会員――に会い、すべての出来事と考え方とを検討する。アレックスの証言、記録、現在および過去の信奉者を対象にした僕のインタビュー、それにサイコセラピストの分析に基づき、「ザ・ローズ」でルスラナとアナスタシアに起こったことの全貌が徐々に明らかになり始めた。

＊

「ザ・ローズ・オブ・ザ・ワールド」のトレーニングは、モスクワ北部（オスタンキノからもさして遠くない）の全ロシア博覧センター（ＶＤＮＫｈ）にあるソビエト・ゴシック様式のパビリオンの一つで行われる。ＶＤＮＫｈはソヴィエトの成功を記念するためにスターリンがつくらせたもので、アルメニアからウクライナまでの全共和国、農業から宇宙事業までにおけるすべての業績に捧げられたゴシック様式の巨大なパビリオンや彫像がある場所だ。現在では、キッチュ・アート、厨房設備一式、毛皮、珍しい花などを売る一般の商人たちに貸し出され、いくつもあるコルホーズの娘たちの巨大な像や使われなくなったロケットのあいだでは、野良犬が群れをなして獲物を追いかけている。「ザ・ローズ」のトレーニング会場はかつての「ソヴィエト文化パビリオン」だった。

午前一〇時に入場すると、専門家の会議さながらに、名札が並べて置かれたテーブルがある。大階段をのぼった先にメインホールがあるが、閉まっていて入れない。トレーニング参加者は全員、少し気まずそうな様子でロビーに立ちつくしている。お茶は用意されている。およそ四〇名が参加している。のっそりした四〇代のビジネスマンが数名と、明らかにお手入れが行き届いている二〇代の女性がたくさんいる。そのうち突然、ホールの中から『スター・ウォーズ』の曲が鳴り響いて仰天する。ドアが勢いよく開かれる。大音響で、耳が痛くなるほどだ。入口には女性が一人立っている。

「ホールは、ただ今開場です！　さあ、お入りください！　中の方へ！」

参加者が入場するあいだ、女性は何度も何度もその言葉を叫ぶ。ホールの中はほとんど真っ暗で、そこいらじゅうから叫び声が聞こえる。「早く、早く、席について。荷物はしまって」。これは「支援グループ」と呼ばれるボランティアで、すでに何年も「ザ・ローズ」に在籍している。ボランティアはひっきりなしに参加者をどなりつけ、しかも闇の中のどこにでもいるようだった。おかげで入場した瞬間から当惑し、混乱し、なんだかぼうっとしてしまう。

参加者が座る椅子は、ホールの奥のステージまわりに扇状に並べられている。ボランティアたちは参加者の背後の席につく。したがって姿は見えないが、頭の後ろからどなり声が聞こえる。「座りなさい！　早く！　早く！」

やがてしんと静まり返る。

ステージ上にぱっと明るい光が差し、「ライフ・コーチ」が登場する。テディベアのような顔をした男性は、イヤホンマイクをつけ、少しだぶだぶのスーツを着こみ、派手すぎるネクタイを締めている。クリスマスの悪ふざけとして贈られるようなばかげたものに見えてしまう。コーチは早口、それもとんでもない早口で、いくらか文法的間違いを含んだ地方訛りのロシア語でしゃべる。そうした訛りはいかにもわざとらしく、ぶかぶかのスーツ、柔和な顔、ばかげたネクタイのせいでひどく滑稽に見えるので、最初はおもしろいという印象を受ける。コーチはとりとめのない話をする。母親が裁縫師だったとか、自分が僻地の出身だとか。下手なコメディアンよろしく、いくつかの話を披露する。参加者は誰もが互いに顔を見合わせる。自分たちは何に申しこんだのか？　これが「ライフ・コーチ」なのか？

コーチは早口でしゃべりつづける。マイクは耳が少し痛くなるくらいの音量で、そのうち軽い頭痛がしてくる。コーチは大きなホワイトボードを持ちだして、そこにフローチャート、複雑な形と矢印を描き、参加者たちがどのように変わるのか、何がパーソナリティを形成しているのかを示す。参加者はすべての公式、矢印、フローチャートについてゆこうとするが、やがて頭が混乱し、順応できなくなる。頭が良く、機敏な人間ほど、コーチが言うことや描くことに集中してみるが、そうしてもなかなか意味をなさず、結局また困惑するはめになる。これが導入部の要点である。どなり声、闇、コーチの冗談、そして躁状態で描かれた線や図。参加者の頭の中はごちゃごちゃになりはじめる。

（どのくらい時間がかかるかはよくわからないが）こうしたことが続いたあとで、一人の女性が席を立ち、部屋を出ようとする。

「どこへ行くつもりですか？」ライフ・コーチは不意に怒りだす。

「トイレです」

「行ってはいけません」

誰もが冗談だと思う。

「でも、行かないと」。女性は微笑む。

コーチは彼女をどなりつける。「あなたは自分を変えたいのでしょう？　それなのに、トイレに行くのをやめることもできないのですか？　なんと弱い人間だ」。

誰もがショックを受ける。どうしても行く必要があるのだ、と女性が説明する。

「だったら、行きなさい」。コーチはふたたび明るい調子で言い、手を振って退出を促す。

今のはなんだったんだ？

コーチは陽気に話しつづける。数分後、また別の女性がトイレに行こうとする。その女性がドアにたどりつくと、コーチはまた険しい顔になって言う。

「出ていくなら、もう戻ってこなくてよろしい」

女性が振り返る。

「どうしてですか？」

コーチは先刻よりも大声で長い時間わめきちらし、女性の顔の前で両腕を振りまわす。「どうしてだって？　私たちは変わるためにここにいるんですよ。変わるために。私だって、その気になれば、ふらりと出ていって、軽食をつまむことができる。だが、私たちは自分を完璧にするためにここにいるんです。あなたは弱い。本当に弱い！」

「そんなの、ばかげています」とトイレに行きたい女性は言う。最初は聴衆の誰もが彼女の肩を持つ。コーチは横暴だ、と。ありし日のルスラナは参加者の中の誰よりも聡明で、誰よりも大きな声をあげた一人で、真っ先にコーチに喧嘩をふっかけた。

ライフ・コーチは参加者たちと話し合いを始める。変化は今日、今この瞬間に始まる。変わりたくないのか？ 不安や恐怖、内なる悪魔に打ち克ちたくないのか？ 自由になりたくないのか？ 皆で力を合わせれば、きっと実現できる。しかし、それを押しとどめようとする人間が一人だけいる。トイレに行きたがる女性だ。彼女は皆を裏切ろうとしている。この議論を始めてどのくらいになったか？ 一〇分？ 一五分？ つまり、本当はどうしても行く必要などなかったのではないか？ すべては彼女の思いこみにすぎないのだ。

「そう、どうしても行く必要などなかった」。部屋の後ろからボランティアたちがくり返す。

その女性は決まり悪そうに見える。みんなが正しかったならどうしよう？

ライフ・コーチはいつのまにか聴衆を味方につけている。参加者たちはそれに気づかないまま、全員でトイレに行きたい女性に呼びかける。強くなれ、あなたならできる、そしてあなたにできるならわたしたちみんなにもできる、と。女性は戻って席についた。全員が拍手を送る。自分たちは一丸となって小さなルビコン川を渡ったのだ。コーチは皆の注目を浴びる。

「これからの数日間、皆さんは不快感や恐怖を抱くでしょう。しかし、それはよいことなのです。そうした感覚は皆さんが変わりつつある証なのですから。もっと明るく、もっと効率的な人生に向けて、皆さんは変わろうとしています。たとえて言えば飛行機のようなもの、高くのぼればのぼるほど、乱気流を経験するというわけです。不快感を伴わない成長などありえない。それは皆さんもよく承知しているはずだ。そうでしょう？」

ライフ・コーチは心の準備ができた者をステージ上に呼びだす。ルスラナも最初にステージにあがったうちの一人だった。ライフ・コーチはルスラナに尋ねた。どうして参加したのか、目標は何か、あなたの人生の妨げになっているのは何か、と。問題は男性です、とルスラナは答えた。どうしてもまともな関係を結ぶことができないんです。するとライフ・コーチは鋭く突っこんできた。男たちに捨てられるのは彼女自身のせいだ、「心の中で一人芝居」をしているから、そんな羽目になってしまうのだ、と。ルスラナは反撃を試み、自分は罪のない当事者だと説明した。ところが、コーチはその言葉を使って切り返した。そんなふうに誰からも「いい子」だと思われたがることが弱さをもたらしている、と。ライフ・コーチを押し返そうとすればするほど、向こうはますます反論してくる。「はん、こうして私と言い争うところをみると、自分が間違っていると認めるのが怖くてたまらないんだな。君は変わるのが怖いんだ！」

こう言われたら、最初は激しい怒りにかられるが、やがてゆっくりとだが頷いてしまうようになる。そこで全員が立ちあがり、軍隊でのように声を揃えて「トレーニングの掟」を復唱しなければならない。

ここで行われていることは他言しません。

録音・録画はしません。

遅刻はしません。

トレーニング期間中はお酒を飲みません。

喫煙者は起立しなさい、と声がかかる。参加者四〇名の中に七名ほどいる。アナスタシアとルスラナはどちらも喫煙者だった。アレックスもそうだ。コーチは喫煙者たちに、今こそ生活を変え、煙草をやめるチャンスだ、と言う。禁煙を約束した者は着席を許される。しかし、頑固な二人がまだ立ったままでいる。すると、コーチはまた非難を始める。一〇分、二〇分と、二人の脚が痛くなるまで話し続ける。で、二人は、味わっている肉体的苦痛とコーチに屈しまいとする意志とのあいだで難しい局面に立つ。そうこうするうちにも、ボランティアたちと参加者の一部が叫び声をあげはじめる。「さあさあ、座って。あなたがたは、皆の時間を奪っているのよ」。

最後には、全員が腰をおろすことになる。

ここで昼食休憩が入る。ただし、弁当かテイクアウト料理で、建物の外に出ることは許されない。多くの者がコーチに憤慨したり、苛立ったりするが――出ていく者は一人もいない。参加者たちはさまざまな理由でここに来ていた。たとえば、中間レベルの専門家たちの望みは士気を高めてもらうことだ。コーチはそれを約束してくれる。すなわち、トレーニングを受けることで、クレムリンと政治工学者たちの言い回しを借りれば「効率的」になれる、と。かと思えば、すでにコースを修了した友人や恋人からぜひ参加するように言われてやってきた者もいる。

「彼女に言われたんですよ。受講しないなら別れるってね」とある若者は言った。

昼食後、ホールに戻ると、そこには環境音楽が流れている。「もっとも暗い秘密を打ち明けるだけの強さを持つ方はおられるかな?」とライフ・コーチが尋ねる。なにやら急にやさしく、思いやり深くなったようだ。この場にいる全員が秘密厳守を誓っている、とコーチは何度もくり返す。ここは一つのコミュニティなのだ、と。女性が立ちあがり、仕事をくびになった事情を話す。男性が、恋人が去っていった事情を話す。次に立ちあがった女性は、まだ子どもの頃にくりかえしレイプされたことを語る。そのあと、泣きくずれて叫び声をあげる。ボランティアたちが彼女を抱いてなだめる。レイプのことを人に話したのは初めてなのだ。会場内はしんと静まりかえる。やがて、あちらからもこちらからも泣き声があがる。自分の番がまわってくると、ルスラナは父親のことを——父親が殺されていなくなったとき、どんな気持ちになったのかを——話した。アナスタシアのほうは幼い頃に両親が離婚したことを思い出して話した。二人のモデルは生まれて初めて、誰かに話を聞いてもらえる場所を得た。生まれて初めて、自分自身になれたように感じた。そこでは、二人がモデルであることさえ誰も知らなかった。

ここでコーチはとどめを刺そうとふたたび迫ってくる。そうした出来事が起こった責任は、すべてあなた方にある、と。くびにされたのなら——それはあなたのせいだ。レイプされたのも——あなたのせいだ。あなた方は皆、自己憐憫にまみれている。被害者のつもりでいる。では、二人ずつペアになりなさい、とコーチは命じる。そして、お互いに向かって、自分の最悪の記憶を話しなさい。ただし、自分は人生の被害者ではなく、創造者であるというように、全責任を自分が背負うように形を変えて話しなさい、と。これが何時間も続く。自分が創造者であるかのように、自分の力ですべてを引き起こしたかのように、人生最悪の記憶を語り直しているうちに、参加者たちの感じ方は変わりはじめる。気持ちが軽くなり、力が増したような気がする。ライフ・コーチを少し違った目で見るようになる。コーチは彼らをいじめて痛めつけ、次には元気づけ、そのあとでは混乱させて泣かせたが、今ではまったく別の存在になっている。気づかないうちに参加者たちは会場内で一二時間を過ごしているが、その時間は飛ぶように過ぎ去ったので時間感覚は完全に失われている。

その頃には気持ちがゴムのように柔らかになっている。ペアを組んだ相手に強い親近感を覚え、それまでに知り合った誰よりも親密に感じるようになる。ずっと前から出会うことを運命づけられていた人間であるかのように。

「変容」「効率的」「明るい」……歩いて帰宅途中の参加者の頭の中には、こうした言葉がゴングのように鳴り響いている。明日またコーチに会うことを考え、彼を喜ばせたい、約束どおり煙草を喫わなかったことを知らせたいと思う。コーチのことを考えると、胸が温かくなる。手厳しい人だけれど、あれは良かれと思ってのことなのだ。

真夜中近く、ようやく家に帰りつく。身内やルームメイトは何か様子がおかしいと気づくが、参加者は肩をすくめて軽くあしらう。自分が快適領域（コンフォート・ゾーン）の外にいるところを彼らは初めて目にしているというだけのこと。参加者たちには宿題がある。自分自身に関して好きではないところ、変えたいところを何もかも詳しく書きとめるのだ。眠りにつくのは午前一時、いや二時になるかもしれない。

夜はコーチの夢を見る。

翌朝は定刻より早く会場に行く。他の者もみなが早めに着く。ドアが開くと、一斉になだれこむ。きちんと時間どおりに来たことを見せたくてたまらないのだ。ドアは一〇時に閉められ、使われてない椅子は片づけられる。一人の若者が遅れてやってくるが、座る場所はどこにもない。コーチは彼をどなりつける。

「時間どおりに来るとあなたは約束しました。誓いを立てたんですよ。どうして遅刻したんですか？」

「来るべきかどうかを迷っていたんです」

「昨日、あなたはつらい記憶を告白しませんでしたね。まるでショーでも見物するように、ただペアの相手を見ていただけだ。あなたは皆をそんなふうに見ている。娯楽だと思っているんです。そして、今度は逃げだしたがっている。そういうことですね？」

若者が遅刻したとき、他の参加者たちは同情したかもしれない。しかし、いつのまにか、こう叫んでいる。

「ショーなのね！　あなたはわたしたちをショーだと思って楽しんでいるのね！」

若者は恥じ入り、ホールの隅にうずくまる。後になって彼は認める。「はい。僕は快適領域（コンフォート・ゾーン）を出るのが怖かっただけなんです」。

コーチはまた図を描きはじめる。「これらの矢印が示すとおり、皆さんの家や職場にいる人たちは、皆さんとは別の方向に進みます。それゆえ、トレーニングを受けたあとの皆さんを理解できないのでしょうね。皆さんは変わろうとしている。彼らは以前の皆さんを愛していますが、皆さんは成長しています。これは彼らにとっての試練です。本物の愛情を持つ者だけが、この事態に対処し、新しい皆さんを愛せるでしょう。では、皆さんを受け入れない人たちは？　さあ、自分の胸に尋ねてごらんなさい。こうした関係が皆さんの妨げとなっているのでは？　振り払うべきではありませんか？」

昨日、子ども時代の忌まわしい出来事を話した女性がマイクを握り、今は告白したことを後悔していると述べる。ここにいる人たちの一部が自分を警戒しているように見えるからだ、と。しかし、誰も同情しようとせず、逆にホール内の全員が大声で食ってかかる。「君はただの被害者でいる。自分の感情を見せびらかして楽しんでいる」。参加者が何を考えるべきなのかを、ライフ・コーチが教える必要はもはやないのだ。

ここでコーチは死について語る。「死とはたいしたものではない。先日、エジプトでバスが爆発し、ロシア人観光客が何人か死んだ。それは良いことか、悪いことか？　さてどうかな？　どちらでもない。最近、私の友人が死んだ。良い悪いではない。それは避けがたい人生の現実の一つにすぎない。誰もがいずれは死ぬ。あなた方全員が死ぬ」。

「ルスラナという若い女性を覚えている方はいますか?」とコーチは言い出す。「自殺したモデルです。摩天楼から飛びおりて。私は彼女をよく知っていました。あの女性の「心の中での一人芝居」は「自殺」だったのです。ここに来る以前、五回も自殺未遂をしたことは知っていますか？」

（これは初耳である。ルスラナの友人、同僚、家族の誰一人として自殺未遂のことを覚えていない。むしろまったく逆で、皆が口を揃えて「とてもよくバランスがとれているように見えた」と言っている）。

「それに、知っていましたか？」とコーチは続ける。「ルスラナの母親は娘の金を奪っていたんです。おかげでルスラナはニューヨークのアパートメントの家賃を払うため、私から二〇〇ドル借りたことがありました。スーパーモデルだったというのにですよ！」

（これも初耳。このコーチ以外の全員が、ルスラナと母親はとても仲が良かったと述べていた）。

「ルスラナは、典型的な被害者だった」

ライフ・コーチのこの言葉を受け、若い女性が手を挙げる。

「でも、あなたの生徒の一人が自殺したんですよ。気の毒だと思わないんですか？」

「変わらないより、自殺するほうがましな場合もあるんです。それに、そんなふうに彼女に同情するところを見ると、あなたもまた被害者ですね。自殺は彼女が選んだことです」

会場内の全員がそれに同意する。ルスラナは自分自身で自殺という道を選んだ。その選択に異を唱えられる者がいるだろうか？

昼にもなると、参加者たちは頭の中いっぱいに泡が浮かび上がってくるようで気分が軽くなる。そこでロールプレイングゲームと、チームビルディングゲームが行われる。全員がホール内を歩きまわり、互いに向かって叫ばなければならない。その人物が変わりつつあると思えば、「わたし、あなたが必要よ。あなたが好きよ」、変わっていないと思えば、「わたしには、あなたは必要ない。あなたのこと好きじゃないわ」。子ども時代の出来事を皆に話したあとで後悔していた女性がまたもマイクを握り、自分は被害者だったけど変わる心構えはできていると認める。全員が彼女に拍手を送るし、ライフ・コーチは彼女のことをどれだけ誇りに思っているかと口にする。他の者たちはその場に座り、コーチが自分を褒めてくれるのを待ち受ける。

もしかしたら褒めてもらえないのではないか、と戦々恐々としながら。

昼食休憩のあいだ、参加者たちは三〇分間、静かに座っているよう命じられる。声を出してはいけない。ただじっと考える。人生で犯した過ち、台無しにした人間関係、仕事における失敗……そうしたことすべてについて考える。ホール内に戻ると、ダンスが行われる。激しいビートの騒々しい音楽に合わせた、テンポの速いダンスだ。参加者たちは楽しい気分になり、まわりにいる人々を抱きしめる。やがて音楽は環境音楽に変わる。すると、今度は二列になって立ち、向かい合った相手の目をのぞきこむよう命じられる。一分、二分、三分、四分。いや、もっと長いあいだだ。ろくに知らない相手の目を見つめるのは気まずい。本当に誰かの目を見つめたのは、これが初めてのような気がする。「では、一歩右に動いて。次の相手の目を見つめて、その人があなたの母親だと想像しなさい」。ライフ・コーチが告げる。「お母さんが幼いあなたをどんなふうに育ててくれたか。お母さんの子守歌はどんなだったか。子宮の中であなたが成長しているのを感じたとき、お母さんがどんな気持ちになったか。揺りかごの中にいるあなたを、お母さんがどんな目で見ていたか」。誰もがやさしい気持ちになる。「今度はあなたが失ってしまった人の目を思い浮かべなさい。亡くなった愛する者のことを」。ルスラナは父親のことを思い、アナスタシアは親友（モデル仲間の一人で、この前の夏にモスクワとキエフのあいだの道路で交通事故に遭い、他界していた）のことを思った。全員の目に涙が浮かぶ。「はい、右に一歩移動。次の相手の目を見つめ、その失った人物だと想像しなさい。そして、機会がなくて言えずじまいになったことをすべて思い出しなさい」。この頃には全員が声をあげて泣いている。ボランティアたちがティッシュを持って歩きまわる。参加者たちは何十枚もティッシュを使い、そのあとポケットに入れる。濡れたティッシュの枚数が多いので脚まで湿ってくる。「では、左に一歩戻って。向かいの相手の目を見つめ、失ってしまった人が一瞬だけ戻ってきたと想像しなさい。抱きしめてもかまいませんよ」。この瞬間、全員が泣き崩れる。

参加者たちは床に横たわっている。目を閉じて深く息をしなさい、とライフ・コーチが言う。その声に誘われ、深い森を通り抜ける。この森はあなたの人生なのだ。そこに小屋を見つける。小屋には部屋が一つあり、他の人々があなたを失望させた瞬間、裏切った瞬間がすべてその部屋の中にある。その先の別の部屋には、あなたが他の人々を失望させた瞬間がすべて入っている。あなたは走っている。自由に走りまわって森を通りぬける。変わるため、明るく効率的な人生を送るための心構えは整ったのだ。

参加者たちは温かな気持ちを抱いて家まで歩いて帰る。まわりにあるものすべてが、その晩全体が、少しぼやけた光の中に溶けているようだ。人々は美しく見える。ライフ・コーチは宿題を課した。町を歩いて、最低でも一〇人の見知らぬ人間を抱きしめること。参加者たちは言われたとおりにする。今はなんでもできる。なんの遠慮もない。相手は不思議そうな目で見るが、意地の悪い反応をする者はいない。あなたは見知らぬ人間を微笑ませた。どんな障害や限界も突破できるだろう。変わることができるだろう。明るく効率的な人生。あなたは被害者にはならない。しっかりと責任を持つだろう。

夜は目覚めたまま横になっている。興奮しすぎて眠れないのだ。二日間のトレーニングのあと、女性の多くがいつもより早い時期に急に生理が始まったことに気づく。胃痙攣を起こすだろうとライフ・コーチが注意してくれたが、実際ひどい胃痙攣に見舞われる。一緒に暮らしている人々は言う。あなたは見違えるように変わってしまった、と。参加者たちはにっこりする。もちろん変わった。この四八時間を振り返ると、トレーニング開始前の自分をもはや思いだせないほどだ。

翌朝は開始時刻よりゆうに三〇分は早くトレーニング会場にゆく。ライフ・コーチのもとに一番乗りし、言われたとおり一〇人の人間を抱きしめたと告げたい。しかし、他の参加者も皆そこにいる。昨夜は眠った者は一人もいない。誰もが互いに会えたことをとても喜んでいる。ホールに入ると、皆で、街中でどんなふうに見知らぬ相手を抱きしめたかを語り合っている。近所の家の呼び鈴を鳴らし、友だちになりたいと言った者もいた。ずっと音信不通だった友人、ほとんど話をしていない親に電話をかけた者もいた。宿題をこなせなかった者は、できなかったことを告白する。皆は彼ら彼女らを非難する。弱い、被害者だ、変わってない、と。コーチはほとんど何も言わず、ただ横に立っている。参加者たちはもうすべてを自分でやっていた。そこでまた別のゲームが行われる。七人の小グループになり、全員が互いに叫ぶのだ。「わたしはあなたの目的です」。あるいは「わたしはあなたの障害です」。そして金切り声をあげて障害を突破し、目的にたどりつかなければならない。誰もが叫んでいるが、叫ぶのがつらいとは感じられず、むしろロケット燃料のように推進力を与えてくれる。次は互いに向かいあって立つよう命じられる。向かいの相手がどなっている。「あなたは何が欲しいの？　あなたは何が欲しいの？」　それが四〇分ほど続く。願望がずらずらと口から出はじめる。最初に思い浮かぶのは車や家という簡単なものばかり。次にはばかげた願いが続く。床板を黄色に塗りたいとか、妖精の女王のように着飾りたいとか。本当に容易ならぬ欲求はその次に出てくる。母親を殴りたい。自分を捨てた元恋人を刺してやりたい。最後には、心がすっかり解放され、本当に、本当に欲しいものが初めて見えてくる。そこを見計らって、ライフ・コーチが登場し、こう告げる。自分が何者かにようやく気づいた今、皆さんの夢はきっと叶えられるでしょう。あと一〇〇〇ドル払って、上級コースを受講すればですが。

その後、一対一でボランティアとの相談が行われる。テーブルにつくと、相手はこう言ってくる。今週中に上級コースに申しこめば、一〇〇ドル割引になりますよ。

「今は頭が変な感じなんです。客観的に考えられません」

「でも、客観的に考えられないというのはいいことなんですよ。トレーニングは考えないことを学ぶためのものです。考えるから、ためらってしまう。あなたは感情を使うことを学んでいるところなんです。そう思いませんか？」

「思いますが……でも今は考えがまとまらなくて……」

「……考えがまとまらないからこそ、今申しこむべきなんですよ。明るい人生を送りたくないんですか？　変化は？　効率的になるのは？　責任を持つことは？」

こうした言葉を聞くたびに、身体全体で軽率な行動に走ろうとし始める。

すでに申し込みをしている者が大勢いるというのに、少しでもぐずぐずすると、翌日には電話がかかってくる。「ザ・ローズ」からの電話が初めてかかってきたとき、アレックスは僕と一緒にサイコセラピストのヴィータのオフィスにいて、通話をスピーカーフォンに切り替える。電話の向こうには「ザ・ローズ」の女性がいる。

「アレックス、明るい人生を送りたくないの？　本物の感情にあふれた人生を望んでいないの？」

「もちろん、望んでいます。でも、当座の金がなくて。残念だけど、僕は行けません」

「でも、それがあなたの課題なの。なんとか工面しなさい。そうすればあなたが強いことがわかるわ」

人の心を操るにしては、愚かしいやり方だ。アレックスは半分笑っている。だが、電話を切ろうとはしない。

「さあさあ、アレックス」と「ザ・ローズ」のボランティアは言う。「変わりたくないの？　責任を持ちたくないの？」

この言葉がアレックスのなかにパブロフの条件反射を引き起こした。彼はこの数日間を追体験しはじめる

――これまでの人生になく一心不乱だった日々を、このうえなく強烈な経験を、心の深奥に秘められた記憶を。アレックスは電話を切ったが、「ザ・ローズ」の連中に弄ばれているのをはっきり知りながらも、全身全霊でそこに戻りたがっていた。

「あのくそったれどもめが。人の心のいちばん神聖な場所に手を突っこんで、それからそこをすっぽりくるんでしまうんだからなあ」

アレックスは笑いだし、やがて泣きわめいた。それからまた笑ったが、どこかわざとらしい響きがあった。瞳孔は散大している。彼は、まるで二つに引き裂かれているようだった。

ルスラナとアナスタシアも毎日「ザ・ローズ・オブ・ザ・ワールド」からの電話を受けていた。友だちと一緒にいても、電話がくれば席を外して、何時間も戻ってこなかった。初めのうち、友人たちは恋人か親からの電話だと思っていたので、相手が「ザ・ローズ」だとわかったときには当惑した。友だちと一緒にいるというのに、どうしてそんな連中と話をするのかしら? 一度などは、ルスラナはマーシャとロンドンのレストランにいるときに、「ザ・ローズ」と話をしたあと、電話を切るなり通りに走り出て、道行く人を呼びとめては靴紐を結び直し始めた。戻ってきたときには、にこにこ顔で、うっすら汗をかいていた。ここで問題なのは、「ザ・ローズ」が奇妙奇天烈な課題を与えたことではない。夕食も、会話も、なにもかも打ち捨てて、ルスラナが走り出て命令に従ったことだ。

その後の数日間、アレックスの友人たちはずっと彼に目を光らせている。「ザ・ローズ」からの電話にそそのかされて、向こうに戻るのではないかと心配しているからだ。その後何週間も、アレックスはまともに眠れない。夜中に目を覚まし、トレーニングに戻りたいと心から願うようになる。一緒に基本コースを受けた七人の小グループのなかで上級コースに申し込まなかったのはアレックス一人だ。トレーニング中に耳にした言葉を誰かが口にすると、そのたびに吐き気を催した。ライフ・コーチの夢を見て、その声が聞こえたように感じる。

本当の問題が始まったのは、二、三ヶ月してからだ。アレックスは食欲を失う。締め切りを破ったり、職場で失敗したりするようになり、編集者をどなりつけることもあった。なにもかもがつらかった。なんの理由もないのに、真っ昼間に泣きだすようになる。

「自分に戻る方法が見つけられないんだ」。僕に会うとアレックスはそう言う。丸坊主になり、体重も減っている。

職場の仲間は医者に診てもらえという。アレックスが診察を受けにいくと、医師は彼をひと目見るなり、抗うつ剤とマッサージと鍼療法を併用する治療を指示した。

アレックスは「ザ・ローズ」のコースを一つ受講しただけだが、アナスタシアとルスラナは戻っていって、さらなるコースに進んだ。各コースはそれに先立つコースより少しだけ金額が高くなり、内容ははるかに過激になる。「ザ・ローズ」のボランティアとライフ・コーチは参加者たちに言った。どんどんよくなっている、強くなっている、と。

最初のうち、アナスタシアはかつてないほど幸せそうだった。「今はなんだってできるの。どんなことでもよ」と友人たちに言っていた。ナイトクラブに出かけるときには、よくこう言っていた。「目当ての男性をつかまえるだけでいいの。つかまえて、ものにすればいいのよ」。

二人のモデルが「ザ・ローズ」にさらにはまると、参加者をもっと連れてくるよう指示された。これが「ザ・ローズ」の新規クライアント獲得方法なのだ。上級になるほどもっと多くの人間の勧誘を期待される。ルスラナはマーシャを説得しようとした。あまりにしつこく勧められて、マーシャはとうとう同意したが、結局、家族の用向きがあって参加できなかった。ルスラナは腹を立てた。それまでは彼女が怒ったところなどマーシャは一度も見たことがなかったのに。悪態をつき、口汚く罵った。それまでは罵り言葉など使ったことがなかったのに。彼女はもはやマーシャが知っていた穏やかな少女ではなかった。マーシャには昔のルスラナでなくなったのがしごく残念だった。

ほどなくルスラナは仕事のためにニューヨークに戻らなければならなくなった。アナスタシアは「ザ・ローズ」に通いつづけ、最上級コースに申しこんだ。最初の課題の一つは最低でも二〇人の人間を勧誘すること。勧誘できなければ、追いだされてしまう。これは「テスト」だった――そして彼女は失敗した。どんなにがんばっても、それだけの人数を連れてくることはできなかった。他の皆を失望させていると言われ、「ザ・ローズ」とはしだいに縁遠くなった。それは二月の出来事だった。五月になる頃には、死の原因となったうつ病のすべての徴候を示していた。「わたし、失敗したの」とアナスタシアはよく漏らしていた。彼女は被害者のままだったし、それは変わることができていなかったからなのだ。

なにより残酷だったのは、人生最後の半年のうちに、ずっと夢見ていた男性にめぐり会ったことだった。

コースチャはまっさらのマセラティに僕を乗せた。柔道の元オリンピック・チャンピオンは、今は「石油業界で仕事をしてるのさ」。

「あのいまいましいトレーニングが彼女をめちゃくちゃにしたんだ。あそこに行って戻ってくるたび、調子はおかしくなるわ、頭は変になるわだった。もう止めますって約束してたのになあ……」

コースチャはアナスタシアと一緒に暮らすことを望んでいた。彼女が自分のところに引っ越してきたら、身を固めるつもりでいた。けれど、理想の男性を見つけても、アナスタシアは彼に満足できなかった。記憶は抜け落ちるし、頭はこんがらがりはじめた。二人で街中（まちなか）に出かけると、発作的に嫉妬にくるい、コースチャが他の女たちと話すのを見ただけで泣きわめいた。死の一ヶ月前、コースチャはアナスタシアを彼の自宅に残して商用で出張した。戻ってきたとき、彼女はいなくなっていた。パニックの発作が頻繁だったので一人でいることに耐えられなかったのだ。その前の年に亡くなった友だちの声が聞こえる、と友人たちに漏らしていた。キエフの母親のもとに戻ったが、胃が差しこむと不満を漏らし続けた。コースチャは、アナスタシアの死の直前の数日間、何度も電話をかけた。アナスタシアの電話は電源が切られていた。

「あのいまいましいトレーニングが彼女をめちゃくちゃにしたんだ」。僕をマセラティからおろしながら、コースチャはくり返した。「いずれ、うちの連中にあのトレーニングを始末させるよ」。これは口先だけだった。実行には移さなかった。

＊

「私たちは本当にアナスタシアが変わる機会を与えたんですよ。でも、変えてやれない人間もいるんです。あの子はどうしても自分を変えるふんぎりがつかなかった。ここは正直になりましょう――アナスタシアはドラッグにはまっていたと聞いています。悪いのはモデルの仕事ですな。彼女のライフスタイルの責任で、私たちではありません」

ヴァロージャを見つけるには時間がかかった。僕と話すことに同意してくれた「ザ・ローズ・オブ・ザ・ワールド」のシニア・メンバーは彼一人だけだった。アナスタシアとルスラナが「ザ・ローズ」に通っていた当時、ボランティア・グループのあいだでの二人の「チェアマン」なるものだったという。今は「ザ・ローズ」から枝分かれして、自分のトレーニング・コースを始めようとしている。まだ二〇代で、少年っぽさが残っていた。白いトレーナーにジーンズを着こんで、真の信奉者ならではの少しうつろな目つきをしている。ルスラナが「ザ・ローズ」にいた頃、いっときだけ男女の関係にもあったらしい。それは普通のことか、と僕は尋ねる。

「ええ、普通です。よくあることですよ。トレーニングのあいだはしょっちゅうですよ。なにせ強烈なトレーニングですからね。みんな、心を開くんですよ」

「「ザ・ローズ」のトレーニングのあとは、うつ状態に陥るものなんですか?」

「それが普通です。僕たちは「揺り戻し(ロールバック)」と呼んでいます。ルスラナもそうでしたよ。夜になると、よく泣いたし、ゆくあてもなく町をさまよったりもしました。それを経験しなければ、成長はできないんです。飛行機が離陸するときに機内にいて感じる乱気流のようなものですよ。でも、三月にニューヨークに戻る頃には、ルスラナはもう大丈夫になっていましたよ」

ヴァロージャの主張は、ボスであるライフ・コーチの「ルスラナについての発言」と矛盾する。ルスラナは「典型的な被害者」なのだとコーチはトレーニング会場で言っていたのだ。僕がそれを話題にすると、ヴァロージャはあっさりかわした。ライフ・コーチは混乱してたんですよ、と。ルスラナは自殺するようなタイプではなかった、とヴァロージャは言う。

「では、「ザ・ローズ」のトレーニングのあと、医者が必要となる深刻なトラブルに見舞われることは?」

「もちろん、あります。それが普通ですね。ときにはかなりきつい場合もある。誰もが変われるわけじゃないんです。でも、ルスラナはもう違う人間になっていた。いくつもの契約で未払い金があるから、それを支払わせるために闘いたいと言っていました。あの子は生まれ変わっていたんです。いいですか――僕自身、初めてトレーニングに参加したとき、仕事を辞め、恋人と別れました。知り合い全部と喧嘩したし、両親なんか、いまだに僕がセクトに入ったと思っていますよ。でも、僕は幸せです。僕はリアルな存在なんです。

ただし、そんなふうに強くなると、まわりにいる人間が気分を害する場合がある。ルスラナは殺された、と僕は確信しています。絶対間違いありませんよ」

ルスラナの標本の病理学的な検査の最新の結果が届いた。地面にぶつかる前に死亡していたことを示す新たな証拠はなかった、というのが結論だ。首の筋肉にも、甲状腺や舌骨にも損傷がなかったし、両眼球の強膜は白く、点状出血は認められなかったので、絞殺の可能性は否定された。そうこうするあいだにも、僕は「ザ・ローズ」の背景調査を行っていた。「ザ・ローズ」のウェブサイトのほんの片隅に、閲覧者がまず開こうとは思わないいくつかのタブの陰に小さな参照事項があり、「ザ・ローズ」のトレーニングは以前アメリカで人気があった「ライフスプリング」と呼ばれる訓練に基づいている、と書いてある。そのサイトに載っていないのは、精神的ダメージを受けたとして元信奉者たちが訴訟を起こし、それが原因で一九七四年に設立された「ライフスプリング」社は、アメリカでは一九八〇年に破産したことだ。複数のスピンオフが別の名前ですみやかに再オープンしたのだが。ロシアでは今、その「ライフスプリング」が流行している。その履歴を知る者がほとんどいないからだろう。ニュージャージー州のリック・ロスは、カルト・エデュケーション・フォーラムのトップであり、「ライフスプリング」に関する世界的権威である。僕がロスに連絡をとり、アレックス、アナスタシア、ルスラナの身に起こったことを話すと、そのパターンならさんざん見てきた、という答えが返ってきた。「ああいう組織はぜったいに自分の非を認めない。どんなときでも「それは本人の責任です」と言うんだよ。あれはドラッグみたいに働くんだ。至高の体験を与えれば、信奉者はもっとそれが欲しくなり、必ず戻ってくる。深刻な問題が生じるのは、そこから離れたときだね。トレーニングが生活になってしまっているから――それがなくなれば、また空虚さがあるばかりだ。むろん、ドラッグとまるで同じで、気持ちを切り替えて先に進む者もいるよ。だが、繊細な者や、表面化していない精神疾患を抱えた者は、壊れてしまうんだよ」。

「ライフスプリング」のコースは二人のモデルの自殺にどの程度まで責任を負っているのか？　アナスタシアの母親は何人かの弁護士に会い、「ザ・ローズ」を相手取って訴訟を起こせるかどうか尋ねてみた。すると、こう言われた。当事者がすでに死亡し、非難する手紙も残していない以上、この事案で自殺に追いこまれた人間がいることを法廷で証明するのは不可能に近い、と。しかし、「ザ・ローズ」の広告が「ライフスプリング」社に関連したリスクについての情報を提供しておらず、弱く傷つきやすい人々——途方に暮れた若い女性たち——を食い物にしていることははっきりしている。若年層の高い自殺率を示す表では、旧ソ連の国々がずらっと並んでいる。世界精神医学会の機関誌の編集したランキングでは、ロシアが二位、カザフスタンが三位だった。成年層の自殺率は好況時には一時的に低下するが、若年層の自殺率は高止まりなのだ。かつてエミール・デュルケームは、親が子に伝えるべき伝統や価値体系を持たなくなるという文明的な断絶が生じると自殺ウイルスが生まれる、と論じた。その状況では、感情的ストレスにさらされたときに、深く根差したイデオロギーが支えてくれることもない。勝ち誇るシニシズム、果てしなく変化（へんげ）するイデオロギーの（レコードの）「B面」にあるのは絶望なのだ。

「最後にルスラナと話したのはいつですか？」と僕はヴァロージャに尋ねる。

ヴァロージャは思い出そうとして少し時間をとった。

「考えてみたら……彼女が死んだ当日ですね。モスクワでは夜遅い時間で、僕はバーにいました。ちょっと騒がしかったんで、何か理由（わけ）があって電話したのか、あとでかけ直してもらえないか、と尋ねたんです。すると彼女は、とくに理由はない、と言いました。おしゃべりがしたかっただけだから、あとでまた電話する、とね。正確な時間は思い出せませんが、死の直前の一時間のどこかだったはずです。きっと僕が彼女と最後に話した人間なんでしょうね。ですが、なんの異常にも気づきませんでしたよ」

＊

三月、ルスラナは仕事を探すためにニューヨークに戻った。それ以降、ソーシャルメディアへの投稿には、困惑と自己嫌悪に満ちたメッセージに陽気な軽やかさが混じるようになった。

「わたし自身の過ち——受け入れてしまったのは。わたし自身の過ち——恋に落ちたのは。わたし自身の過ち——わたしの胸が張り裂けたのは。自業自得ね」

その先はこう続く。

「人生はとても儚くて、その流れは簡単にめちゃくちゃになってしまう。わたしはすっかり途方に暮れてるの。いつかは自分を見つけられるかしら？」

死の前日、ルスラナはニューヨークのミッドタウンの屋上で写真撮影のヒロインをつとめた。それは奇妙な日だった。最初は雨が降っていたのに、やがてカメラが焼けるほど熱い陽光が照りつけた。カメラマンの名前はエリック・ヘック。最後にニューヨークに行ったとき、僕はハーレムにある彼のアパートメントを訪ね、ルスラナ最後の日に撮影した粒子の粗い八ミリビデオを見せてもらった。このフィルムの中のルスラナは、以前の仕事のときとはまったく違っている。おとぎ話のプリンセスではなく、立派な大人の女性だった。僕はそのとき初めて本当のルスラナの片鱗を見た。「彼女はいつもいろんな役を演じるよう言われてきたんです。僕は彼女の中にそれ以上のものを見ていた。時を超越した美しさをね」とヘックは言う。「僕が彼女を撮ったのは、彼女がこちらに注意を向けておらず、ポーズをとる暇がないときでした。そういうときこそ最高の作品が生まれる。彼女が自由だったからね」。

翌日、ルスラナは死んだ。二一歳の誕生日の三日前だった。母親は今でも娘は殺されたと確信している。新たな病理学的な検査を重ねても新事実が証明されることはなかったが、推測の余地はじゅうぶん残されている。

ルスラナの死から二年以上が経っても、あのニナ・リッチの広告はいまだにロシアで使われ、ルスラナの顔は「魅惑を約束」しつつモスクワのいろんなところにかかっている。その香水は今でも一〇代相手のヒット商品だ。誘惑的な大人のムスクの香りには、子ども時代を思わせるタフィー、リンゴ、バニラの香りが混ざっている。

ソ連崩壊後のロシアのセクトの略史

「ザ・ローズ・オブ・ザ・ワールド」は、僕がロシアで最初に出会ったセクトではなかった。ソ連が傾くのと軌を一にするように、セクトが泡立つように表面に浮かびあがった。実のところ、そうしたセクトにオスタンキノの影響力を通じて勢いを与えたのはクレムリンだった。一九八九年、ソヴィエト国営テレビで新しい番組が始まった。いつものバレエや歴史劇（コスチュームドラマ）に代わり、突如画面に現れたのは一人の男のクローズアップだった。一九七〇年代のポルノスターのような風貌で、髪は黒かったが、それをしのぐ漆黒の目をしていた。声にはとても深みがあった。ゆっくり、たゆみなく、くり返しくり返し男は視聴者に指示を出した……さあ深く息をして、リラックスして、また深く息をして、と。「目を閉じてください。がんでも、アルコール依存症でも、どんな病気でも、考え方次第で直すことができるのです」。

これがアナトリー・カシピロフスキーだった。プロの催眠術師で、ソ連のウェイトリフティング・チームにオリンピックに向けての心構えをさせたという経歴を持っていた。ソヴィエト末期にこの人物がテレビに引っぱりだされたのは、国内が平穏・平静な状態を保つのに役立てるためだった。なにもかもがだめになっていく時期に、国民の目をテレビに釘づけにしておこうとしたのだ。

もっとも有名な講演において、カシピロフスキーは家庭で観ている視聴者に向かって、テレビの前に水を入れたコップを置くように言った。何百万人もがそのとおりにした。すると、カシピロフスキーは番組の最後に、スクリーン越しの影響力によって、その水が「癒しのエネルギーで満たされた」と告げた。数百万人がこれにだまされた。

しかし、カシピロフスキーはほんの始まりにすぎなかった。グラボヴォイはテレビに番組を持ち、チェチェンのテロ攻撃の犠牲者を甦らせることができると主張したものだった。一方、内なる目によって視覚障害者がものを見る方法を見つけた、と言ったのはブロンニコフである。そして、TNTの人間たちが「シベリアのコミューン」と口にした際には、彼らが指していたのはヴィサリオーンのコミューンのことだった。ヴィサリオーンはクラスノダール出身の元郵便局員で、自分はキリストの再来だと確信するようになった。一九九〇年代には、モンゴルとの国境近くの山中に宗教的コミューンである、「暁の修道院」のコロニーを建設していた。「最後の契約教会」を擁するコミューンだが、現在もその地にある。僕がまだ映画学科の学生だった頃、そのコロニーを題材としたイギリスのドキュメンタリー番組の制作を手伝ったことがあった。

僕らはアバカンまで飛行機で行き、そこから車で山中に分け入った。山々は凍り付いた巨大な波のように見えた。ヴィサリオーンと四五〇〇人の信者のコロニーは尾根にあった。たどりつくには二時間かけて山を登らなければならない。ただし道はなかった。セクトのメンバーは自分で建てた木の家に住んでいる。切り倒すのも製材するのもみずからで行っていた。食料も自給しており、アルコールや肉類は口にしない。全員が澄んだクリスタルブルーの目を持ち、いかにもたくましい肩をしていたので、実際の年齢より一〇歳は若く見えた。初めは僕の頭を占めていたのは驚異の念だけだったが、やがて信者たちが、ここで世界の終末（アポカリプス）を待っている、と言い出した。ノアの洪水のようなものが起きたときに、この山だけが安全なのだそうだ。

「クリスマスに来るなんて運がいいですね」と彼らは僕に言った。

ローマ教会のクリスマスも、正教会のクリスマスもすでに過ぎていた。

「クリスマスですって？」

「ええ、今はヴィサリオーンの誕生日がクリスマスなんです」

ヴィサリオーンの信者には、奔放な芸術家くずれ、俳優、ロック・ミュージシャン、画家がたくさんいた。教育は受けているが、今はたいていヴィサリオーンの著作ばかり読んでいる——なにせ『新・新約聖書』のなかで、ヴィサリオーンはさまざまな宗教（仏教、キリスト教、ヒンドゥー教、ユダヤ教）を合体させ、一つのメタストーリーにしてしまった。スルコフがあらゆる政治モデルをかき集めて壮大なパスティーシュを生みだしたように、モスクワの建築術があらゆる様式を一つの建物にあてはめようとしたように、ヴィサリオーンはあらゆる宗教を組み合わせてコラージュをつくった。信者たちは午前中に超越瞑想を行い、午後はスーフィズムの修行僧のダルウィーシュたちのように踊りまくる。ヴィサリオーンは信者たちに教本を与え、霊魂の再生から悪行にいたるまで、ありとあらゆることを説明した。

クリスマスの日、ヴィサリオーンは山のいちばん高いところにある自宅からおりてきて、信者たちと向き合った。流れるようなビロードのローブをまとった姿は、アマチュア劇団で『ジーザス・クライスト・スーパースター』を演じているかのように見えた。ヴィサリオーンは木造の大きなホールの正面に腰をおろし、投げかけられる質問に答えた。ある信者が妻とうまくいっていないと訴える。するとヴィサリオーンは妻の話をもっとよく聞いてやるようにと命じた。二人してお互いの子ども時代の話をしようとしたことがあるかな？

「あの方の英知が見えませんか？　あの方こそが新しい意識の申し子ではありませんか？」信者たちは僕に尋ねてきた。

ヴィサリオーンをフィルムに収めたのは、僕らが最初ではなかったし、最後でもなかった。世界じゅうからやってきたテレビ取材班（クルー）が、アバカン近くのこの山を定期的にのぼりおりした。ヴィサリオーンは数年ごとに世界の終末（アポカリプス）の到来を告げる。そして終末が訪れないと、それは信者たちの祈りと努力のおかげだと言った。「暁の修道院」のコロニーの住人たちは、それに異議を唱えるどころか喜んでいた。そのうえ、山にテレビ取材班（クルー）がやってくることで、ますます自負心を高めていた。

モスクワの近くでは、グリゴリーの魔法使いのセルゲイが僕をボリス・ゾロトフに会わせてくれた。ゾロトフは彼の師（グル）であり、『黄金の道』の著書である。モスクワから数マイル、僕らの車は小川や木の葉の音が聞こえる森に入った。着いたときは夜になっていた。路上に英語で描かれた「ザ・ゴールデン・ウェイ」という文字が、つかの間（ま）フォグライトに照らしだされる。矢印が指す先には、すたれたリゾート地があった。かつてソヴィエトの工場労働者が休暇に使っていたもので、いくつかの低層のプレハブの建物がコンクリートの塀と有刺鉄線とに囲まれている。目指すのはいちばん大きな建物だ。緑の廊下には靴が山と積まれていた。汚れたスニーカー、ハイヒール、冬用ブーツ、サンダル。僕らも靴を脱いだ。観音開きのドアをくぐると、笑い声と小さな金切り声が聞こえてくる。そこは使われなくなった体育館だった。中は明るい。ほとんどの者が床に横になり、洗っていない足の匂いがあたり一面に漂っていった。人々はもう何日もここにいるのだ。半月型に広がって横たわる人々の中心にはステージがあり、ステージ上の回転型安楽椅子には一人の男が座っていた。丸々と肥った白髪交じりの髪の男は黄色いシェルスーツを着ている。これが師(グル)のボリス・ゾロトフだった。ゾロトフが話すと、ホールの人間たちは彼に向かって復唱した。

時と物質のエネルギーが地球の核に注がれ、この惑星のベース・マトリックスにエネルギーの通り道を形成し、光の状態へと周囲の環境を導く道をつくり出した。

ヴィサリオーンは、子どもみたいなものだと考えている信者たちに向かって、やさしい、ほとんど子ども言葉のロシア語で話す。対して、意識の改革をめざして言葉をつくり変えてしまうというのがゾロトフの考えである。かつてソ連の理論物理学者だった男は、科学と神秘主義をモンタージュした言葉で「夢に現れたことの具体化」だの「現実を再分割してそのセグメントのあいだを通り抜けられるようにする」ことについて語った。セルゲイが唱えていたのは、ゾロトフの言葉だったのだ。

ゾロトフの「手法」たるや、これ見よがしに実験を行うことだったが、その実験のなかで信者たちは新しい意識レベルに到達できるのだ。それは老若も美醜も問わない人々がコミューンならではの至福のうちにキスや愛撫を交わし合う汗まみれの乱交パーティーだった。人々は一日じゅう犬や猫や豚の鳴き声のような声で話し合った。そしてゾロトフはつねにその中心に座り、汗臭いカオスをとりしきった。弟子の多くは一九九〇年代初頭からずっと彼についてきていた。その一九九〇年代初頭のソヴィエトの底が抜けてしまった時期には、何百万ものロシア人がどこまでも落ちつづけ、宇宙の核が見えるのではないかと思われるほどに現実をバラバラにしてしまっていたものだ。

「新しい意識が現れる場所は、すべてのイデオロギーの墓場であるこの国しかありえない」と、ゾロトフはよく語ったものだった。これはソ連崩壊後に出現したセクトすべてをつなぐ考え方だった。ロシアはこれほどの苦しみを味わい、これほどの衝撃に打ちのめされた、だから、ここにこそ新しい人間が、未来が生まれうるのだ、と。さらにセクトはもっと深遠な神話をも利用した。それは、ロシアは新しい救世主意識の誕生の地となる、というものだった。一五世紀、モスクワがロシア帝国の前身の首都となったとき、ここが真のキリスト教信仰たる東方正教会の最後の砦であると宣言した。ヨーロッパはカトリシズムという異端にはまり、ビザンティンはトルコの手に落ちていたが、イワン三世のモスクワ大公国が「第三にして最後のローマ」となり、聖ペテロのローマとビザンティンの聖性を継承するだろう、と。ロシアの文学や思想には救世主があふれている。ドストエフスキー作品の主人公たちは、ロシア人のみが「神を孕める民」で、キリストの再来はロシアで起こると明言している。また、ニコライ・ベルジャーエフは、こう述べている。ロシア人は「強力な救世主意識」の担い手で、それに匹敵しうるのはユダヤ人だけだ。国際共産主義はこうした考えを地政学的にもっとも野心的に表現したものだし、そこではモスクワは、「ありとあらゆる時代を終わらせる新しい時代」を生みだすたぎる鍛冶炉である社会主義の、輝ける「丘の上の都市」である、と。スターリンが建てた七つの巨大なゴッサムゴシック様式の摩天楼――堂々と聳え立ち、街のものものしさを醸し出している――は、ローマの七つの丘になぞらえたものだった。ここではあらゆる思想（必ずしも宗教的なものとは限らない）が聖像(イコン)のレベルにまで誇張されるのだ……よって、ロシアの白人至上主義者はロシアを世界の「白人らしさ」の最後の砦とみなすのだろうし、ロシアのニヒリストは唯一無二のニヒリストになるのだろう。同じく、スルコフの描く勝ち誇った「斜に構えた神秘主義者」は、ポスト・ソヴィエトのスーパーマン、「創造の高み」にいたるまでありとあらゆる考えを見通す政治工学者となるのだ。

モスクワが救世主再臨の地だとしたら、その救世主に挑むため、当然のこと悪魔もやってくる。ミハイル・ブルガーコフは、スターリン時代のモスクワの大通りを我が物顔で闊歩する悪魔の姿を思い描いた。それはまるで、モスクワがみずからの持つ意味を理解するには救世主的な理解しかない、と言うに等しい——つまりモスクワを、善と悪との壮大な戦いの場として思い描かざるをえないのだ。

ふたたびこの思想を目にしたのは、スタニスラフスキー・モスクワ芸術座でスルコフの『オールモスト・ゼロ』が上演されるのを観ていたときだった。チケットを入手するのは不可能に近かった。闇値では何千ドルもしていた。最終的には、シャンパンのボトル二本、それに劇場のトップ女優の一人に僕の両親のロンドンの家を無料で使っていいという約束をして、どうにかこうにか中に入ることができた。もっとも、その程度の謝礼では、まともな席にはありつけなかったのだが。案内人は照明が暗くなってから僕を中に入れ、クッションを一つ渡して、最前列の傍らの床に座るよう言った。おかげで一晩じゅう、どこかのモデルの甘い香りのする太腿に頭をぶつけるはめになり、連れの禿げ頭の男はいたく不機嫌な様子だった。とはいえ、その夜の観客はこのタイプばかり——国を牛耳る頭の切れる冷徹な男性陣と、それを取り巻く絶世の美女らだ。ふだんは劇場ではあまり見かけない人種だが、彼らがそこにいるのは、そうしなければならない理由があったからだ。劇場に足を運んでおけば、スルコフにばったり出くわしたときに彼の魅力的な作品がどれだけ気に入ったかを話すことができる。だけど、『オールモスト・ゼロ』の舞台化は原作小説を変えてしまったことがすぐに明らかになった。つけくわえられたセリフでは、俳優が観客に向かって直接に話しかけ、殺戮と腐敗の世界で安穏としていることを責めるのだ（挑発的な言葉を投げつけられても、冷徹な男と連れの美人は、我関せずという顔で平然と前を見ていた。けれど、その多くが幕間に帰っていった）。劇中のエゴールは、小説に出てくるスーパーマンではなく、むしろ自己嫌悪に苦しむ男だった……輝かしい人生を送りながらも、不意にくる屈辱を味わい、惨めな思いをしているのだ。地獄に堕ちた人間だった。

「モスクワが「第三のローマ」であるのは、聖都であるのは明らかではありませんか？」とルスタム・ラフマトゥリンが尋ねてくる。

僕とルスタムはカフェで向かい合って座っていた。小さな木造の建物にはソフトドリンクのネオンサインがついており、その光がリプトン紅茶とルスタムの眼鏡に反射する。僕はチキンスープを注文したが、出てきたのはただの冷めたブイヨンだったので、手をつけずに脇にのけておいた。窓の向こうに二車線のロータリーが見える。ひどく混雑していた名残で車の上には今でも黒い煙が垂れこめている。この小さなカフェの上には一九七〇年代のアパートがあるが、コンクリートブロックがむきだしで、誰かが建設を始めたものの、途中で飽きて投げ出してしまったみたいだった。ルスタムの見た目は、分厚い眼鏡をかけた昆虫のようだし、話し方はコンピューターのようだ。

「モスクワは完璧な網目構造をしているんです。モスクワの地図を持っていたら、くるっとまわしてみてください。エルサレムにぴったり重なるのがわかりますよ。ローマの地図にもぴったり合います。この街は神の御意思を表しているんですよ」

ルスタムはいかれた都市おたくではない。学者であり、体制側の新聞の一紙に寄稿するコラムニストである。僕らは彼の新作『モスクワの形而上学』について話している。この作品はベストセラーになり、高尚な文学賞をとることになる。やがて彼にはテレビ番組のホスト役もまわってくる。今のところは、ルスタムは地元の大学で「都市の形而上学」を教えている。『モスクワの形而上学』は、モスクワの通りの口伝（カバラ）の本だ。偶然のものなど何一つない。一八世紀に女の封建領主が五〇人の農奴を殺した中庭は、二〇〇年経って聖人のような刑務所医の家になっている。この医師はすべてを犠牲にして、大勢の囚人たちを更生させ、そこに宿る罪を「清め」ている。その他もろもろのことが五〇〇頁にわたって記されている。

ルスタムはいわゆる良いやつだ。モジャーエフと協力して古い家々を救い、市政の腐敗に対して抗議運動を行っている。それでもルスタムは、より広範な時代精神(ツァイトガイスト)……すなわち、連想に富み、不合理で、魔術的な時代精神の伸張をとらえている。それというのも、ゾロトフやヴィサリオーンのような連中がしょせん地方の奇人変人だとしたら、現在首都モスクワがこれまでになくユニークさを増し、(まるで我々が自分の体をひとなでするると生身の身体が肉から金に変わるのを目の当たりにするとでもいうような)速やかさと奇妙さとをもって新しい金の力で変容を遂げつつあるのをモスクワ自体が注視するにつれ、首都の中心には魔術的で救世主的な雲が渦巻きはじめたからだ。

ロシア版の「ヘルズ・エンジェルズ」である「ナチヌイエ・ボルキ」(「夜の狼」という名のこの愛国的なバイカー集団はヘルズ・エンジェルズと一緒にされるのを好まないが)の敷地内では、壊れた機械のかけらを集めてものを作る。船の連接棒が一〇フィートの高さの十字架につくり変えられている。壊れた飛行機の部品を集めてはトラックのエンジンにボルトで留めて巨大なステージを造っているし、つぶれた何台ものハーレーダビッドソンは鍛錬してカウンターにし、ボートの船体は椅子にされ、列車の車輌の一部からヴァルハラ並みの大きさの何脚ものテーブルもできている。いたるところに十字架がある。「ナチヌイエ・ボルキ」はロシアの神を見いだしたバイカー集団なのだ。

「聖なるロシアの魂を救うための時間はあと数年しかない」とアレクセイ・ヴァイツは言う。「たったの数年だよ」。ヴァイツはナチヌイエ・ボルキの指導者の片割れだ。現在、ナチヌイエ・ボルキに所属するメンバーは全国に五〇〇〇人。ベーオウルフのような髭を生やした五〇〇〇人の男がレザーの服を着てハーレーに乗っている。この男たちを変えようといちばん力を尽くしたのがヴァイツだった。その結果、かつてのアウトローたちは信心深い愛国者になり、生神女マリヤとスターリンのイコンを掲げたハーレーでモスクワの街を走っている。

「どうしてスターリンなんですか?」と僕は尋ねる。「何十万人もの聖職者を殺した男じゃありませんか?」

「神がどうして彼を遣わしたのか、我々にはわからないな。もしかしたら信仰を試すために彼は大量殺戮をしなければならなかったのさ。それは我々が判断することじゃない。病気を切り取るには、悪くない肉も一緒に切り取らなければならないんだよ」。こうして話しているあいだに、ヴァイツはオフィス用の服からレザーの服に着替えている。旧ソ連におけるバイカーの活動は、一九八〇年代末期に始まった。完全な反ソヴィエトで、自由とステッペンウルフ（ヘッセの同名小説『荒野の狼』から名付けられたカナダのロックバンド）を支持し、親米を連想させた。一九九〇年代には、ヨーロッパなどのバイカー・ギャングと結びついていたものの、まだ過激なサブカルチャーにとどまっていた。愛国主義に転向したのはもっとあとだ。言い伝えによると、ナチヌイエ・ボルキのリーダー、「外科医」の愛称を持つアレクサンドル・ザルドスタノフが路上で一人の聖職者に出会い、「あなたは生活を変え、聖なるロシアを救うのに手を貸さねばならない」と言われたという。そしてヴァイツ（本業はクレムリンが資金提供している政党「正義活動党」の指導者）がその衝動を形にする手助けをした。ナチヌイエ・ボルキはトップダウンの組織である。「外科医」とヴァイツが自分は正教徒だと言えば、全員がそれに倣う。

ヴァイツは紅茶のゴブレットに角砂糖を六つ落とし、自分の話をする。「私は俳優としての訓練を受けた。古典的なスタニスラフスキーのメソッド演技を学んだんだ。教師がよく言っていたよ。私は悲劇と喜劇の両方を、まさに同時に演じられるってね。それはまれな才能だそうだ」。そこでいったん話をやめ、原作を忠実に映像化したロシア映画の『桜の園』から台詞を引用してみせる。彼は少し間(ま)をとり、僕が拍手するのを待つ。「私が神経衰弱になったのは一九九四年だった。あのときは『桜の園』の主役として、ロンドン・ツアーに出かけていて——白い崖のあるセブン・シスターズに建つホテルに泊まっていた。あの辺りを知っているかい？　いいところだよ——それで、とにかく、もう耐えられなくなったんだ。あまりに役柄が多すぎた。「わたし（ミー）」が多すぎたんだよ」。

「芝居の役が多すぎたってことですか？」

「いや、いや、それは問題なかった。わたしはプロだよ。もっと他のことだよ。そのしばらく前から、私はヴィジョンを、宗教的なヴィジョンを見ていた。みんなの肩に天使と悪魔が乗っているのが見えた。彼らが話すとき、みんなの体に蛇が巻きついているのが見えた。蛇がその人間のほんとうの感情なんだよ。他の人間に見えないものが私には見えた。みんなのオーラ、体を取り巻く色彩……。君はいかれた人間を見るような目で私を見ているが、ただ才能があるというだけさ。私は真の信仰への道を見つけつつあった。俳優と聖職者とを両立させるのは無理だったというわけさ」

　ロンドンから戻ると、ヴァイツは芝居をやめた。信仰心はさらに厚くなった。それでも仕事は必要だったので、友人が新しい政治コンサルタント会社に職を見つけてくれた。ヴァイツはスタニスラフスキーのメソッドを用いて、政治家たちを訓練しはじめた。目標は「言葉および言葉によらない形での影響力」を行使し、「大衆の意識を操作する」ことだった。「私はメソッド演技の原則を応用した。彼らはまず自分がどこに向かうかを決めなければならなかった。求めるものはなんなのか……。君はどこに向かっているんだい、ピーター？」ヴァイツが不意に尋ねてくる。

　そんなこと、僕にはわかっていない。

「死に向かっているんだよ。我々は誰でも死に向かっている。私は政治家たちにまずそのことを気づかせた……。我々バイカーにとってもそこが肝心なんだよ。毎日を死とともに生きている。死のカルトなんだ。我々は自分がどこに行くかを知っている。ロシアは真の信仰の最後の砦なんだ」。ヴァイツはさらに続ける。「スタニスラフスキーはよく言っていた。『芸術のために君があるのか、君のために芸術があるのか』。それが西側とロシアの違いだ。君たちは帝国主義者だ。すべての芸術が自分のためにあると思っている。一方の我々は自分たちのすべては芸術のためにあるんだと思っている。我々は与え、君たちは奪う。だからこそ、我々はスターリンと神を一緒にできる。あらゆるものを我々の内に納められる。ウクライナ人もジョージア人もドイツ人もエストニア人もリトアニア人もね。西側は少数民族は絶滅させる。ロシアのなかでは少数民族は繁栄する。君たちはすべてのものが自分のようであることを望む。西側は、我々を腐敗に導く影響力を持つ者たちを送りこみつづけているんだ。西側の会社で訓練されたロシア人は違った考え方をするようになる。なぜって、西側の合理性の根底にあるのは自己愛だからね。それは我々のやり方じゃない。君たちは我々に消費文化を送りこみつづけている。だが、ワシントンやロンドンに責任があるとは思わないよ。ワシントンやロンドンに命令しているのはサタンだからさ。日常の下っかわで聖戦が行われているのに気づくようにしなけりゃね。民主主義は堕落した国家さ。『左』と『右』を分けるのは、対立を招くことだ。神の王国には天上と地上しかない。すべては一つだ。だからこそ、ロシアの魂は神聖なんだよ。あらゆるものを一体化できる。一つの聖像(イコン)の中にスターリンと神がいるようにね。このナチヌイエ・ボルキで目にするすべてのものと同じさ……壊れた機械のかけらを集めて、それらをいっしょくたに型に入れて作り出したものなんだよ」。

ヴァイツは、一瞬言葉をとめる。きっと僕は不思議そうに彼を見ていたのだろう。僕の手にある紅茶のゴブレットは中空でとまっていた。スタニスラフスキーから神の王国への話の切り換えがあまりにスムーズだったので、僕はそれらしい表情をする暇さえなかったんだ。「少なくとも私は、すべてのかけらを継ぎ合わせようとしている」。ヴァイツの声は前より静かになっている。「まだ進行中の仕事だ。もしかしたら成し遂げられないかもしれないな」。

けれど、ナチヌイエ・ボルキが政治と宗教を結びつけたことには、きわめて実用的な側面もある。二〇〇〇年代、国際的なバイカー・ギャングがロシアに勢力を拡大しようと考え始めた。なかでももっとも傑出していた「バンディドス」(発祥はアメリカだが、現在は世界規模に広がっている)は、ナチヌイエ・ボルキを地方支部にしようと申し出た。しかし、ナチヌイエ・ボルキは自治を望んでいたし、メンバーの統制をとるためには独自の信条が必要だった。そこで彼らは「まわりはみんな敵だ」という国家主義的なプレッシャーをかけ始めた。ナチヌイエ・ボルキは記章をロシアのものに変え、「バンディドス」がロシアをドラッグまみれにしたがっているという噂を広めはじめた。ナチヌイエ・ボルキに対するこの外国からの脅威にどれだけ現実性があるかは測りがたい。ロシア国内で、ナチヌイエ・ボルキのメンバーが一〇〇〇人単位なのに対し、「バンディドス」はたかだか数十人。しかし、ヴァイツが話すのを聞くと、彼らは包囲されているのだ。

ナチヌイエ・ボルキのことを知ったとき、スルコフは喜んだ。ロシアには新しい愛国主義者のスターが必要だ。クレムリンの壮大なリアリティー・ショーは、オーディション歓迎だ。ナチヌイエ・ボルキはまさに必要とされていたタイプであり、クレムリンが抗議者たちの語りを書き換えるのに役立つ。かくして抗議者たちの視線は政治的不正と腐敗から聖なるロシアと外国の悪魔の対立の方へと移り、経済の衰退や、官僚がすべての取引において要求する賄賂が一五パーセントから五〇パーセントに跳ね上がったことは話題にのぼらなくなった。ナチヌイエ・ボルキは年に一度のバイク・ショーやクリミア半島でのロックコンサートに政府から援助を受ける。かつてロシア帝国の宝石だったクリミアは、ソ連時代にウクライナの一部となった。

ナチヌイエ・ボルキはここで盛大なショーを催すことで、ウクライナから半島を取り戻し、偉大なるロシアの領地を回復しようと呼びかけている。写真撮影の機会には、彼らは大統領の傍らでポーズをとるのだが、その際には大統領はレイバンのサングラスとレザーを身につけ、三輪のハーレー（三輪はうまく扱えない）にまたがっている。ナチヌイエ・ボルキが開催するメガ・コンサートでは、二五万人のファンが歓声をあげ、第二次世界大戦中のスターリングラードでの勝利、そしてロシアが西側と戦うことを運命づけられた永遠の聖戦を祝賀するのだ。シルク・ドゥ・ソレイユのような空中ぶらんこ、スピルバーグ作品のようなスケールでの戦闘の再現、宗教的イコン、法悦（エクスタシー）――そのさなかにスターリンの演説が二五万人を相手に大声で読みあげられ、このソヴィエトの戦士が聖なる存在であることが宣言される。それが終わると、また若い女性たちが踊り、そこでナチヌイエ・ボルキの賛歌『スラブの空』が披露される。

我ら不信心者のくびきにより痛めつけられど、
スラブの空、我らが血を沸き立たす……
ロシア語が異国民の耳の中で鎖かたびらのように鳴り響き、
大勢の白人が雑木林から星々にまで駆け上る。

僕は、亡くなったモデルたちと「ザ・ローズ・オブ・ザ・ワールド」に関する番組制作に取り組むうちに、今やテレビのいたるところに新しい神秘主義が忍びこんでいるではないかと気づき始める。

オスタンキノのいくつもの放送局のプライムタイムの番組では、大統領の痛悔司祭のティーホン掌院が黒く長い司祭平服（カソック）をまとってイスタンブールじゅうを歩きながら、ビザンティンの没落についてや、偉大な正教帝国（ロシアはその後継者だ）をオリガルヒと西側とが一緒になってどのように落ちぶれさせたかについて語っている。歴史の専門家たちはこの似非（えせ）史学に大声で異議を唱えているが、クレムリンは宗教や超自然現象を自身の目的のために利用しだした。ビザンティンとモスクワ大公国は、一人の偉大な専制君主のもとでのみ繁栄することができた、とティーホン掌院は明言する。ゆえに大統領には皇帝（ツァーリ）のようであってもらわねばならない、と。

　科学に基づくはずの番組でさえ、その影響を免れない。「心理兵器」に関するドキュメンタリーがプライムタイムに大量に放送されている。その一つが『ザ・コール・オブ・ザ・ヴォイド』である。この番組にはシークレット・サービスの男たちが登場し、これまでに開発してきた心理兵器の数々を紹介する。たとえば、ロシア軍には「スリーパー」と呼ばれる霊能者がいる。トランス状態になって、世界の集合的無意識、いっそう深い魂に入りこみ、そこから外国の政治家の頭の中に侵入して、邪悪な企みをあばく能力があるという。あるスリーパーはアメリカ大統領の頭に入り、さらには顧問の一人の意図を再構成して、アメリカがどんな忌まわしい計画をもくろんでも絶対に実現しないようにした。この話が伝えるメッセージは明快だ。シークレット・サービスがアメリカ大統領の頭の中を覗けるなら、誰の頭の中も覗けるに決まっている。国家はいたるところで国民の思考のすべてを監視している。ロシアテレビ史上、もっとも金がかかったドキュメンタリーは、『かび（プレセニ）』と呼ばれている。その主張は、かびが地球を乗っ取ろうとしている、モーゼの時代からずっとそうだ、というものだった。かびは悪魔の兵器であり、それについては古代の神秘な文書の中に言及がある。目には見えないが、遍在する敵。有害な胞子が人間の生命に侵入し、病気や死をもたらしている。番組が終わると、恐怖にかられた大勢の人々が「かび浄化装置」を買いに走ったが、番組中で宣伝されたこの商品の製造業者はプロデューサーの中にいた。霊能力を持つスパイや空気で運ばれる菌類に包囲され、視聴者はつねにパニックと中世的な法悦を味わっている状態にある。理性的な批判の言葉がテレビから排除されるのが増えるにつれ、過去および現在に関する批判的な番組の制作は減ってゆき、神秘的な語り(ナラティヴ)が幅を利かせるようになる。

「金融危機のせいでクレムリンは気を揉んでいるの」とアンナが言った。この友人はかつてTNTで働いていたが、今はオスタンキノでエンターテインメント番組を制作している。そのとき僕らは「クールボアジエ」というバーで一杯やっていた。「スピリチュアルな事柄は国民の気をそらすのにもってこいなのよ。いつだってそうだわ。高い視聴率が見こめるしね――ロシア人って、状況が悪くなると、神秘主義にはまるから。一九九〇年代を思い出してみて」。

ついにはカシピロフスキーまでもがテレビの主流に返り咲き、不死性、幽霊、「たわむ時間」についての全一一回のドキュメンタリー・シリーズの司会をしている。そのうえ、依然として「ザ・ローズ」についての素材を編集していると、僕はロシアにおける「ライフスプリング」的な活動が力を増しつつあることに気づいた。オスタンキノでも最大のチャンネルがまた別のライフ・コーチ（「ザ・ローズ・オブ・ザ・ワールド」のコーチより口がうまく、ずっと成功している）が登場するパイロット版を制作し、トレーニングで受ける屈辱と、そこからもたらされる変化を一つのショーに仕立てあげる。オスタンキノのトップはそのフォーマットを大いに気に入っている。涙と葛藤を注(つ)ぎこめば、人気上々のテレビ番組が生み出されるというわけだ。

「ザ・コール・オブ・ザ・ヴォイド」（頭の中で飛び降りちゃえと唆す声が聞こえる……）


「疲れた顔をしているわ、ピーター」

「ヴァケーションをとったほうがいいわよ」

「どう言ったらいいか、あなたはあんまりにも……」

「この物語に感情的になりすぎているのよ」


　僕はＴＮＴで例のモデルたちの物語の編集について話そうとしているが、うまくことが運ばない。巻毛の女性と、赤毛の女性と、ストレートヘアの女性プロデューサーたちは人が良いので口に出せずにいるが、内心では僕が強迫観念にとりつかれてると思っているのだろう。それもあながち間違いではないが。「ザ・ローズ・オブ・ザ・ワールド」で起きたことを解明するのに膨大な時間を費やしたせいで、今の僕はそのことばかり考え、そのことばかり話すようになっている。高層ビルのそばを通るたび、亡くなった二人の女性を思い浮かべ、助走をつけて飛び降りる前にはどんな気持ちだったのだろうと考える。

　プロジェクトは遅れに遅れ、もはや誰も締め切りのことさえ口にしない。


「ちゃんと言ったはずよ。後ろ向きの話ばかりじゃ困るって」

「ハッピーエンドが必要なのはわかっているでしょ」

「前向きな話はどこにあるの？」

「いつになったら見つけられるの？」


　ベストを尽くしますよ、と僕は答える。

＊

「いつまでTNTの仕事を続けるつもりなの?」アンナに尋ねられる。かつてTNTで番組制作をしていた友人は、今はオスタンキノ放送ビルに入っているメジャーリーグ級の放送局の一つに移籍している。「あんなの子どもの遊びよ。本物の作品をつくりたいなら、オスタンキノで働くべきだわ。いつなら面接に来られる?」TNTで働く者の多くにとって、TNTで成功したというのは、チャンネル1にスカウトされることを意味する。とんがっているコメディアン、司会者、「クリエイティブ・プロデューサー」と呼ばれる面々は、誰もが契約を手に入れつつある。

オスタンキノ放送ビルの中に入ったことはほとんどなかった。一〇年ほど前に、リアリティーを定義する政治工学者たちとの会議に出るために最上階に上ったとき以来だった。だけど、細く尖った巨大なテレビ塔の方はいつも僕にとってコンパスの役目を果たしてくれたし、街で道に迷ったときの目印だった。テレビ塔は、建てられたばかりの大聖堂のろうそくの炎のような形ににょきっととびでたドーム、スターリン・ゴシック様式の塔の鮮やかな赤い星、そこらじゅうに建つ摩天楼、旋回するクレーン、大きく振れる解体用の鉄球（地平線の彼方に向かって永久運動をしている感がある）といったものが立ち並ぶなかで、いつも真北に聳え立っているのだから。

僕の面接は遅い時間の午後一〇時過ぎに予定されていたが、僕が到着したときでも、テレツェントル（テレビセンター）駅も、横幅があって平たい感じの放送ビルも、まだ煌々と明かりがともっていた。バルト海から太平洋にまで広がり、世界の陸地の六分の一の面積を占め、九つの時間帯（タイム・ゾーン）を持つ国……統合し、支配し、結束させるのを可能にする力を持つのはテレビしかない国において、プロパガンダの巨大な「破城槌」が休むことなど許されるわけがなかったのだ。

オスタンキノ放送ビルのロビーは、ぴかぴかに光るタイルとガラスですっかり模様替えされている。薄汚れた古いカフェテリアはなくなり、さまざまな飲み物を取り揃えたコーヒーバーがあった。ジャスミン茶、カプチーノ、レモンのスライスがついたコニャック。メイン・ドアの左側に建築中のものがあり、やかましい音が聞こえた。正教会の新しい礼拝堂だそうだ。

僕はアシスタントに出迎えられ、エレベーターで上に向かったが、途中でドアが開くたび、その向こうに違う文明があった。あるフロアでドアが開いたときは、プライベートジェットなみに新しい、黒色クロムめっきのニューススタジオが見えた。ふたたび開いたときは、一九七〇年代に逆戻りし、ブリーチした髪を高く結いあげた成熟した女性たちがベージュ色の廊下を歩いていた。あるフロアは改装中、あるフロアは明いブルーという調子だった。オスタンキノ放送ビルの改修は断片的になされるものだし、大きなビルが一〇〇〇もの小さな領地に分割されていて、それぞれが自分なりの変遷を伴いながら継続してゆくのだ。

やがて目的のフロアにつき、廊下が始まった。左、右、左、いく段か階段を下りる。これでは帰り道がわからない、と歩きながら僕は思った。こんなにたくさんドアがあって、どれも同じなんだから。

僕が面接を受けるレッド・スクエア・プロダクションズは、チャンネル1から委託されて、事実に基づく大がかりなエンターテインメント番組を制作している。オーナーはチャンネル1のトップの妻だった。レッド・スクエア・プロダクションズの「クリエイティブ・ディレクター」の個人オフィスに入る前には小さな待合室がある。そこで待つよう言われる。僕は持参した最近担当した番組のDVDを手の中でシャッフルした。一時間以上待たされた。いらいらして煙草を喫いに外に出たくなったが、戻り道がわかるかどうか心配だった。真夜中近く、ようやくなかに通された。

入口のドアは重かった。オフィスのなかには大量の本が並んだ木の棚と、細長いテーブルがあり、その向こうの広く大きな窓からはモスクワの夜景が見はらせた。テーブルの反対側には若い男性が座っている。痩せていて、顔が青白く、髪は黒くて柔らかい。明るい色のスーツに身を包み、つねに笑みをたやさなかった。これがドクター・クルパトフ――ロシア初のテレビ自己啓発心理学者だ。自身の番組を持ち、一財産を築いた。この番組では、人々が涙を流しに来て、どうやって人生を変えればいいのかを教えてもらう。不安を克服する方法から、すてきなセックスをする方法、子どもの愛し方、富の築き方にいたるまで、ドクター・クルパトフはなんでも教えられる。オフィスの壁を埋め尽くすのは彼の自己啓発本である。神経言語プログラミング、催眠術、死別カウンセリング、哲学に精通しているのだ。オフィスの壁を埋め尽くすのは彼の自己啓発本である。今や彼は自身の番組を持つスターであるだけでなく、最重要チャンネルのトップにもっとも近い製作会社のクリエイティブ・ディレクターでもある。よって、全国民が不安に打ち克ち、ずっと冷静かつ幸福でいられる……そんな番組を選ぶ責任がある。

ドクター・クルパトフは僕に椅子を勧め、僕の仕事をどれだけ気に入っているかを話した。嘘なのはわかっているが、なにぶんとても感じがよく、しかるべきポイントで必ず頷いて同意してくれるし、本気で興味を持っていると僕に感じさせるのにちょうどよい程度に話をかみ合わせてくれる。ロンドン出身者にとってロシアで働くのは奇妙なことに違いない、と彼は言う。「ええ、そのとおりです！」と僕は答え、予期せぬ体験や災難の数々についてたっぷり語った。そして気づかぬうちに三〇分が過ぎ去り、オスタンキノがもたらす居心地の悪さは完全に消えていた。

翌日、アシスタントの女性から電話があった。ドクター・クルパトフは僕をとても気に入り、オスタンキノは僕にオファーを出したいという。あの面接がどんなパーソナリティ・テストだったにせよ、僕は合格した。歴史ドキュメンタリードラマの舵を取りませんか？　俳優や復元物、セット・デザイナーにミニ映画なみの予算をかけられますよ。それは西側でテレビという木のてっぺんにのぼったときに制作できる類のものだった。TNTでは夢に見ることさえできないだろう。ロシアでは新しいジャンルだし、オスタンキノの景気がよい今だからこそ、そうしたことをする余裕がある。観察に基づくストレートなドキュメンタリーから離れたい、と僕はしばらく前から思っていた。衣装やカメラアングルのことをもっと考え、逆に葬儀やセクトや自殺のことを考える時間を少し減らしたかった。

制作が予定されているのは第二次世界大戦中の提督の物語だ。クレムリンがヒトラーの意図から目をそむけてまだ和平を望んでいた頃、この提督はスターリンの命令を無視し、ドイツへの攻撃を開始した。そして、のちに粛清され、ほとんど忘れ去られていた。いい話だ。本当にいい話だ。まさに夢のプロジェクトだ。

決めるには時間が必要ですが、と僕はアシスタントの女性に言う。

急がなくていいですわ、と彼女は答える。

*

亡くなったモデルたちを題材としたプロジェクトは遅れに遅れ、予算も大幅にオーバーしている。前払い金はとうの昔に使い果たし、制作を続けるため、僕は家族に頼んで金を出してもらっていた。石油ブームの終焉とともに、SNOBのような会社が支払いをしなくなってすでに久しい。モスクワ川の眺めがすばらしかった以前の住まいを出て、もっと狭く、汚く、家賃が安いアパートメントに移らざるをえなかった。そのすぐそばには北コーカサス出身の商人たちがブランド・スーツのコピー品や盗品の携帯電話を売っている市場があった。夜になると、僕のアパートメントの窓の下で、この商人たちと人種差別主義者のサッカーファンの喧嘩が始まる。街のこのあたりの住人は、プラスチック製でスポッと脱いだりつっかけたりできる中国式のスリッポンを履き、プラスチックのバッグに荷物を入れて持ち歩く。愛想のいい小さな店で売られるニシンは蓋のない汚れのついたコンテナに入っている。ニシンの匂いは熱気にこもって、通りを満たす。

ある朝、僕は口の中に焦げた味を感じて目を覚ました。まわりは一面煙だらけ。慌ててキッチンに駆けこみ、料理用こんろに火がついていないかどうかを確認したが、大丈夫だった。顔をあげると、外の通りも煙だらけなのがわかった。黄緑がかったひりひりする煙が、閉じた窓に沿ってもうもうと立ちのぼり、僕が夏には閉めないでおく一つの窓からじわじわと中に入りこんでいる。まるで通り全体が火事になったかのようだ。押しあけて小さなバルコニーに出てみると、その通りだけではなく、モスクワ全体が同じ状態だとわかる。建物も、弱々しい木々も、第三環状道路の高架道路も、すべてがもやに包まれ、見通しがあまりきかない。煙で目がちくちくする。その煙からは火と松と森のにおいがしたが、ガソリン、交通渋滞、香水、何か工業的なもののにおいも混じっていた。そして泥炭（ピート）のにおいもする。また泥炭火災の季節が巡ってきたのだ。

夏場にだが、年によってはこの泥炭火災が起こる。モスクワ周辺の泥炭野が発火して、煙が町に流れこむ。とても濃い煙なので、まるでコートのようにすっぽり包まれることもあった。喘息患者、高齢者、子どもは田舎の親戚を頼って急いで街から離れていく。しかし、やがて煙はそこにもやってくる。おかげで人々はどんどん遠くへ行かなければならず、ついにはサンクト・ペテルブルグやブリャンスク、モナコまでも目指すはめになる。

通りに人気（ひとけ）はなく、まるで町が見すてられたようだ。煙をかきわけながら進んでいくようなものだ。ようやく他の生物の気配にゆきあたった。カツカツという音——最初はぎょっとしたが、その正体はすぐにわかった。ハイヒールなのだ。若い女性がそばを通りすぎていく。ハイヒールとビキニ、そして防塵マスク。それほど暑かった。やがて人が次々と現れては、ふたたび煙の中に消えていった。紙吹雪の撒かれたウェディング・パーティーも煙の中に入ってしまい、そうなると永遠に見失われたように見える。一人の警官がすっかり途方に暮れている。恋人たちはキスをしている。

僕はビールを買ってアパートに戻った。ベッドの上にはカメラがあり（古ぼけてぼこぼこになったメタルケースのZ1で、高解像度（ハイデフ）カメラの到来以降、解像度でもはや販売有効期限が切れた代物だ）、そのまわりにはテープが散らばっていた。TNT用に前向きな物語を探してキャスティングをしたり、どんな感じになるかとちょっと撮ってみたりしたテープだった。テープにはアレクサンダーに関するものがたくさんある。アレクサンダーは盲目のサッカー選手で、ロシア初のブラインドサッカー・チームのスターである。彼の物語は視聴者を鼓舞するのではないか、と僕は期待をかけていた。アレクサンダーは状況に打ち克った人間である。子どもの頃から目が見えなかったのに、今はパラリンピックの候補選手なのだから。

テープの中のアレクサンダーは赤毛を長く伸ばしており、まるでヴァイキングの神のように見える。大きな声で話し、どこへ行くにも恋人と一緒だ。恋人は物静かな若い女性で、幼い子どもたちに音楽を教えている。二人がいっしょに歩くときには、彼女がアレクサンダーの肘の下にそっと手を添え、柱をよけさせたり、ドアをくぐったりさせた。この女性もやはり視覚障害があり瓶底のような眼鏡をかけているが、アレクサンダーと違って視力がある。

盲目の若い男性はたいてい弱視の女性とつき合う。若い男性は——それもサッカー選手なら、なおのこと——タフに振る舞うものだが、主導権を握っているのは女性のほうなのだ。彼女らには見えるからだ。盲目の若者はつねに気を揉んでいる。恋人が他の誰かを見つめてはいないか、同じ部屋のなかで他の誰かと触れあったり、キスをしたりしていないか、と。

アレクサンダーはディナモ・モスクワを応援している。週末は必ず、筋金入りのサポーターたちに囲まれ、スタンドのゴール後ろに陣どる。盲目のサポーターはたいていラジオ解説を聴くが、アレクサンダーは聴かない。僕に言うところでは、ゲーム中に起こっていることは、内なるサッカーの目で感じられるのだそうだ。ディナモ・モスクワは人種差別主義者のサポーターが多いことで知られている。僕はほどなくアレクサンダーも例外ではないことを知った。

「通りにクロい奴らがいるのが音でわかるんだ。地下鉄のなかでも、あいつらの言葉が聞こえる。昔、俺んところの中庭はロシア語の響きで満たされていたのに……クロい連中がいるのが耳に入ったら、とにかく行ってぶん殴る。あっという間（ま）にな」

アレクサンダーの喧嘩とは、めちゃくちゃに腕を振りまわすことだ。しかし、うまく当たれば、その威力はすさまじい。

「ロシアは偉大な帝国だから、他の大国があちこちで領土を引っぱがしたがるんだよ。俺たちは力を取り戻し、失った領土を占領するし、ウクライナからはクリミアを奪い返さなきゃならないんだ」。サッカーのサポーターたちはそう言い、その舌の根も乾かぬうちにこう続ける。「俺たちが欲しいのはロシア人のためのロシアだ。コーカサスや中央アジアから来たクロい奴らにはとっとと帰ってもらわないとな」。

これこそずっと、ロシアの新しいナショナリズムが抱えてきたパラドックスだ。一方では周辺地域すべてを征服することを望み、他方では人種的に純潔な強国であることを望む。この混乱から生じるのは、募る一方の怒りのみ。フーリガンやスキンヘッドはごまんといて、何十万もが行進してクレムリンの向かいの広場を発煙筒で照らしだし、「クロでないなら、ジャンプしろ」と差別的な「チャント」を叫ぶ。そして一斉にジャンプすると、舗道が揺れるのだ。

僕が手をつける前向きな話は、どれもこれも、結局は陰気なものになるようだった。ベッドの上にはもっとテープがある。カーチャという名の少女は、臨死体験をしたおかげでアンフェタミン注射をやめることができた、と話していた。しかし、いざ撮影を始めると、彼女が僕にずっと嘘をついていたことがわかった。本当は処方鎮痛剤（堕落したFDCS職員に分け前を払っている薬局から違法に購入したもの）から抽出したモルヒネを吸引していたのだ。そのうえカーチャは、強盗に遭っただの、借金を完済しないんで追われているだのと訴えて、しじゅう僕に金をせびるのだ。

「フェメン」を名乗るキエフ出身の女性たちの一団は、服を脱いで裸になって国家行事の場を走りまわることで買春ツアーに抗議し、支配体制の性差別主義に注目を集めようとした。これこそまさにTNTにぴったりの話に思えた。しかし、「フェメン」は突然、大統領への抗議を始めた。僕が連絡すると、「家父長制は政治的問題よ」という答えが返ってきた。TNTはもう決してこの団体に関わらないだろう。

金は尽きかけている。僕はオスタンキノに雇われることを考えていた。

オスタンキノが制作する『ザ・コール・オブ・ザ・ヴォイド』や見え透いたプロパガンダ番組にも、とげとげしいリアリスティックなドラマや辛口のコメディーが、必ずいくらか含まれている。プロパガンダは笑って無視し、良い部分だけを見ることは可能だった。僕の知り合いたちは実際にそうしている。チャンネル1が僕に制作を依頼してる作品に悪いところは何もなく、良い物語なのだ。それでも僕は気づいている。たとえ僕の作品が公明正大なものであっても、スターリンおよびその最新の化身である大統領を誉めたたえる内容の第二次世界大戦賛歌のあとへと簡単にまわされてしまうだろう、と。僕の作品は「良い」番組になり、僕が関わりたくないことすべての正当化に使われてしまうのだろうか？　信頼を勝ちうる番組となるとして、次の瞬間にはその信頼ゆえにいいように使われてしまうのだろうか？

しかし、よく考えてみれば……チャンネル1の他の番組がどれもこれもプロパガンダだとして何だというのだ？　大勢の善良な人たちがオスタンキノのために大型番組をつくっているが、そのことで彼らを責める人間などいはしない。人は誰でも、小さくとも自分の居場所を見つけなければならないのだ。ここにいる誰もが言いたがるように、独自のプロジェクトを実現させ、かつ「手を汚さない」ままでいることだ――他のことは知ったこっちゃない。ただの職だ。職はその人間とイコールじゃないさ。

＊

成長するあいだ、僕は両親のソ連での生活がどんなものだったか、どうして国外移住したのかについて、実際のところさして深く考えたことはなかった。ソ連は、みんなが離れてきたどこかの土地というのに過ぎなかった。僕の父親はナボコフやソルジェニーツィンの本を広めたというので逮捕されていた。そんな窒息しそうなところを出て行こうとしない人間がいるだろうか？

だけど両親が拒絶したのは正確には何だったのだろうか？　僕はいつでも単純に「独裁制」だと決めてかかっていたけど、独裁制という体制が現実にどのようにまわっているのかについてはあまり考えたことがなかった。その頃になって、僕の母親がかつて僕にしていた話を、僕は思い出していた。

母親は一五歳だった。一九七一年のことだ。キエフの郊外のどこにでもある学校で、先生が「今日は特別なお客さんが来ます」と言ったのだ。ラジオ・コミンテルンから来るので、ソヴィエトの考えを西側へプロパガンダ放送するエリートの一人だった。

その男性は三〇代で、ジーンズとレザージャケットを着こんでいた。いちばんクールで、いちばん反抗的で、ただしいちばん良いコネのある者だけが（だいたいいちばん良いコネがなければ反抗的になどなれなかった）、ジーンズとレザージャケットとを自分のものにできた――両方とも西側からしか入手できなかったし、西側にゆくとか、あるいは西側にゆく誰かを知っていることさえ特権だったのだ。この男性は窮屈な教師連中とはまるで別の人間だった。教壇の端に座ってわけしり顔な薄ら笑いを浮かべていた――母親があとになってKGBの連中の特徴だと悟った薄ら笑いであり、僕が現在大統領や彼を取り巻く連中たちが浮かべているのを見る薄ら笑いだった。自分たちは何でも見抜けるとわかっている人間たちの笑みだ。

「特別なお客さん」は子どもたちに、ロシアがいろんな敵に包囲されている状況とか、西側のスパイや西側の影響にどれだけ注意しなければならないかを語った。

それから「特別なお客さん」は廊下に煙草を喫いに出た。生徒たちも続いた。彼は生徒たちに煙草を渡したので、生徒たちはびくびくしながらも火をつけた。それでも教師たちはあまりにも「特別なお客さん」が畏れおおかったので、生徒たちが彼と煙草を喫うのをやめさせるのをはばかった。彼は自宅にビートルズのレコードを集めていることを話した（母親は人前で「ビートルズ」という名前を口にするのさえいつでもびくびくしていたというのに）。彼は、一九六八年には「反革命」からチェコスロバキアを「解放」したソ連軍の一人としてプラハにいた。彼は生徒たちに、その古い都市のカフェに飲みに出かけていたことを語った（母親は「その古い都市のカフェ」を想像しようとしたが、頭の中に思い浮かべるのに大いに苦労したものだった）。

そのうえ、彼は生徒たちに、一度など彼がカフェに座っているとチェコ人が何人か走りこんできて叫び始めたんだ、と語った。「ロシア人、帰れ！　ロシア人、帰れ！」と。

これは母親に感銘を与えた。母親はソ連がチェコスロバキアを「解放」したことについての戯言（たわごと）をそれまでずっと信じていたからだ。ソ連が地球社会の正義のために戦っていると信じていた。

「あなたに会えてその人たちは嬉しくなかったというんですか？」と母親は尋ねた。

「特別なお客さん」は母親のことを、間抜けでも見るように見た。

ソ連で育った人間なら誰しもが覚醒する瞬間があったのだ。母親にとってはこのときがそうだった。そうして自分のまわりの世界を眺め始めると、誰もが取り繕っていること、朝と晩で違ったものであっても信じるふりをしていることが、段々とわかってきた。だけど怖くもあった。恐れと皮肉とが共存していた。あまりにもたくさんの声が同時に聞こえるのだ。午前中コムソモールにいた同じ人間が、午後になるとソルジェニーツィンの本を読む。職場ではよき社会主義者が、台所では密かにＢＢＣを聴いているってぐあいだ（密かにと言っても、誰もが自分でもＢＢＣのリスナーだったから、聴いていることは知られていたんだけど）。

僕が、ロシア人の上司たちや年配のプロデューサーたちやテレビ業界を仕切っているメディア人間たちに、ソ連の終わりに近い時期に成長するのはどんなものだったか、身のまわりにあふれていた共産主義イデオロギーを信じていたのかと尋ねるたびに、彼らは僕のことを笑うのが常だった。

ほとんどの者はこう答えた。「馬鹿言いなさんな」。

「でも歌を歌っていたんでしょう？　コムソモールの良きメンバーだったんでしょう？」

「もちろんそうしてたよ。歌を歌っているときには気分が良かったな。で、そのあとすぐに『夢のディープ・パープル』とＢＢＣを聴いてたってわけさ」

「じゃあ、反体制派だったんですか？　ソ連の終焉を信じていたんですか？」

「いいや、そんなことはなかったな。君は何気に何ヶ国語もしゃべるな。同時にでもしゃべれるし、いつでもしゃべれる。いくつもの「君」がいるようなものさ」

この観点からすれば、ロシアの壮大なドラマとは、共産主義と資本主義のあいだ、一つの熱烈な信条ともう一つの熱烈な信条のあいだの「移行」ではなく、ソ連最後の二〇年間だか三〇年だかわからないが、誰も共産主義を信じていないのに、まるで信じているかのような暮らしを続けたことであり、いま現在は見せかけの社会しかつくれないことだろう。このため、例の共通の心理はいまだに日常的なものとして残っている。オスタンキノのプロデューサーたちは、日中は大統領を賛美するニュースをつくるが、仕事が終わるやいなや、反対派のラジオ放送をつける。政治工学者たちは役割から役割へと水の流れのように自然に変身する――国家主義のワンマンかと思えば、次の瞬間にはリベラルな唯美主義者になっているのだ。「東方教会信徒」のオリガルヒたちはロシアの宗教的保守主義のために聖歌を歌う――そして資産と家族はロンドンに置いておく。「公的」な自分と「私的」な自分の違いはどの文化にもあるものだが、ロシアにおいてはその矛盾がひどく極端になりうるのだ。

　もやで息のつまるモスクワを歩きまわっていると、街の地勢がこうした分裂をいかに明確に表現しているかが目に入る。弱い者いじめが横行する大通りでは、実業家でもある官僚、賄賂、制服を着た狼男（ウイアウルフ）が幅をきかせ、そこで生き延びるためには、彼らと同じくらい腐敗するしかない。しかし、ほんの数メートル先には静かな中庭があり、牧歌的といえるほどの雰囲気と、田舎町でなら上品と思われるものを湛（たた）えている。この二つの世界は対立している、と以前の僕は考えていた。しかし、実際は共生しているのだ。言ってみれば、今はあるアイデンティティを奨励され、次の瞬間には正反対のアイデンティティを奨励されるようなものだ。おかげで人はつねに小さな断片に分割されてしまい、状況を変えることに専心できなくなる。そこから生じる結果の一つがいくらか攻撃的な無関心であり、ここではしょっちゅうそれに出くわす。公式にはソ連はとうの昔になくなったかもしれないが、かつてソ連を支えたその根元的なメンタリティが現在の新しいロシアをも支えている。ただし、こうした分裂は大きな慰めももたらしてくれる。つまり、罪悪のすべてを「公的」な自分に押しつけられるのだ。経費を流用したのは私ではない。プロパガンダ番組をつくったのは私ではない。大統領に膝を屈したのは私ではない――ただ役を演じていただけなのだから。本当の私は善人なのだから。なにも否認しようというのではない。暗い秘密を隠そうということでさえない。私は自分の行いのすべて、罪のすべてを直視することができる。ただ、生活の感情面を都合よく作りかえて、気にかけないようにするだけのことだ。

　このメンタリティは町の建物に如実にあらわれている。僕の頭上にバルコニーが突き出ていた。煙の中なので、一見したところ、宙に浮いているように見える、ロシア人はがらくたをなんでもバルコニーに置き、丸見えのままにしておく。パラボラアンテナ、ピクルスの瓶、壊れたおもちゃ、パンクしたタイヤ――あらゆるものがバルコニーにある。イギリス人は思い入れのあるがらくたや知られたくない秘密を遠く離れた庭の小屋の中に積んでおく。ドイツ人は地下深くの「ケラー」に暗い記憶をすべて隠しておく。しかし、ロシアではただバルコニーに放りだすだけ。室内からなくなれば、隣人に見られようが別にかまわないではないか？　あのがらくたはいつか別のときに処理しよう。もう自分のものではないのだし。

　とはいえ、誰もがこの曲芸的(アクロバティック)とも言える心理的な自己分割をやりとげられるわけではないし、そうすることを望まない者もいる。一九七〇年代のあるとき、一〇代後半だった僕の母は、ベッドに横たわり、自分は正気を失いかけていると思ったそうだ。あまりに多種多様な人間にならなければならず、中心というものがない。自分が小さなかけらに分裂していくのをまざまざと感じた。そのとき母の旅が始まり、やがて反体制派の少数グループを見つけた。彼らは独自のボキャブラリーを持っていた。「品位(ポリャードチノスチ)」の実際上の意味は密告者ではないことであり、「尊厳(ドストーインストヴォ)」とは、クレムリンは望んでいても自分は嫌っていることは映像化したり、本に書いたり、口にしたりしないことだった。一九七〇年代、たくさんの人々にとって出口は刑務所か国外移住しかなかった。現在も、ときとしてはそれしかない場合がある。

＊

泥炭のスモッグを締め出そうと窓は閉めっぱなしにしておいたが、それでもやはりあちこちから入りこんでくる。僕の服、髪、眼鏡、カメラは煙のにおいにまみれている。何度も何度も服を洗っても、においをとることはできない。髪を剃り落しても、においは頭皮や指にしみついている。国家非常事態が宣言されていて、クレムリンの青年隊「ナーシ」が巨大なホースを持って消火活動にあたっているところが紙面を飾った――やがて、その写真も捏造（フェイク）だとわかったけれど。オスタンキノのニュースでは、大統領は危機を制御していると言っているが、救急サービスが出動できないことが続く。何年も修理されていなかった消防車が故障するからだ。国民は自力で火を消そうとし始め、バケツを手にした自警団がロシア中部の森の中で轟音をあげる炎と闘っている。

前向きな話は見つからない、と僕はＴＮＴに言った。金は尽きてしまった。もっと欲しいとせがむこともできたかもしれないが、本当のところ、僕はそれを望んでいない。そのうち別のディレクターが加わって、二つをうまーくつなぎ合わせて前向きな話をつくるだろう。その手のことは僕より彼らのほうが得意だし、作業スピードもはるかに速い。僕は取り返しのつかない失敗をした。巻毛と赤毛とストレートヘアの三人のプロデューサーは、最初のうちこそ怒っていたが、そのうち僕のことを憐れんでくれる。

幸せそうなネオンが輝くＴＮＴは尻込みしている。事実に基づく番組、それどころか「事実に基づくエンターテインメント」さえも、放送からどんどん外されている。今のはやりは連続コメディー（シットコム）だ。とてもおもしろいが、僕が出会ったロシアとは縁もゆかりもない。あるコメディーの舞台となっている病院は、ぴかぴかで染み一つなく、視聴者をおちょくっているのかと思えるほどだし、そこには必ずあの録音された笑いが仕込まれている。国が息苦しくなればなるほど、ＴＮＴはますますこうした笑い声を爆発させるようになっていた。

オスタンキノの人々にも例のオファーを受けないことを伝えた。「オスタンキノがこのチャンスを与えるのは一度きりですよ」と彼らは言う。誰にでもそう言っているのだ。

とにかくここを離れなければ。ロンドンに戻らなければ。それはメリット、デメリットを考えた末の結論だった。あそこなら自分を小さなかけらに分割しなくてもいい。あそこなら言葉が何ものかを意味する。僕は周囲を見まわし、どれだけの友人が去っていったかに気づいている。グリゴリィ。僕が最初に組んだＴＮＴのプロデューサー。パフォーマンス・アーティストのヴラディーク・マムシェフ－モンローでさえ今はバリ島に住んでいる。ロシアを離れる前、彼は大統領に辞任を求める公開書簡をしたためた。「そろそろ数百万の人々を力の幻影から救うべき時期です」と。グロテスクなパフォーマンス・アートを見たければ、テレビをつけさえすればよい場所で、いったいパフォーマンス・アーティストにどんな役がありうるだろう？　ヴラディークのパフォーマンス・アートは打ち負かされていたのだ。

オフショア

ロンドン、チャンセリー・レーン。オールド・ベイリー（中央刑事裁判所）の灰色の尖塔の真後ろの方に見える、新しいガラスと鋼鉄でできた裁判所複合ビルのロールスビルの中の二六号法廷。隣の法廷では「プレンティオブフィッシュメディア対プレンティモアＬＬＰ」という出会い系サイトどうしの退屈な事案を扱っていた。廊下の向かいではトイレットペーパーの特許に関する裁判が行われている。蛍光灯とイケアの什器が備えられた、並んでいる部屋に人気はほとんどなかった。しかし、二六号法廷だけはあふれんばかりに人がひしめきあっている。オリガルヒ、政治工学者、チェチェンの次期大臣候補、革命家気取り……。セキュリティ要員にいたっては何人いるかわからないほどだ。身元不詳のすごい美女も入ってきて、あちらこちらに視線を走らせる。『フォーブス』誌に載りそうな富豪との出会いを求めて、ゴールドディッガーたちがふらりと立ち寄ったのだろう。まるで僕が一〇年を過ごしたロシアのすべてがこの小さな法廷に詰めこまれているかのようだった。そこにはグリゴリィの姿もあった。以前、「真夏の夜の夢」のパーティーを開いたモスクワの若き富豪だ。ピーコックブルーのカーディガンをはおり、オレンジ色のズボンを履いている。「ちょっと寄って、連中みんなの顔を見てやろうと思ったんだよ。モスクワの有力者がこんなに大勢揃っているところにここまで近づけるなんて、ありえないことだからね。ロンドンでだけだよ」と彼は言う。

これは史上最大の個人訴訟だ。要求額は五八億ドル。訴えを起こした「クレムリンのゴッドファーザー」ことボリス・ベロゾフスキーはオリガルヒの元祖であり、現行のロシアの体制をつくりあげ、プーチンを大統領にした人物だが、のちにみずからの創造物によって追放されてロンドンに逃げる羽目になった。対するは、そのこぶんであった「ステルス・オリガルヒ」ことロマン・アブラモヴィッチ。かつての師匠を乗り越え、大統領の新しいお気に入りの一人となった。アブラモヴィッチもまたロンドンに居を移していたが、避難所を求めたのではなく、イギリスきっての富豪となるためだった。二一世紀ロシアの先駆者、だぶだぶのスーツをまとった髭面の臆病そうなアブラモヴィッチは、スポーツクラブ、城、ドイツの元首相、新聞社を、どれも複数買収した。現在はチェルシー・フットボール・クラブのオーナーであり、世界最大のプライベートヨットも所有している。その資産は九〇億ドルだ。

ベロゾフスキーは、裁判への召喚状をナイツブリッジ地区のスローン・ストリートで手渡した。ドルチェ&ガッバーナで買い物をしていたベロゾフスキーが、隣のエルメスにアブラモヴィッチがいるのに気づいたのだ。ベロゾフスキーは自家用車のマイバッハに駆け戻って召喚状をつかみ、アブラモヴィッチのボディガードたちのあいだをばたばたと通り抜け、本人に書類を投げつけた。「これをお前にやる。私からな」。彼がそう言ったのを店員が聞いている。そして今、チャンセリー・レーンに到着すると、ベロゾフスキーはスキップしながらもったいぶった足どりで裁判所に入ってゆく。きれいな女性、顎をなでて考え事をするアドバイザー、巨人のようなイスラエル人のボディガードらからなる取り巻き連中の真ん中にいて、大げさな身ぶり手ぶりを交えながらしきりにジョークを飛ばしている。午前中、これから証言台に向かうというときに、裁判所の外にいる交通巡査が彼のマイバッハに違反切符を切るのを見て、笑いながら声をかけた。「やめろよ――君と一緒に事業をしてもいいんだぞ！」

「これはとてもロシア的な話です」。ベロゾフスキーは証言台で語った。「人殺しがうじゃうじゃいる。あの国は大統領自身が人殺しのようなものですからね」。表向きの告訴理由は石油会社シブネフチだ。一九九六年に一億ドルで民営化されたが、二〇〇五年には時価が一三五億ドルとなった。ベロゾフスキーの主張によれば、彼とアブラモヴィッチは共同オーナーだったが、やがてアブラモヴィッチが「ギャングのようなまね」をして、ベロゾフスキーの株を奪い取ったという。その時アブラモヴィッチは政治的窮地にあり、シブネフチの持ち分を手放さないならベロゾフスキーの友人の一人を投獄すると脅しをかけたのだ。もちろん、会社がベロゾフスキーのものだったことを証明する書面はどこにもないが、二人が口頭で契約したのは周知の事実だったではないか？　マスコミはつねにベロゾフスキーを共同オーナーと報じていたではないか？

（確かにそうだったし、ロシアで長く過ごした僕は、事実上の受益者が書面に表れないのはごく当たり前のことと思うようになっている)。

「二人の人間が握手で取引を成立させ、それでおしまい、という世界を想像するのは難しいでしょう。よくわかっています」とベロゾフスキーは、エリザベス・グロスター判事に辛抱強く訴えた。「だが、それがロシアなんです」。

問題の石油会社をどうやって手に入れたのか、ベロゾフスキーは嬉々として説明する。民営化に際しての競売ではクレムリンの影響力を行使し、廊下で猛然と交渉にあたって、ライバルの一人には便宜を見返りに指し値を下げさせ、もう一人には彼の借金を完済してやるのを条件に手を引かせた、と。

アブラモヴィッチ側の弁護士、ジョナサン・サンプション——余暇に中世の戦争に関する歴史書を執筆し、新聞では「イングランド一、賢い男」と呼ばれている(この件では一二〇〇万ドルという過去最高の報酬が支払われていると報じられている)——が体を前後に揺らし、決着をつけようとしてくる。

「あなたは入札者の一人と裏で協定を結び、もう一人は買収したわけですね。つまり、その競売は事前にけりがついていたと言って過言ではないのではありませんか?」

「不正取引なんかじゃない!」とベロゾフスキーは言い張った。「ただ切り抜け方を見つけただけだ。私の用語では、あれを不正工作とは言わない」。

アブラモヴィッチは——冷たい水のボトルをこめかみに押し当てて頭痛をなだめながら——ギャングは自分ではなくベロゾフスキーのほうだと反論した。一九九〇年代のクレムリンでベロゾフスキーが宰相(ワズィール)だった頃には、この政界のゴッドファーザーに強要されて金を上納せざるをえなかった、と。しかし、その影響力を失ったとたん、ベロゾフスキーは金に近づけなくなった。こんな風だから大統領とそのネットワークは、今クレムリンを去ることはできないのがわかっているのだ。大統領が引退した瞬間、彼らはすべてを失う恐れがあるからだ。その体制に西側のような財産権はなく、あるのはクレムリンへの近さの度合いと、賄賂とごますりといった慣習、それにときたまの暴力だけだった。公判はだらだらと進んでいく。法廷アシスタントが六フィートの高さに積まれたバインダーの山（宣誓証言および証人の陳述）を運びこみ、ついにはそれがデスクのあいだの通路を埋めつくす。原告・被告の双方が歴史学者を呼び、「クリィシャ（みかじめ料）」と「キダロ（ビジネスで背中から刺す仲間）」の意味を説明させる。そうこうするうちに明らかになったのは、イギリス法の専門用語と合理的範疇なるものは、ロシアを統制しているネットワーク、腐敗、責任回避という流動体――とらまえどころがないが、その成員ならば即座にそれと認識できる――を評価するにはまったく適さないということだった。僕はぎゅうぎゅうづめの一般傍聴席の端っこに座っている。そこから観察していると、この裁判がどことなく叙事詩的な雰囲気を帯びている気がする。二人の男のつまらない喧嘩沙汰というだけでなく、「時代」に対する審判でもあるからだ。

「私はプーチン政権の最初の犠牲者でした」とベロゾフスキーは申し立てる。「私のあと、大統領は着々と犠牲者の数を増やしていったんです」。激情を募らせながら、投獄された男女の実業家、殺害されたジャーナリスト、死亡した法律家の名前をすらすらと全員挙げていく。

すると、今度はアブラモヴィッチが口を開き、一九九〇年代にベロゾフスキーは、キプロスにあるベロゾフスキー自身の会社には石油を基本価格で売り、それ以外には市場価格で売ったことを静かな口調で説明した。

「一九九〇年代のロシアの腐敗が一〇段階評価の四だとすれば……」。ベロゾフスキーが反論する。「今は一〇段階評価の一〇です。完全に腐りきっている！」

現在、毎年約五〇〇億ドル（ときには、もっと多く）の金がロシアから不正に流出している。そのからくりはこの二〇年だか三〇年だかで多様化した。大統領の友人が運営する国営パイプライン会社が暴騰した価格でパイプを購入する。ところがやがて、それを売った会社は当のパイプライン会社の経営者が所有するダミー会社だったとわかる。国営銀行が年金基金を投資すると、投資先の会社が不可解な倒産をする（投資した金はただ消えていく！　うまくいかないことを事前に知っていたのではないかという疑惑を銀行側は完全否定）。最新の経済モデルは「ハイパー・プロジェクト」を創出するものだが、これは予算を流用するための手段として使える。二〇一四年にソチで開催された冬季オリンピックにかかった費用は約五〇〇億ドル。その二年前にロンドンで開催された夏季オリンピックより三〇〇億ドル高く、これまでいちばん金のかかった冬季オリンピックより五倍も高い。約三〇〇億ドルは「転用された」と考えられている。さらには、太平洋上にかかる橋、ウラジオストクと南サハリンを結ぶ「ハイパー・ブリッジ」もある。南サハリンにはなにもない。したがって実質的な経済的利益はほとんどゼロだが、不正利得を図るための機会の方はふんだんにある。新たに計画されている「ハイパー・プロジェクト」は、ロシアと日本のあいだのトンネルだ。旧ソ連がかつて立ちあげたメガ・プロジェクトは、マクロ経済的にはまるで意味をなさなかったが、「計画経済」という幻影にはぴったり合っていた。新しいハイパー・プロジェクトもマクロ経済的には意味をなさないが、クレムリンがすみやかに報いてやらねばならない忠誠心を持つ人々を富ませるための手段にはなる。

ただし、ベロゾフスキーがつねに関心を向けていたのは、金ではなく力だった。二人のオリガルヒのいさかいの原因となった石油会社も、目的のための手段にすぎなかった。ベロゾフスキーがシブネフチを必要としたのは、テレビを支配する資金を調達するためだったのだ。一九九四年、ベロゾフスキーは、テレビが自分に力をもたらしうることを理解したロシアで最初の人間となった。オスタンキノに、大統領の政敵たちに関する信憑性のないスキャンダルをでっちあげる「捏造ドキュメンタリー」を導入したのはベロゾフスキーであり、彼の息のかかった番組司会者はカメラに向かって、腐敗を「証明する」書類のあれこれを手当たりしだいに振りまわした。一九九九年に新しい大統領を生みだしたのもベロゾフスキーのテレビ・チャンネルだった。チェチェンにおける彼の戦いを支持し、あだなが「灰色の蛾」だった男をマッチョな指導者に変えたのだ。大統領を支えることを唯一の目的として、まがいものの政党、テレビ向きの傀儡という観念、なんの方針も持たないダミー会社などを考案したのもベロゾフスキーだった。ロシアが議会制民主主義からまさしく見世物の社会に滑り落ちた背景には、ベロゾフスキーの強力なあと押しがあった。ベロゾフスキーは後に僕がそのなかで働くことになる「劇場」を創り出したが、彼が亡命したのち、その劇場はベロゾフスキーにお化け(ブギーマン)の役を割り振った。彼ゆかりのオスタンキノのチャンネルも、テロの支援から政治的暗殺にいたるまで、ありとあらゆることで彼を非難した。そしてベロゾフスキーの方はみずから「大悪党」の役柄にまで色目を使い、影響力がいったん失せてしまったあとでは、自分はウクライナとロシアでの革命の試みを支援していたんだ、そう主張している。

公判中の痛解の主日、ベロゾフスキーは自身のフェイスブックに投稿をした。

私は許しを請う、おおロシアの民よ……言論の自由と民主主義的価値観を破壊したことを許してほしい……。私は大統領を権力の座に就けたことを痛悔する。痛悔とは言葉ではなく行動なのは私も承知している。行動はすぐに伴うだろう。

裁判を取材していたロシアのジャーナリストたちは、それに対して愉快に高らかに笑った。彼の言葉を信じられる者などいるわけがない。ベロゾフスキーはクレムリンの体制の反対者というより、もともと体制の創始者が滑稽なしょせん似姿というべき人物に変わっただけじゃないか。妖怪変化（シェイプシフター）も悲喜劇の域まで落ちたものだな、と。

「ミスター・ベロゾフスキーの証言には感銘を受けず、本質的に信頼が置けないものと判断しました。原告は事実を融通のきく一時的な概念とみなし、現下の目的に合うよう変えられるものと考えています」と最終判決でグロスター判事は言った。「必ずしも意図的に不誠実であるわけではなく、妄想に駆られて出来事について独自の見解を信じこんでいる印象を受けました」。

ベロゾフスキーは僕のすぐ前に座っていて、判事が話すにつれ、体を震わせて笑いだす。喉がつまったような笑い声だった。法廷の外の廊下を行ったり来たりし、それからしばらくはぐるぐるまわっていた。外に出てマスコミと顔を合わせたときも、まだ笑っていた。

その後の数ヶ月、ベロゾフスキーはしだいに姿を見せなくなり、今回ばかりはインタビューもみな拒否していた。

噂によれば、生活が貧窮しているという。裁判費用が一億ドル以上かかったのだ。半年後にはクリスティーズでアンディー・ウォーホルのシルクスクリーンを売った。一二〇枚ある《赤いレーニン》の一枚で、血のように赤いキャンバスから、陽光を浴びたように黄色いソヴィエトのリーダーが浮かびあがっている（あるいはキャンバスに沈んでいるのかもしれない）。売却価格は二〇万二〇〇〇ドルだった。

そして三日後、ベロゾフスキーは死んだ。アスコットにある元妻の家のバスルームで首を吊った。オスタンキノの各放送局が小気味よく思うだろうと僕は考えた。ところが、蓋を開けてみれば、死者を悼む雰囲気に包まれていた。大統領報道官が論調を定め、どんな人間の死も悲劇だと発表した。反体制派の亡命作家から「国家ボリシェヴィキ党」――アート・プロジェクトとしてスタートした運動が、トロツキズムとファシズムが混じった反オリガルヒ革命党となり、やがてまたクレムリン支持にまわった――の指導者に転身したエドアルド・リモノフはこう書いている。「私はある時期までいつも彼を高く評価していた。彼は偉大だった……シェイクスピア作品の登場人物のように」。クレムリンが有権者を脅すための案山子(かかし)として利用するウルトラナショナリストのウラジーミル・ジリノフスキーは、ロシアの敵について語るとき、いつもしかめ面で唾を飛ばすが、このときばかりはやさしいと言ってもよい口調だった。「数ヶ月前、イスラエルでベロゾフスキーを見たよ。疲れていて、幻滅していたな」。オスタンキノのある番組はほろりとさせるムード音楽を流しながら、ベロゾフスキーの白黒写真の数々を紹介した。「これだけの時間が経ち」と司会者が語る。「しかも彼は実にさまざまな役割を演じたが、我々は彼が本当は何者であったかを知ることはなかったのです」。それはまるでロシアの政治という大がかりな茶番劇が不意にとぎれ、演じている全員が観客のほうを向いて亡くなった俳優に拍手を送り、その亡骸を喜んで受けいれたかのようだった。

ただし、巨匠は死んだかもしれないが、彼が生んだ体制は成長し、突然変異し、今やモスクワからあふれだしている――(たくさんあるのだが)オフショアで、免税措置があって、受益者が隠蔽されている点在する場所に向かって。キプロス、イギリス領ヴァージン諸島、モナコを通って、ロンドンの各所……メイフェア、ベルグレーヴィア、スローン・ストリート、ホワイト・ホール、セントラル・パーク・ウエストに流入している(ロンドンは国内金融取引と対非居住者取引が一体化した市場となっているのだ)。大統領の配下、大統領を恐れる者、威張り屋の官僚、ギャングから石油商人に転身した者、真の起業家、脱出して普通の生活を送りたいと願うだけのロシア人……その誰にとってもパターンは同じだ。ロシアで金を稼ぎ、盗み、吸いあげ、ニューヨーク、パリ、ジュネーブ、そして、とりわけロンドンにそれを隠す。僕のモスクワは、すでにロンドンに上陸しているのだ。

＊

僕はあるテレビ番組に取り組んでいる。ロシアでの九年間が履歴書のなかでちょっとしたブラックホールになっているので、またもやヒエラルヒーの底辺に逆戻りだ。肩書きは「プロデューサー」だが、その言葉は完全に意味を失い、実際には編集権限のないアシスタントとして、アメリカ・イギリス共同のケーブル・テレビのための派手でくだらないドキュメンタリー・エンターテインメント・シリーズに携わっている。『ミート・ザ・ラシアンズ』は、ロンドンに住むソ連崩壊後の新興の富豪を題材とした番組で、視聴者を「かつて見たことのない富の世界」に連れていくことを売り文句にしていた。

製鋼業界の大立て者（タイクーン）と結婚したポップスター。夫は二〇〇万ドルを妻のキャリアのために費やした——アルバム、ミセス・ワールド大会での優勝（彼女が優勝する前年、夫がそのコンテストの開催権を買った）、ハリウッドのB級映画でスティーヴン・ドーフと共演（夫がその映画に出資）。彼女は自宅ではハヤブサを飼っている。その家の内装は彼女が以前に泊まったドバイの七つ星ホテルそっくりだった。すべすべの肌を保つためにシャンパン風呂に入る。

サッカー選手の妻は一〇万ドル以上をハイヒールのブランドのクリスチャン・ルブタンに注（つ）ぎこみ（「ヒールが五インチに足りない靴じゃ歩けないわ！」）、イギリス女性はダサいと考えていた（「まるで女じゃないみたい！」）。

大統領を怒らせたのでもうロシアに帰れなくなっている起業家の元妻にあたる女性は、一八万ドルの毛皮のコートを着て、僕らのためにポーズをとってくれた。

全九回のシリーズを放送しているあいだ、僕らに見て取れたのは、しばらくイギリスに身を置いている人々がどのようにして振る舞い方を学ぶのか、下品ではない金の使い方を学ぶのか、慈善行為やフラットシューズの長所について学ぶのかだった。「おしゃれ（クラッシー）」になる――この番組に関わっていると、やたらとこの言葉を耳にする気がした。

視聴率がよいこの番組は、視聴者の欲求を二重に満足させている。イギリスの視聴者は忍び笑いをもらし、彼らが祖国の一部を売り渡している相手の「ニューリッチ」に対し心地よい優越感に浸っている。「テレビ史上、最も俗悪な実在のキャラクターに出会うのだ」と『デイリー・メール』紙は説明を加えた。けれど、そうしたものを超えて、もっと深い満足感もあった。確かにロシアのニューリッチはどんなイギリス人も望めないほど富裕かもしれないし、『サンデー・タイムズ』紙の長者番付のトップはもはや女王ではなく、アブラモヴィッチ、ウスマノフ、ブラバトニクだが、つまるところ、こうしたグローバルなニューリッチたちは皆、「我々イギリス人のやり方」になじむことを切望しているではないか。『ミート・ザ・ラシアンズ』の編集プロデューサーたちは、習慣からだろう、本能的に『虚栄の市』や『マイ・フェア・レディ』――イギリス人が子どもの頃から慣れ親しんだほとんど神話だが――の別バージョンをつくろうとした。ヴィクトリア朝の妥協、つまりは新しい金と古い階級のあいだの伝統的な結婚が、グローバリゼーションの時代にも推定の根拠になっている。神話を受けて言えば、グローバルなニューリッチたちは、誰も彼も、この国の文化、法律、学校……要するに文明に強く憧れているわけだ。

ただ、僕にはそれが実際に起きていることかどうか、完全には得心できていないけれど。

*

セルゲイは『ミート・ザ・ラシアンズ』に登場する人物である。エストニアのロシア人家庭に育ち、一九九九年、一三歳のとき、両親に連れられてロンドンにヴァケーションにやってきた。国外に出るのはそれが初めてだった。三人はフェリーでイギリスに渡った。小さな三つ星のアールズ・コート・ホテルを予約していた。当時、セルゲイはバスケットボールに夢中だった。そして、それまでほんものの黒人を見たことがなかった。黒人たちは皆、ナイキのエア・ジョーダンを履いていた。セルゲイの夢のバスケットシューズだ。そんなこんなで、すでに頭のなかが収拾つかなくなりかけていたところで、両親にベッドの端に座るようにと促された。

これは休暇旅行ではない、と両親は説明した。エストニアではロシア人は差別されるので亡命を求めたのだ。これからお前の新しい人生が始まるんだよ、と。

一家はケント州に居を定め、父親は酒の配送ドライバーとなり、懸命に働いてセミデタッチドハウスを購入した。セルゲイは週末こっそりロンドンにやってきて、最初はノース・ロンドンで秘密の乱痴気パーティーを企画していた。彼が一八歳になる頃、ロシアの金はまさにあふれかえって押し寄せ、アブラモヴィッチがチェルシーFCを、レヴェジェフが『イブニング・スタンダード』紙と『インディペンデント』紙を買収した。イギリス人たちは垂涎の的だった郵便番号を諦め、メイフェアやベルグレーヴィア、ナイツブリッジから撤退した。すべてを売り払い、オックスフォードシャーやトスカーナ、ノーフォークに引っ越した。あとに残された洗練されたスタッコ壁の区画(スクエア)とそれが取り囲むゲートつきの庭園の主(あるじ)となったのは、カザフスタン、アゼルバイジャン、インド、クラスノヤルスク、カタール、ドネツィク出身の新興成金という新しいヒーローたちだった。

セルゲイはふさわしい生き方をするようになっている。

(『オリバー・ツイスト』の中の若きすりのように)「この世界の巧みなペテン師」、なんでも屋(ミスター・フィクシット)というわけだ。メイフェアのペントハウス？　ウォーホルの絵？　パーティーに生きたフラミンゴを？　セルゲイにお任せください。さまざまな役割に合わせ、それぞれ違う名刺を用意したが、メインの役割は「クラブ・プロモーター」だった。ただし、それは黄金の三角地帯――東のニューボンド・ストリート、西のスローン・ストリート、頂点がバークレー・スクエアとなる――の中にいる誰もかもを知っているという意味にすぎないのだが。

　僕らが初めて会ったとき、セルゲイはスローン・ストリートにあるアゼルバイジャン料理店の「バクー」で夜の活動をしていた。このレストランのオーナーはアゼルバイジャン大統領ヘイダル・アリエフの娘だという噂で、ダンスフロアには総額五万ドルのワインのボトルがずらりと飾られ、用心棒が警備をしている。それから「キッチュ・オン・アッパー・バーリントン」の店。ここに二人のロシア人がやってきて、けたはずれに大きな契約に署名したあと一晩で二〇万ドルもの金を落としていった……そうセルゲイが自慢げに話す。そして年が明けて数日経って、僕らは高級デパートのセルフリッジで昼食をとっている。イギリス人はまだ休眠状態だが、店内はアラブ人、中国人、ロシア人でいっぱいになっている。儲けをもたらすのはこの人々なのだ。

「パパとママがここに亡命先を求めたとき、たぶん二人は僕がイングランド人（イングリッシュ）になると思っていたんだよ。イギリス人（ブリティッシュ）でも、言い方はなんでもいいけどね」とセルゲイは言う。「だけど、僕が働く世界では……メイフェアやナイツブリッジ、ベルグレーヴィアでは、英語よりロシア語を多く話すはめになることがしょっちゅうだ。本物の金を持っているのはもうイギリス人じゃないからね。スローン・スクエアの反対側、南のチェルシーはまだ支配下に置いているかもしれないけど、メイフェアでは頑張り通していないね。こっち側の一流ナイトクラブの儲けは一八万ドル。あっちの三倍だよ」。

　ロンドンもその頂点はブレークスルーしてイングランドからも出ていって、異空間に入りこんでいる。異空間というのは、ヨーロッパとか中東とかアジアとかアメリカとかでなく、完全にオフショアなどこかでありさえすればよいからだ。

セルゲイの得意客の中核をなすのは「ゴールデン・ユース」だ。ロシア（とウクライナとカザフスタンとアゼルバイジャン）の官僚兼実業家（二つの役割はハイフンでつながっている）の子どもたちは、こぎれいな寄宿学校で教育を受け、その後さらにヨーロッパやアメリカのインターナショナル・ビジネス・スクールに進む。ウェリントン校とストー校は、ポルチコと運動場がすばらしく、とくに人気が高い。ロシアのエリートが愛国的になればなるほど、「正教的信仰、独裁政治、帝政（ツァーリズム）」への賛歌を歌えば歌うほど、西側を呪えば呪うほど——ますます子どもたちをイギリスで学ばせる。

イギリス人が憧れの存在であり、入会したくてたまらないクラブであった時代には、新たにやってきた移住者の一部は名前を変えたものだった。ヴィノグラードフからグレードに、ミローノフからミレンに、ブロホヴィチからブルックに。しかし、ゴールデン・ユースにそうしたことは起こらない。ロンドンで最も富裕な層がイギリス風の名前ではない今となって、どうしてわざわざそんなことを？　ゴールデン・ユースの親たちがわが子を寄宿学校に送るのは、イギリス人になってほしいからではない。サントロペに家を持つことや、スイスに銀行口座を持つこととともに、そうするのがステータスだからだ。しかし、僕が出会うゴールデン・ユースは自分をロシアに拘束するわけでもなかった。そのルーツを否定することはないものの、彼らの「標点」は香港—ジュネーブ—五番街—ロンドン—南フランスにまたがり、さらにはそこからプライベートヨットやプライベートジェットにまで及んでいる。アメリカであれ、ロシアであれ、イギリスであれ、一つの国籍に縛られるのは、少しばかり二〇世紀的で、時代遅れ（パセイ）のようだ。

「じゃあ、君は何者なの？」と僕はロシアのポップスターの娘（モスクワのゲーテッド・コミュニティで子ども時代を過ごし、スイスの寄宿学校を出て、今は大学生となり、スローン・スクエア近辺のクラブ通いをしている）に尋ねる。また、ふたり姉妹にも聞いてみた。「自分はどこに属していると感じているの？」　こちらはケンブリッジ近くの寄宿学校を卒業していて、今はオレンブルグ出身の父親がメイフェアに買ってくれたブティックで宝石をちりばめた「アグ」の商品を売っている。

姉妹は少し考え、こう答える。「わたしたちは、言ってみればイン・ター・ナ・ショ・ナルね」。セルゲイもこれと同じことを言う。「僕のお得意さんはインターナショナルだよ」（もっとも、彼のパーティーに参加している得意客の多くは、旧ソ連の国々の出身だけど）。

しかし、その「インターナショナル」の意味を追求すると、誰もまともに答えられない。

夕べはバークレー・ストリートの「ノヴィコフ」で始まる。時代精神（ツァイトガイスト）に則って、フォーブスと若い女のカップルに向けてのレストランをモスクワにたくさんつくったのと同じノヴィコフの店である。モスクワの店ではオリオナがよくゴールドディッガーをハンティングしていた（今もしているかもしれない）。ここはノヴィコフが実名を冠した最初の店である。ノヴィコフの名は新生モスクワの代名詞の一つとなっているし、新生モスクワは今や憧れの地なのだ。

外を守る用心棒と、細長い煙草を喫っている女たちのそばを通り過ぎ、着色ガラスのドアを抜け、ノヴィコフが幸運を願って入口近くに置いた翡翠のそばを通り過ぎる。座席の配列はモスクワのどの店とも同じく劇場のようなつくりで、どんなに隅にいる人もいつでも見渡せるように、店内は遮るものがないようにしてある。ただしロンドンの「ノヴィコフ」のほうがはるかに大きく、ぜんぶで三つのフロアがある。一つは「アジアン」――黒い壁に、黒い皿。もう一つは「イタリアン」――オフ・ホワイトのタイル張りの床、あちこちに置かれた木と飾られた古典絵画。一階のバー兼クラブはイングランドのカントリーハウスの図書室ストランを、より立体的にしたものだ。さまざまな様式が援用され、参考にされたものは着色ガラスの窓の開口部に包みこまれているが、元々の記憶と意味は剥奪されている（ただし、カラフルな寄せ集め（パスティーシュ）でとっつきやすい、そうたとえばラスベガスのような場所より、ノヴィコフははるかに冷たくよそよそしい）。モスクワにおける「エリート」だの「VIP」だのの集まる場所のずっと変わらぬスタイルと雰囲気がやはりこうだった。ルブレフカの街や、サドーヴォエ環状道路（ガーデン・リング）の内側のどこでも、ほやほやの富豪たちは大いなる空隙（ヴォイド）の中にいる。そこではなんでも買えるけれど、意味を律する古い秩序がすべて消えてしまったから、意味のあるものは何一つない。物体がどんな「効力」ともつながりを持たなくなる。古典派の巨匠の作品、イギリスの寄宿学校、ファベルジェのイースターエッグ――すべてが無重力の文化の中を浮遊している。

しかし、この生活様式が響き渡る場所は、もはやモスクワだけではない。こちらロンドンのハイド・パーク近くの高級ホテル、ベルナール・アルノー所有のブルガリ・ホテル（一泊の料金は一二〇〇ドルから、ペントハウスは二万六〇〇〇ドル！）は、床が黒い花崗岩、壁が黒いガラスでできており、その漆黒のなかで年配の男と若い女がしかめ面をしたり火花を散らしたりしている。新しい富に夢中になっている世界がモスクワに生まれたが、それは、「グローバルマネー」――世界各地に新しく出現し、拡大を続ける経済が突然モスクワにもたらしたマネー――と混じり合っている。ロシア人はペースメーカーであり、流行の仕掛け人（トレンドセッター）なのだ。この生活様式を完璧なものにすることに関しては数年だけでも先輩だし、ソヴィエトという世界が消え失せ、全国民が冷たい空間に投げだされたときの「学習曲線」がきわめて過酷で急速なものだったからである。まずはロシア人が「ポスト・ソヴィエト」になり、その後すぐに全世界がポストなんとかと言うようになった。いわく、ポスト・ナショナル、いわくポスト・ウエスト、いわくポスト・ブレトン・ウッズ体制……。ロシア人は、無重力の文化のなかの、ユーリイ・ガガーリンに比せられる者たちだったのだ。

ピカデリーのすぐ南、セント・ジェームス地区では、イギリスはかつてと同じオールド・ボーイ（パブリックスクールの卒業生）の国に見える。（ジェントルメンズクラブの雄の）リフォームクラブとかブルックス……会員制のクラブのホールにはすりきれた絨毯、秘密の合い言葉、何世紀も年ふりた壁がつきものだ。しかし、この「中に入る」必要はもはやない。「ノヴィコフ」のパートナーの一人が（もとより部外者禁止の）ジェントルメンズクラブを開くため、セント・ジェームスにある建物を買収している、という話を聞いた。きっとそこはもっと目立たず、もっと秘密めき、もっと会員を厳選したクラブになるだろう。「ノヴィコフ」自体も連夜大入り満員で、週に一三〇万ドルの儲けがあり、パリ育ちのカタール人、モナコに在住登録されたナイジェリア人、アメリカ人のヘッジファンド・マネージャー、ゴールデン・ユース、サッカー・プレミア・リーグのエージェント、女性のエスコート役のブラジル人やモルドバ人、モスクワと香港にオフィスを持つスイス人「法律家」でにぎわっている。「法律家」たちは店内に流れる音楽より大きな声を出し、自分たちの商売はもうだめだと愚痴をこぼしていた。その原因は、スイス議会がスイスの銀行口座を持つ外国人に本当の身元を明かすよう求めたことにあった。

「そこを秘密にできるのがスイスの銀行口座のポイントじゃないか！」彼らはカントリーハウスの図書室スタイルのバーでわめきちらす。「俺のモスクワの仕事はぜーんぶなくなる！　スイスはもうおしまいだよ！」

＊

一六七〇年に建てられたスキナー・ホールは、「シティの心臓部」を走るキャノン・ストリートのすぐそばにある。オークの羽目板張りで、タペストリーや紋章が飾られている大食堂を照らすスポットライトの色は、アシッドピンクとダーク・コバルトブルー。その二つが合わさると、ぼーっとしたネオンのような暗い色調が生まれる。今夜ここでロンドンの有力ロシア人のための夕べが催される。参加するのは毎年恒例の「ロシア・ウィーク」の後援者たちだ。この一週間には、ロシア人の流入を祝って、バレエのガラ公演（コロシアム劇場）やスラヴィック・ロック・コンサート（トラファルガー広場）が開催される。

男たちはブラック・タイをつけ、女たちは衣紋掛け（えもんか）けから外してきたように見えるドレスを落ち着かなげにまとっている。五重奏団がクラシック音楽を演奏する。次に登場するのはバーブシキ――ユーロビートに合わせて村の唄を歌う八名のおばあちゃんたちのグループのなかの三人組だ。ユーロビジョン・ソング・コンテストにもロシア代表として出場した。ロシア人の妻の一人がファッションショーのようなものを行う。ただし、キャットウォークはないので、モデルたちはテーブルのあいだを歩かなければならない。ドレスは、ビロードで、流れるようなイタリア貴族調のグレース・ケリー・スタイルのガウンだ。時を超えた傑作、というわけだ。とはいえ、ピンクとコバルトの照明のせいで、色を見分けることはできない。

「見て」。ファッションショーをした女性がささやく。「Tがいるわ。最後に彼に会ったのはモンテ・カルロだったかしら。あの人、もうぜったいロシアに戻れないのよ。とんでもないペテン師なんだから。ここにはどんな立場で来ているの？　慈善家？　正体がばれないように整形手術を受けたみたいね。新しい顔を被ったんだわ」。

「あれはA？」　他の誰かが言う。「自分は貴族だって豪語しているわよね？　はん。モスクワにいた頃の彼女を覚えているわ。たいした貴族だったわよ。あの人が億万長者の最初の夫にどうやって出会ったかは知っているでしょ？　彼女、モデルをしていたのよ」。

こうして本来の素性はあいまいになっていく。旧ソ連と西側のあいだを流れる資金の本来の持ち主もまたしかりだ。政府職員および国営企業の長（現在、大半の企業が国営企業なのだ）が海外に銀行口座、証券や債権を持つことを禁じる法律を大統領が通して以来、とりわけそうなった。向こうで金をぶんどり、こちらに移動させる特権を得ることこそが出世のポイントだというのに。だからこそクレムリンは特権を保証する地位を統制するとともに、誰もが恐れを抱き続けるようにしていた。誰しも、恐れているかぎりは忠実なままでいるはずだから。今のロンドンには史上最多のロシア連邦保安庁（ＦＳＢ）のエージェントがいるかもしれないが、狙いをつけているのは、核の機密より、他のロシア人や、誰にならせびることができるかだ。おかげで、どんな会合や会話もパラノイアに満ちている。

「Ｂを見てみろよ」と、ロシア上流階級を扱うライターが身をかがめて僕に言う。「あそこの真珠をつけている女だ。男どもが群がっているだろう？　あの女、どこからともなく現れて、データバンクのネットワーキングの会社を立ちあげたんだ。きっとＦＳＢだと、みんながそう思っている。それ以外に、全員とお近付きになる理由があるか？　ここに誰がいて、誰がいないかを知りたがる理由があるか？」

　すべてこんな調子なので、忠実な友人どうしの小さな輪の外に出て会話をするのは難しい。よく使われる「お仕事は何を？」「どんな政治的意見をお持ちですか？」を話のきっかけにすれば、袋小路にはまってしまう。多くの場合、あたりさわりなく話せるのは芸術のことだけのようだ。

*

「勉強中はロンドンでかなりの時間を過ごしたわ。美術館が大好きで、とくに気に入っていたのはテート・モダン。ロシアの環境（コンテクスト）でああいう空間をつくれたらすてきだろうなと思っていたの」とダリア・ジューコヴアは語る。こうした天真爛漫さは本物の金持ちだけが持ちうるものだ。僕らがこうして話をしているとき、ダリアはモスクワに新しい現代アートの美術館を建設中である。ロシアの大立て者（タイクーン）の娘であり、これまた大立て者（タイクーン）であるロマン・アブラモヴィッチの長年の恋人。僕は、彼女が後援している「アート・バーゼル」のイベントの一つが開催される前にインタビューしている（僕はテレビの仕事のあいまに少しばかり新聞記事の執筆を引き受けている）。ミーティングの手配は一筋縄ではいかなかった。ほんの数時間のうちに、ロンドンから南フランス、モスクワ、ニューヨークところころ場所が変わるのだ。最終的には、彼女が育った地、ロサンゼルスで会うことになった。一時間のおしゃべりのために、僕はエコノミー・クラスで飛んでゆく。

ダリアの父親は石油取引で金を儲けた。ユーゴスラヴィアの戦争にロシアから武器を売ったという話もあったし、それが理由でいっときはイタリアで収監されていた（最終的には嫌疑が晴れた）。アブラモヴィッチの方は、僕が最後に見たときは、イギリスの法廷にいて、最初の金を稼ぐのにどんな手段を使ったのかをおずおずと明かしていた。

しかし、僕がダリアと話をするときには、そうした背景はすっぽりと抜け落ちているように見える。

ダリアは美人だが、押しの強さを感じさせないタイプだった。頷いて相づちをうち、こちらの話もよく聞いてくれる。アクセントはどこのものとも特定できず、タフなモスクワっ子のものと快活なＬＡ近郊のヴァリーガールのものとのあいだで揺れながら、かすかにロンドンのアクセントもはらんでいた。モスクワを離れたのは九歳のときだという。学究肌の母親とともにまずはテキサスに住み、それからロサンゼルスに移った。僕は政治のほうに話を向けようとしたが、何度やっても聞き流されるだけだった。話題は芸術のことばかり。ドナルド・ジャッドの彫刻と彫刻のあいだに見られる空間の素晴らしさについて。一九六〇年代のモダニズムの率直さについて。そして、どこに属するべきか、はっきりとわからずにいることについて。

アイデンティティは溶解され、抽象美術の純粋で明快で単純なラインの中に再生される。

例のテレビ番組の出演候補者に会うと、必ずメイフェアのドーヴァー・ストリートにある「ジ・アーツ・クラブ」にご一緒しようと言われる。数ある会員制クラブのなかで、もっとも「インターナショナル」な場所らしい。階段をのぼっていくと、プラスチックの球体が集まってできたシャンデリアがあり、二階では、ロシア人の妻たちの集団がすぐに目にとまる。夫たちはまだモスクワかチュメニにいて、原油と現金を汲みあげている。ロンドンにいる妻たちは、夫が向こうで誰と寝ているか（プライベートジェットの女性乗務員は必ず疑われる）を心配したり、あきらめたりしながら、金の流れを監視し、抜け穴や隠れ場所の準備をつねに整え、ハロッズのラ・デュレに少人数で集まって昼食をとっている。エルメスか、それと同じくらい「おしゃれ（クラッシー）」なものを完璧に着こなし、ぴんと張りつめるほど節度を保ち、「ファベルジェ」の内覧会に出かけ、そのあと、「ジ・アーツ・クラブ」で画商と会う。より裕福な妻たちは画廊を経営する。周辺の通り、ピカデリーから、アルバマール、アッパー・バーリントンあたりにある新しい画廊の所有者は、ポスト・ソヴィエトたちなのである……エラータ、サンクト・ペテルブルク、モスト26。

そして、金銭的に余裕のある人間は、パトロンになるのだ。

最後にやってきたのは、元モスクワ市長の妻である。彼女が築いた巨万の富の一部は、夫が市長在任中に市当局から勝ち取った建築契約によるものである（ただし、夫人はいっさいの関与を否定している）。ロシアにいるモジャーエフとその友人たちはモスクワの歴史的建造物の擁護者だ。世界じゅうから崇拝者が見物にくるロシア構成主義の傑作は朽ちるままに放置されているというのに、ディズニーの塔やドバイのホテルのおどろおどろしいイミテーションをつくるために古い街並みを破壊したのを好例として、モスクワの建造物の「文化的大虐殺」を行った責めを市長夫妻に帰している。現在はロンドンを拠点とする市長夫人は、「ビー・

オープン」と呼ばれる財団を持ち、ミラノ・デザイン・ウィークでヤング・タレント賞を創設したり、ロンドン・デザイン・ウィークに「第六感すなわち直観に働きかけるプロジェクト」を導入すべく新たなプログラムを発足させたりしている。

フリーズ・アート・フェアの開催期間中、僕はロシア人のパーティーに招かれた。この前の金融恐慌の際に、多くの人々がフリーズはこれで終わりだと考えた。ウォール街の男たちもシティの若者たちも破産したのだから。しかし、結局、ロシア人（とウクライナ人とアルメニア人）は富を安全に守る場所として、今後もやはりモスクワやキエフよりロンドンをあてにするだろうとわかった。銀行口座は差し押さえられるかもしれないが、家庭にあるジェフ・クーンズの絵画や彫刻や、妻名義のナイツブリッジの邸宅には手を出せない。そんなわけでフリーズはつぶれず、むしろ繁盛した（モスクワそのものにおいては、西側のコンテンポラリー・アートの市場は衰えつつある。それは金のせいではなく――ロシア人億万長者は毎年増えていくのだから――クレムリンが出した新しい要求が愛国心であるからだ。そのため、現在では、モスクワの家には社会主義リアリズムの作品を、ロンドンとニューヨークの家には抽象表現主義のマーク・ロスコの作品を購入するようになっている）。

パーティー会場は、リージェンツ・パーク向かいのクレセントになっているリージェント・ストリートに建つナッシュ・スタッコの豪邸だった（この一帯の建設には一九世紀前半にスタッコ仕上げを得意とするジョン・ナッシュが関わったものだが、そのままの形では建物はまず残っていない。このあたりだと一軒五〇〇〇万ドルすることもある）。ロンドン在住のロシア人たちが結集して、それぞれのコレクションにある美術品を見せびらかすのだ。階段ホールやちょっとした隅の壁にはファン・ゴッホの作品がさりげなく並べられているが、なんとそのすぐ隣にはロンドンでの暇つぶしにセント・マーチンズ・カレッジ・オブ・アート・アンド・デザインでコースを履修している妻や恋人たちの手になるものが飾られている。集まっているのはほとんどロシア人だ。そのまわりには、肘のところが少し抜けているジャケットを着たイギリス人の画商が群がり、取引についての会話を始める機会を狙っている。最近、たいへんなブームになっているのはロシア・アヴァンギャルドである――一九一〇年代、二〇年代の、ロシアが世界と歩調をそろえるだけでなく、むしろ世界にかくあるべしと定義してみせた、ある意味短い時代の産物だ。これを買えば、愛国者であるとともにグローバルでもいられる。おまけに、偶然にも、コピーするのがもっともたやすいアートだった。真っ黒な正方形が二つあったとき、その区別をつけられる者がいるだろうか？　市場に出ているロシア・アヴァンギャルド作品には贋作が多い。ロシアの犯罪シンジケートがイスラエルやドイツで運営する工場で量産され、その後、西洋美術史家のお墨付きをもらう。彼らがいなければ、贋作は市場にたどりつけない。こうした美術史家たちは、マネー・ロンダリングのためのダミー会社の「名目上の受益者」を演じるスイスやイギリスの法律家たちと同じ役割を演じている。署名をすることで偽物を本物に化けさせるのに一役買い、法律家たちと同様に、喜んで見て見ぬふりをする。だまされやすい新興成金に贋作を売りつける画商たちもまたしかりだ。

ロシア人たちは画商らのまわりから不意に姿を消して、四階のＶＩＰエリアに移動した。二階のバーのそばには不動産業者がうろついている。プライベートスクールの卒業生も多い。楽しげに見える。商売は上々。ロンドンの「黄金の三角地帯」と呼ばれる地区にある一〇〇〇万ドル以上の家の四分の三が、グローバルなニューリッチに売れている。

不動産業者たちはおもしろい話をしてくれる。ロシアから亡命してきた新顔のオリガルヒは、子ども時代を過ごした田舎の別荘（ダーチャ）をひどく恋しがり、建築家をモスクワに行かせ、まったく同じ一九八〇年代の壁紙や長椅子を用意させて、イギリスの田園地帯に羽目板の組み合わせにいたるまでダーチャを再現させたという。旧ソ連の壁紙を調達するのは大変だった。ロシアのたった一つの工場でしか入手できないからだ。また、べルグレーヴィアに新しい家を欲しがった大立て者（タイクーン）もいた。それは難しいことではなかった。ところが、その後、そこから徒歩一〇分圏内に同じサイズのアパートメントを六つ欲しいと言いだした。そちらは愛人たち用の住居。そうしておけば、どの方向に歩いても、どれか一つに行き着くというわけだ。そうそう、最近、警察がつかまえた泥棒の話を聞きましたか？　ロシア風かな？　というアクセントで話し、オリガルヒだと自称しては大邸宅の内覧に行き、屋内を見てまわっているあいだに寝室から宝石を盗むのがやり口でね。本当はトッテナム出身のごろつきだったのに、みんな、ころりとだまされた。アクセントが絶妙だったもんでね。

シャンパンは飲み放題だ。

新顔のロシア人がいいカモだった頃の気楽な日々を覚えている者もいる。一九九〇年代、ジュネーブのエージェントがロシア鉄道のトップに、ある地所をどうにかして売りつけた。それは湖に面さない側の傾斜地にある地所だったが、価格は湖に面した地所と同じ。つまりは二倍の額である。今ではもう、そうした間抜けはつかまらない。ロシア人の所有者に会うこともめったになく、彼らはイギリス人弁護士を送りこんでくる。証書に記されるのは、オフショアの王室属領にある企業の名前だし、不動産業者もあまり多くを尋ねない。

*

ゴールデン・スクエアという由緒正しい小さな広場に面したウィリアム・ブラウダーのオフィス。『ミート・ザ・ラシアンズ』のインタビューを受けにくる彼を待ちながら、僕は壁一面に貼られた新聞の切り抜きを見つめた。「クレムリンに立ち向かう、たった一人の改革運動（クルセード）」、「ウラジーミル・プーチンに挑んだ男」。

かつてロシアで最大の外国人投資家だった頃、ブラウダーは現大統領支持をたいへん能弁に表明していた。彼がロシアに乗りこんだのは一九九〇年代。当時は西側金融界の大半の人々が、試みるだけでもどうかしていると言っていたものだ。彼らが大間違いをしていたことをブラウダーは証明してみせた。しかし、二〇〇六年、怒らせてはならない面々を怒らせてロシアから追放される。やがて状況はさらに悪くなった。かつての投資手段を記載した書類を警察の「強制捜査(レイディング)」で奪われたのだ。ブラウダーはロシア人弁護士、セルゲイ・マグニツキー(モスクワに拠点を置く法律事務所、ファイアストーン・アンド・ダンカンで働いていた)に経過を辿るよう依頼した。その結果、とんでもないことがわかった。投資会社は警官によって違法に譲渡され、常習の軽犯罪者の手に渡った。その犯罪者たちが数億ドルの価値がある企業に対して税の還付を要求する。汚職税務官がこれを受け入れ、そもそも最初に書類を奪った警官が署名して承認し、還付金は二つの銀行に送金された。これらの銀行の所有者は有罪判決を受けたことのある詐欺師で、前述の警官たちや税務官たちの古くからの友人だった。これら警官や税務官の年収は公式には数千ドルだが、数十万ドルの価値を持つ資産を所有し、ポルシェを乗りまわし、ロンドンのハロッズに買い物旅行に出かけている。こんなことが何年にもわたって行われているのだ。史上最大の税金詐取計画——マグニツキーは腐ったリンゴを数個見つけたと思った。

このロシア人弁護士が逮捕されたのは、『ブルームバーグ・ビジネスウィーク』誌のインタビューを受けた一二日後のことだった。マグニツキーは拷問され、結局は一年後にロシアの拘置所内で死んだ。これはたかだか数個の腐ったリンゴの問題ではなかった。ある内部告発者がロシアの新聞社に送った匿名の手紙によれば、問題の税の還付メカニズムは「クレムリンの黒いレジ」として知られており、個人の資産増大から、闇での戦い、外国の選挙にいたるまで、あらゆるものに体系的に使われているという。

「セルゲイの死を知った日が私の人生最悪の日だった。彼は殺されたんだ。私に思い知らせるために」、そうブラウダーはインタビューの初めに語った。彼は頭の禿げかかった長身の男で、眼鏡をかけていて、率直ではあるが感情を抑えた話し方をした（以前に同じ趣旨のインタビューを受けたことがあるに違いない、と何度思ったことだろう）。アメリカ人だが、ロンドンを拠点としている。「私は誓った。きっと正義を実現する、と。プーチン政権の手は血にまみれている。かつて私は投資銀行家だったが、今では人権擁護活動家だ」。

ベルグレーヴィアを車で通り抜けるあいだも撮影は続いていた。「たぶん君の番組の視聴者は、マグニツキーを殺し、金を盗んだのは、金鎖を垂らしたギャングだと思うだろうな。だが、実際はきちんとした身なりの役人なんだ。立派な家を持ち、子どもを良い学校に通わせている連中なんだよ」。

車は国会議事堂につく。ブラウダーはある下院議員と会うことになっている。面会場所である新しい議員会館（ポートカリス・ハウス）のコーナーオフィスからはテムズ河が見下ろせる。マグニツキーの死後、ブラウダーは盗まれた金のゆくえを調べた。すべては海外に流れ、モルドバ、ラトヴィア、キプロスを経由して、最終的にはスイスの銀行口座に入るか、ドバイやマンハッタンの不動産に化けるかしていた。こうした流れを解明するのに一役買ったロシア人実業家が急死した。ジョギングのあと、サリー州にあるゲートと塀を巡らした自宅敷地の近くで心臓発作を起こしたとされている。年齢は四四歳、病歴はなかったが、敵が大勢いた。検死解剖が二度行われても、死因は特定できなかった。

ブラウダーは数冊のファイルを取り出した。マグニツキー・マネーの浄化（ロンダリング）に協力したイギリス企業のリストだ（良いショットがほしいので、何度か撮り直しをした。ブラウダーも下院議員もそうしたことには慣れていた）。

「当局に提訴しましたが、返答がありません。どうなっているのか確かめていただけますか？」

やってみます、と議員は答えた。イギリスの金融当局は国内で浄化された資金を取り締まるのが遅いことで悪名高い。ロンドンはマネーローンダラーの理想のわが家だ。やり手の弁護士が盗んだ資産を守り、大銀行家がそれを動かし、気弱な警官はその出所を尋ねない。

少しのち、僕はまた国会議事堂に呼ばれる。「なぜヨーロッパにマグニツキー法が必要なのか」というプレゼンテーションがあるからだ。アメリカのマグニツキー法は、ブラウダーの大きな業績であり、ロシアの人権侵害者および汚職役人に対して、合衆国への入国、投資、合衆国内の不動産所有を禁じている。ホワイトハウスも実業界も当初はこの法案にこぞって反対し、人権と金融をごっちゃにしてはならないと主張していた。たいていの人間に無理だと言われながらも、ブラウダーはこれを押し通した。しかし、現在、ヨーロッパでこの法を承認しようとしている政府は一つとしてない。金が入ってこなくなる恐れがあるからだ。ブラウダーは煽って国民投票に持ちこむことを望んでいる。

国会議事堂の静かな一角にある長い廊下の突き当たりの小部屋がプレゼンテーション会場で、集まったのはほんの二五人程度。下院の平議員が二人、左派のジャーナリスト一人、ネオコンの雑誌編集者が一人いるのがわかった。政府関係者は見あたらない。ジェイミソン・ファイアストーンも来ていた。実際は五〇歳の押しの強い男だが、三〇代半ばにしか見えず、永遠の少年のような雰囲気を漂わせている。ファイアストーンはアメリカ人弁護士で、セルゲイ・マグニツキーはモスクワのファイアストーン・アンド・ダンカン弁護士事務所で彼のもとで働いていた。そこがブラウダーの雇った法律事務所だった。当時、ブラウダーはマグニツキーをよく知らず、会ったこともほとんどなかった。しかし、ファイアストーンは事情がまったく違う。亡くなった同僚の話をするたび、苦痛で身をよじるように見えたし、ありとあらゆるパーティー、ロシアに関する会議、ビジネスミーティング、講演に顔を出しては、マネーローンダラーと殺人者を非難し、皆の耳に残るまで「マグニツキー！　マグニツキー！」と連呼するところをしょっちゅう見かける。メイフェアの

「炭鉱のカナリア」がこんなことはまるで間違っていると警告を発しているのだ。

少しあと、僕らはメイダ・ヴェール地区にあるカフェで落ち合う。話をしているうちに、ファイアストーンはときどき声を荒げるので、まわりにいる人々がぎょっとした顔で視線を向けてくる。あとでちらっと顔をあげてみると、皆が静かに耳をすましているのがわかった。外は土砂降りの雨。テムズ川の河口では氾濫状態だと報じられている。ファイアストーンはマグニツキーをファーストネームのセルゲイで呼ぶ。

「セルゲイは私が知っているなかで最高の弁護士だった。ただの一度も敗訴するところを見たことがないからね。支払う義務のない税金を課せられたクライアントがいれば、裁判を起こして必ず勝った。楽観主義者で、感情的になることがなかったな。例外はクラシック音楽のことだけだったよ。逮捕されたときでさえ、そうだった。警察署に連行される途中、車から私に電話してきたんだ。セルゲイは冷静だった。いずれ誤解は完全に解けると確信していたんだな」

セルゲイの逮捕後、ファイアストーン・アンド・ダンカン弁護士事務所の他の弁護士たちにも警察のお迎えがきた。同僚の一人の家の玄関には警官がいたので、ファイアストーンは非常階段を使って彼女の自宅から脱出させなければならなかった。その後、彼らは夜行列車でロシアとウクライナの国境を越えた。もう一人は飛行機でまっすぐロンドンに向かった。

「私はロシアで一八年を過ごしていた。しかし、同僚たちは生まれたときからずっとだ。私たちは寝室が三つあるアパートメントを借りた。同僚たちはよく自分の部屋で泣いていたよ。病気や何かで苦しんでいる身内がいても、会いに戻ることができないんだ。だが、誰も何一つとして口には出せなかったんだよ。それよりはるかにひどいことがセルゲイの身に起こっているとわかっていたからね」

セルゲイが収監されて九ヶ月が経ったとき——その九ヶ月間、面会はいっさい許されなかった——セルゲイの妻はかろうじて彼の獄中日記を手に入れた。

「それをEメールで送ってもらった」とファイアストーンは続ける。「詳細な描写が何頁にもわたってストイックに書きつらねてあった。いかにも弁護士らしく、すべてを冷静に列挙してあるんだ。監房内に汚水があふれ、何日間もその状態のまま暮らしたこと。囚人が多すぎてスペースがないので立って書くしかないこと。告白を拒み、他の誰かに罪を負わせるのを拒んだために、入れられる監房がどんどんひどくなること。窓にガラスが入っていないので、冬は凍りつくほど寒いこと。夏のぎゅうぎゅうづめの監房と囚人移送トラックが、不潔なサウナのようであるのがやまぬこと。胃痛が耐えがたいほどになっても、なんの治療も受けられなかったこと……。それがいっそう悲惨に思えるのは、すべてを冷静に描写してあるからなんだ。彼の声が聞こえるようだったよ。普段と同じようにね」

ファイアストーンの声はふたたび高くなっている。まさかクレムリンと争うはめになるとは思っていなかったのだ。

「私はすばらしい生活を送っていた。同僚たちも同じだった。それを手放さずにいたければ、口を閉ざし、見て見ぬふりをするだけでよかった。だけど、人が殺されたんだよ」

それでもやはりロシアに戻りたくてたまらない、とファイアストーンは言う。居住権は取得済み、準市民としてパスポートも申請する直前、こんな事態にならなければロシアで生きていくはずだった。一九九一年、大学を卒業してすぐ、ファイアストーンはモスクワに移った。ハイスクールでロシア語を学ぶことを勧めたのは父親で、一九八〇年代にすでに「ソ連はいずれ崩壊する、これから金を稼ぐならロシアだ」と言っていたという。この父親は次々と起業する人間だった。カリフォルニアの不動産で一財産を築いたあげくに失い、黒字が当然のインターネット・ポルノの世界で異例の赤字サイトをつくったかと思えば、次には子どもの宿題を手伝うサイトを立ちあげて一二〇〇万ドルを稼ぎだした。息子がロシアに渡った当時は、詐欺まがいの税金回避手段(タックスシェルター)を売った罪で服役中だった。

「父は、フランク・シナトラがギャングとつるむのが好きだったのと同じように、自分もギャングとつるむのが好きだった。釈放されると、ロシアに来て、私の最初の仕事――ロシアへの車の輸入――に絡んで、みかじめ料を取り立てようとしたんだ。ロシアにいる人間はみんな保護を必要としているんだと言ってね。だけど私は自分の仕事にマフィアを関わらせたくなかった。すると父は、殺し屋を雇って私の友人やパートナーの脚を折ってやると脅しをかけてきた。『おまえの脚を折っても、無視されるだけだ。おまえは強いからな。だが、脚を折られた友人どもを見れば、俺に逆らうことの代償がどんなものかよくわかるだろうよ』。私はあきらめた。そのあと父が雇ったみかじめ料の取り立て人が私たちの車を盗み、父のロシア進出は終わった。父はつねに私の道徳上のコンパスだったな。父が何かを提案すれば、私は必ず反対のことをしたんだ」

ロシアではファイアストーンが父親を思いださざるをえない瞬間が何度もあった。「金を少しばかり動かしてほしい」という依頼を受けたときはいつでもだったし、自分のやっている会計検査会社のパートナーが払うべき税金をごまかすべきだと言ったときもだった(ファイアストーンはAK-47を装備した警備員に命じてこの男を建物から放りだし、警察にも通報した)。私有財産を守るためにはロシアにどんな変化が必要だと思うか、とロシアの経済開発相(ベネディクトが彼のために働いていたまさに同じ人物)から尋ねられたとき。大臣は礼儀正しい返事を期待していたが、ファイアストーンは公然とこう言い放った。大臣とオリガルヒが法を超越しているかぎり、この国はどうにもならない、と。当時、ファイアストーンはアメリカ商工会議所の役員であり、小企業委員会の長だった。「フォーチュン100」(『フォーチュン』誌に載る、グローバル企業の総収入ランキング・トップ100）の一つから出ている役員仲間は、口が過ぎると彼を叱った。「君が言っていることには賛成だよ、ジェイミソン――だけど、もっと穏やかな言い方ができないものかな？」

「我々は皆、大金を稼いでいた」とファイアストーンは言う。「だが、状況がどんどん汚らわしくなっていくのがはっきりわかった」。

しかし、モスクワでの冒険譚を語るとき、彼の声が浮き浮きするのも明らかだった。

「私はこれから弁護士らしく振る舞うだろう。だが、昔は立派なストリート・ファイターだったんだ。クライアントのためにマフィアに発砲したことも二度ほどある。マフィアは警察と同じで、ふたとおりの返事しか受け止められないものさ。『イエス、サー』か『ノー、サー』のね。むろん、ノーと言えば、殺されるがね。あるとき、クライアントが襲撃を受け、仕事関係のデータベースを盗まれたこともあったよ。本来は保護してくれるはずのマフィアが犯人だった。つまりはライバルにのりかえたってわけさ。そこで私たちはペトロフカ通りのホテルに行って、その連中に会った。私はロシア語で言ってやったよ。いかにもばかていねいな企業人の口調でね。

『私のクライアントはあなた方のサービス・パッケージに月一〇万ドルを払っています。そのパッケージには保護という項目も含まれるとうかがっています。だから、よくわからないんですよ。あなた方がほかのクライアントたちに協力して、私のクライアントから盗みを働く権利を守ってやっていることが。どうしたら、そんなことができるのでしょうか。わたしのクライアントもあなた方のクライアントなのに。たとえば、私は弁護士ですが、原告被告双方の弁護はできませんからね』

「だからこそ、俺たちは弁護士とは違うんだってことさ」とマフィアは答えた。「あんたらはしじゅう喧嘩ばかりしている。だが、俺たちはみんなと協力して、八方丸くおさまるようにするんだよ」。

「まったくそのとおりだ。我々はわかっていませんでした。もちろん、それは我々の責任です――でも、今はわかりましたので、今後あなた方のサービスはもう必要ありません」というやりとりをしたのさ。

あぜんとしてるマフィアを残して、私たちは部屋を出た。ライバルどもが払っている金額はたったの三万ドル。次の週には、私のクライアントからみかじめ料をとっていたマフィアは、ライバルどものところのコンピューターを全部さらって戻ってきたよ」

ファイアストーンは、アメリカ風にはなっているがほぼ完璧なロシア語でマフィアと交わした一言一句を再現してみせながら、まだ笑みを浮かべていた。汚職警官から逃れるため、政府の病院に隠れるはめになったときの話もした（大臣でいっぱいのその病院以外の場所ではつかまってしまうからだった）。また、隣人の手引きで、最初のオフィスが殺し屋どもの襲撃を受けたときには、スタッフが手錠で家具につながれ、ナイフを突きつけられて脅されたという話もあった。それから、ニューヨークに飛んでいって、ウエストヴィレッジの「スパイ・ストア」で盗聴装置を買い占めるはめになったこともあったらしい。そうすればモスクワ警察の詐欺防止チームがそれを使って、彼から金を巻きあげようとする汚職警官どもを逮捕できるというわけだ。

「ロンドン暮らしの問題点の一つは、仮に私が本当のことを話すと、すぐに嘘と決めつけられてしまうことなんだ。話した相手は二度と連絡してこない。おかげで社交辞令だけを言っておくことを学んだよ。そして、どうしても真実を知りたいという人間には一つ条件を出すことにした。「会話を始める前にまずEメールをくだされば、私の物語をお伝えし、そのあとでリンクをいくつか送りますから、BBCに出演している私を見るか、私に関する新聞記事を読むかしてください。そうすれば、おそらく、あとで電話をくれるでしょうな。というのも、そうしないかぎり、ぜったい連絡してくれないからです。とにかく突飛な話なのでね……」」

ロシアにいると極端な行動に走らざるをえず、あとになって、自分がくだしたすべての決断や、自分はどう思われているのかを検討することを強いられる。善と悪の選択以外なくなってゆく。ロシアはそんな場所なのだ。だからこそ病みつきになるのだろうか？　第二のローマのビザンティウムが陥落したあと、第三のローマを具現化したモスクワ。最後は誰もがそうした都市の「神話」にはまりこみ、その語り口に沿った唯一の物語を口にするようになる。同じ悲劇が起こりうる場所は無数にあるが、ロシアではそれがイコン的な激しさを帯びているのだ。

ジェイミソンの語る内容に注意を戻すと、彼の声はまたしても大きくなってゆく。

「ロンドンにはショックをうけたよ。その手の金がここに流れこんでほしいという胸の内を中心にすべてのシステムが構築されているんだからね。奴らの金が欲しい。奴らとの取引が欲しい。今では元ドイツ首相のシュレーダーや（スピンドクターとして有名な）マンデルソン卿始めなにがし卿たちがロシアの国営企業のために働いているわけだ。だったら正直に言うべきだと思うんだ。「クレムリンの企業から五〇万ドルで役員になってほしいとオファーがあった。私は何もしないし、その企業がどのように運営されているのかまったく知らないが、ときどき、どこかのドアを開けてくれと頼まれるな」ってね。それと、皆がよく主張するのは「金がここに来ないなら、別のどこかに行く」ってことさ。だけど、そうした態度でいるならば、ここはもうこのままではなくなってしまうし、そのどこかのようになってしまうんだ。私たちは、西側の民主主義体制こそ進化の終点だ、自分たちは強い立場にいて物事に対処しているし、人々は私たちのようになってきている……そんな自己中心的な考え方をずっと持っていたんだ。だが、そうじゃないんだ。なぜって、今ここにあるものが脆弱じゃないと思うなら、それは自己欺瞞にほかならないんだからね。これは……」。ジェイミソンはここでひと息つき、それからさっと片手を振って、メイダ・ヴェールを、ロンドンを、西側文明すべてを指し示す。「みんな脆弱なんだよ」。

ジェイミソンが議会を歩きまわり、ロンドンで開催されるシンクタンクのミーティングやディナーパーティーすべてに足を運んで、世間に訴え、大きな声をあげる姿を僕は目にする。セルゲイ・マグニツキーのことを話すときには、アメリカ的な熱情に満ちあふれ、それと同時に身をよじるほどの苦痛にさいなまれている。その苦痛がさらに増すのは、セルゲイ殺しに荷担した者たちもまたここロンドンにいてスタッコ壁の豪邸もハロッズでの買い物も満喫しているのに、彼らに対し完全に手も足も出せないからである。

しかし、ジェイミソンが言っていることは、ゴールデン・トライアングルでは暴露というほどのものではない。ゴールデン・トライアングルでなら、逆に、どこに行こうが何を取りあげようが、「そうさね、おぞましいもんだね」と決めてかかられてしまう。メイフェアやベルグレーヴィアやナイツブリッジは、今やたぶん別の秩序に属していて、実際に巨大なオフショアの一部であることはたいていの人間が認めるところだが、ロシア（もしくはアゼルバイジャンもしくはナイジェリア）の副首相が政府の契約を私的に取引して稼いだ金でセント・ジェームス地区のペントハウスを買収するのと同じことをイギリスの大臣がすれば、当然ながら、我々はぜったいに容認しないだろう。だけど、全体的に見れば問題ない――というのも、そうした悪いことはみんな我らが文化の空き部屋に入れたままにしておくので、それによって我々が変えられることはないのだから。「かわいそうに、ジェイミソンはひどい目に遭ったし、よかれと思って頑張っている。もちろん、ある意味でそれは正しいことだけど、こちらまで夢中になるのはよしておこうよ」ってね――世界はこれまでもずっとこんな風だったんだもの。あるいは、「どのみちここロンドンではすべてがもう変わってしまっていて、もはや西側なんて存在しない」と、ため息まじりにもっともらしいことを言う連中もいる。となると、僕らはさきゆき、誰に振る舞い方を教えることになるんだろうかね？

結局、編集プロデューサーはセルゲイ・マグニツキーに関する物語を『ミート・ザ・ラシアンズ』から削除し、ベルグレーヴィアや国会議事堂で撮影したシーンもすべてお蔵入りとなった。どうがんばったところで、番組の全体的な基本コンセプトに合わせられないのだから、しかたない。『ミート・ザ・ラシアンズ』のコンセプトは所詮エンターテインメント番組なのだもの。

みんな嘘だし何でもありさ……（Nothing is True and Everything is Possible）

僕は空港でモスクワ行きのフライトに乗ろうとしている。娘も一緒にゆく。僕の妻はモスクワっ子だ。一〇年近くをロシアで過ごしているあいだに出会った。娘が生まれた頃、僕はまだモスクワで働いていた。今は家族全員ロンドンで一緒に暮らしている。僕がテレビ・プロジェクトのためにロシアに行くことは減ってきたが、父親としてゆくことは増えてきた。今はもうカメラは持っていかない。気づいてみれば、あの手のテレビ・プロジェクト……つまり、他人の人生にずかずかと押し入り、できるだけ状況に肉薄しようとするプロジェクトには、以前ほど関わらなくなった。リアルなものをとらえたいと僕らがいくら主張しようと、実際にはディレクターは宰相（ワズィール）のミニチュア版で、必ず巧みな改竄を行う。被写体を誘導し、枠にはめこみ、くるっと向きを変えさせ、一つ質問するのも別の話がぽろりと漏れるのを待ち構えてのこと。いつでも、撮影しているアクションが置かれた状況にどのように関わっているかではなく、最終的なカットにどのようにつながるかを考えているのだ。そして編集が始まると、被写体のビデオ表現が独り歩きし、「ホログラム」と化し、クロスフェードされ、つめこまれ、さっと画面を転換され、圧縮されたうえで、アメリカ、イギリスのインターネット用やプロモーション用の編集に向けて、さまざまな形でカットされる。そんなわけで、僕らがあらゆる手を尽くして「前向き」に見せようとしても、スクリーンに映った自分に満足する人間はほとんどいない。ご当人が考える自分の姿とは違うものだからだ。ここに厄介な問題があった。僕らがつくった「ホログラム」が僕らを追ってくる。被写体がいったん僕らにぶちまけた感情は、僕らのもとを離れてはくれない。そして僕らは「ビデオの亡霊」という並行現実（パラレルリアリティ）の中で生きるようになる。深い悲しみに暮れていた死んだモデルたちの親、ゴールドディッガーたち、チェチェンに向かった兵士、ジャムブラト、乳搾り女（ミルクメイド）、テロの犠牲者たちなど僕が撮影した全員が、ときどき僕を訪ねてくる。「戻ってきて！」僕が心ここにあらずという顔をしているのに気づくと、妻が大きな声で言う。「娘を見て。現実世界を見て。わたしたちはここにいるのよ」。

　空港はひどく混雑していた。僕が娘を連れていくのは夏休みを過ごすためで、娘はこの旅行を楽しみにしている。最近、ロンドンで学校にあがったのだが、つらい思いをすることもままあるようだ。僕が撮影でしょっちゅう留守にするので、娘はいまだに英語よりロシア語のほうが達者だ。先日は泣きながら学校から帰ってきた。「ほかのみんながわたしのことをなんて言っているのかわからない。ひどいことだったら、どうしよう？」娘にとってロシアとは熱愛する親族を意味していた。ドモジェドヴォ空港におりたてば、そこには妻の両親がいて、『ハロー・グッバイ』の一シーンのように娘を出迎え、一家の小さな田舎の別荘（ダーチャ）に連れていってくれるだろう。ダーチャの正面はなだらかな丘に面しており、地平線上には小さな教会が見える。裏のポーチは自然の森につながっている。その丘や森を気ままに歩きまわり、娘は夏を過ごすだろう。ロシアのおとぎ話に耳を傾け、その物語の中にいる自分を想像し、小川のそばで足をとめ、美しい夏のまぶしい光を浴びて野いちごを摘むだろう。ロシアの夏はとても短く、だからこそ、とびきりのものなのだ。

僕は想像をめぐらせる。空港で義理の両親に会ったら、まずは天気の話だろうか。泥炭火災は今年も起こるでしょうか？　火はダーチャまでやってくるでしょうか？　そのあと、車で街を出るのにいちばん良いルートはどれかを僕らは考えるだろう。モスクワの交通渋滞はひどくなる一方だから。もしかしたら義理の両親はコンセルヴァトワールでのコンサートにぜひ出かけるべきだと勧めてくれるかもしれない。僕も、義理の両親も、僕らの関係のいわば快適な脇道を通って、うまく会話をつなげていく。なにもかも正常であるかのように。戦争などないかのように。一見したところ、モスクワは以前と同じに見えるだろう。防弾になっているベントレーがあいかわらず赤煉瓦の修道院の向かいに三重にも四重にも駐車していることだろう。早送りで変化する摩天楼の稜線（スカイライン）のいたるところでたくさんのクレーンが首を振っていることだろう。なにも問題はない。誰か（タクシーの運転手、昔の友人、バーにいる誰か……）がなにげなく、まるでマントラを唱えるように、こんな言葉を口にするまでは。

「ロシアはふたたび強くなった。もはや膝をついてはいない。我々は立ちあがったんだぞ！」

「全世界が我々を恐れているんだ！」

「西側は我々を打ち負かそうと躍起になってやがる！」

「裏切り者はいたるところにいる！」

そして僕はテレビをつけるだろう。

その週のニュースの総集編が放送されている。身なりのよいプレゼンターが造りの上等なセットを横切り、カメラのフレームに入って、その週の出来事をてきぱきとまとめていく。一見すると、どれもがしごく普通に思える。ところが、やがてプレゼンターは不意に二カメの方を向き、気づいたときには話が変わっている。西側は同性愛の泥沼に沈んでいて、聖なるロシアだけがゲイのヨーロッパから世界を救えるとか、いわゆる

「第五列」、つまり西側のスパイで汚職反対運動家に扮しているが実際は全員ＣＩＡなのがごろごろしているとかね――それ以外の誰があえて大統領を批判するだろうか、というわけだ。西側はウクライナの反ロシア「ファシスト」を支援しており、ロシアを手に入れ、そのオイルを奪おうと躍起になっているとか。アメリカの支援を受けたファシストがウクライナの町の広場でロシア人の子どもを磔にしているのは、西側がロシア人の「ジェノサイド」をもくろんでいるからということになるし、そこらをうろつくロシア憎しのギャングどもにどんな風に脅されているかと訴える女たちが、カメラの前で泣きわめく。もちろん、こうしたことを正せるのは大統領だけ、だからこそロシアがクリミアを併合したのは正しいことだし、ウクライナに武装させた傭兵を送ったのも正しいことで、これはロシアと西側との新たな大戦争のほんの始まりにすぎない。本当にファシストがウクライナを乗っ取ろうとしているのか、子どもたちが磔にされているのかを知るためには――友人、プレスリリースの配信、オスタンキノ関係者以外の誰かを通じて――チェックしさえすれば、結局はどれも真実ではなく、そうした一部始終を目の当たりにしたと言った女性たちは「目撃証人」に扮したエキストラだとわかるのだけど。オスタンキノにおいては、事実と虚構とのあいだに線を引くこと自体に意味がなくなっている。大統領の戦いを正当化する根拠がでっちあげだと知っていても、大統領を全能の存在のままにしておく物語をつくりあげて、溶けるように消えてしまう金の問題を我々皆に忘れさせることこそ本当の理由だと察していても、あんまりしょっちゅう嘘を聞かされていると、しばらく経つと、ただ頷くようになってしまう。なぜって、こんなにたくさん、こんなに図々しく嘘をつくということが理解しがたいからだ。そして心のどこかでこう感じている。そんなに嘘をついて、何の罰も受けないのなら、それはすなわち、オスタンキノが本物の力を、何が本当で、何が本当でないかを規定する力を持っているということではないのか？　だったら、どちらにしても、ただ頷いているほうがいいのではないか？　チャンネルを変えれば、今度はセヴァストポリをパレードするバイカー集団「ナチヌイエ・ボルキ」が映しだされる。生神女マリヤのイコンを高く掲げ、スターリンの言葉を引用し、荘厳なテーマ曲を奏でながら、今回の併合、ロシア帝国の復活を祝っているのだ。

ロシア語が異国民の耳の中で鎖かたびらのように鳴り響き、大勢の白人が雑木林から星々にまで駆け上る。

「ナチヌイエ・ボルキ」はオスタンキノの新たなキャストに入っている多数のスター集団の一つにすぎない。他にも、髑髏と十字架の紋章を鮮やかにプリントした黒ずくめの服装で、ロシアからモラルの闇を一掃しようと呼びかけている「ヘルヴィム」(智天使ヘルヴィムから名をとった)たちもいる。ネオ・ナチは、MTVのダンサーのグループを伴った自撮り映像のなかで、愛国主義の名のもとにゲイの一〇代の若者をたたきのめしている。民族派民警組織「コサック」は、通りでパフォーマンス・アーティストを鞭を振るって攻撃する。これらすべての面々が画面の中央に押しだされ、くだらないトーク番組に出演したり、事実に基づくエンターテインメント番組の主演を務めたりする。彼らを使って、ゲイや神、サタンやCIAについて、「へー」とか「ほー」という(スタジオの観客の、あるいは録音されている)感嘆の声を挿入しながら、テレビ番組を次々と送り出してゆく。ただし、彼らもボトムアップ式に浮かびあがってきたわけではない。なにせ、ロシアで教会に通う人間の数は限られているからだ。どちらかと言えば、クレムリンがリアリティー・ショーと権威主義(オーソリタリアニズム)とを融和させる技術をとうとう会得したということだろう。その技術によって一億四〇〇〇万を超える国民はつねに娯楽を与えられ、気晴らしができ、とともに、しじゅう地政学的な悪夢にさらしつづけられている。悪夢もくり返し吹きこまれれば、いずれは感染力を持つようになる。というのも、今もロシアのメディアや国営企業で働いているかつての同僚たちと話をすれば、聖なるロシア云々という話はただのPRだと笑いとばすかもしれないが（なぜなら、すべてはPRだから!）、なんとその勝ち誇ったような冷笑が意味するのは、いたるところに陰謀がひそんでいると彼ら自身惑わされている可能性もあるってことだ——みんな嘘だし、動機はどれも腐敗したものであり、信じられる人間は一人もいないとしたら、それすなわち、すべての背後に闇の手が存在するということになりはしないか?

別のチャンネルにきりかえると、「ザ・ローズ・オブ・ザ・ワールド」のライフ・コーチが心理的障害への対処法をアドバイスしている（亡くなったモデルたちの話が明るみに出たあと、組織の名前だけは変えたが、お構いなく活動は続けている）。オスタンキノのやり方は「ライフスプリング」のコースになんとよく似ていることか——ロシアの不安とパニック発作と熱病のすべてを際限なくくり返し展開してみせ、批判や解決策を探し求めることなく、ただかきまわすのだから。ここにいったん巻きこまれれば、決して自由にはなれない。クレムリンのやり方も似たようなものだ。まずは制服を着た狼男（ウィアウルフ）や実業家でもある官僚を使って、いばりちらし、屈辱を与えることで一般大衆を自分に縛りつけ、次いで驚嘆すべき軍事征服によってロシアを意気揚々たるものとさせるのだ。

のちに予定されている番組には連邦議会下院（ドゥーマ）の議員たち（あいかわらず唾を吐いたりする輩やビートの根のような赤ら顔もいるが、今ではイギリス製のスーツを着こなす者、縁なし眼鏡をかけている者、髪をきっちり束ねている女性議員などのほうが多い）が顔見せをする。最近、法を制定しようという愛国的茶番劇を派手にやっているので、きっと注目されることだろう。これらの議員たちは「非伝統的な性交を禁止する」あるいは「英語の単語を禁止」する動議、それだけでなくロシアのウクライナ侵略を認める動議まで魔法のように繰り出している。

この信心深い新たな愛国主義者たちの経歴にざっと目を通すと、最近は熱心な民主主義者でリベラルだし、親西側派として、現代化と革新、ロシアのヨーロッパ路線への傾注を説いているものの、その前は全員が立派な共産主義者だったことがわかる。かつまた、彼らの最近の姿は、一方ではモスクワの政治キャバレーにおける新たな余興にすぎないとはいえ、その話しぶりはロシア政治のありきたりのパフォーマーとはどこか違っている。ありきたりのパフォーマーなら、訳知り顔のウィンクと頷きとともに大声でわめきちらすのに、彼らはなんだか無表情なのだ。精彩を欠き、目はうつろ——まるでいろんな風にこねくりまわされたせいで回転木馬から振り落とされ、冷たく客観的な人間になってしまったかのようだ。それは現行のロシアの体制内に何らかの狂気が潜在的に存在するからではないのか？　スペクトルの一端では政治工学者たちが現実をもてあそび、オリオナが相手のシュガー・ダディごとに変身し、ヴィタリがみずから監督する自伝映画のなかで彼自身のファンタジーを演じているのなら、もう一方の端では、その体制の創始者であるボリス・ベロゾフスキーが（体制の反対者でなく）滑稽なしょせんは似姿というべき人物に変わり、破産の憂き目にあっている。イギリスの法廷ではしどろもどろになり、「妄想に駆られて出来事について独自の見解を信じこんでいる印象を受けました」とまで判事に言われたのだ。

そしてすべてのチャンネルには大統領が映る。テレビ放映用の大統領は、ありとあらゆるロシアの原型を自分の中に当てはめているので、今やロシア、ロシア、ロシア……ではじけそうに見える。ギャング＝政治家＝征服者＝バイカー＝信徒＝皇帝のあいだでめまぐるしくカットを繰り返し、ある瞬間は外交面で理性的だったかと思えば、次の瞬間には陰謀だ陰謀だとまくしたてている。テレビ画面では大統領がライブの「ビデオリンク方式」によって、つなぎを着た工場労働者に話しかけている。造ったばかりの戦車の前に立つ労働者たちは、大統領への抗議が続くなら「モスクワに行き、私どもの安定を守ります」と約束する。けれどもやがて、そんな労働者など実在しないことが判明する。すべては地元の政治工学者（なにせ今では誰もが政治工学者なのだから）が企画した芝居にすぎないし、テレビはおおわらわになったあげくに、現実に戻るための「標点」のない場、双方が自分はリアルだと確信して傀儡が「ホログラム」に話しかける場、「みんな嘘だし、何でもあり」の場へと化している。こうした精神錯乱（ディリリアム）が積もり積もって、奇妙な無重力感が生まれてくる。

しかし、クレムリンの回転木馬の下をのぞきこめば、きわめて精密かつ確かな計算が見えるのではないか？　現行のロシアの体制の一部は突飛なパフォーマンスをするばかりであっても、別の一部はゆっくり辛抱づよく反対者の取りこみを行っている。クレムリンは何年もかけて西側を取りこんできた。「イギリス人は我々を物笑いの種にするのが好きだ」。これは『ミート・ザ・ラシアンズ』の放映後、クレムリンのタブロイド紙に載った言葉だ。「しかし、我々の投資を失う覚悟はあるのだろうか？」

ウラジスラフ・スルコフは新作短編『ウィズアウト・スカイ』――ペンネームで発表した作品で、「第五次世界大戦」後のディストピア的未来を題材としている――のなかで「それは最初の非線形（ノンリニア）の戦いだった」と書いている。

> 一九世紀や二〇世紀の原始的な戦争においては二つの陣営が戦うのが普通だった。二つの国とか。二つの同盟とか。ところが今は四つの連合がぶつかっている。それも、二対二でもなければ、三対一でもない。そう、すべてがすべてを相手に戦っているのだ。

スルコフのヴィジョンのなかには、聖なる戦いに関する言及はなく、西側をからかい挑発するのに使われる政治キャバレーの余興もない――こうした挑発に乗った西側は、「文明の衝突」についての地政学的シットコムの脚本を急いで書きあげ、かたき役の最たるものとしてクレムリンに役を振ることになるはずだが。しかし、スルコフの物語にはほかの何かがある。それはグローバル化の薄暗いヴィジョンだ。そのヴィジョンでは、全員がともに上昇することなどなく、相互の関わりとは、運動、法人、都市国家のあいだの多種多様な争いを意味している。そのヴィジョンでは、EU、NATO、「西側」といった古い同盟がすべてすりきれたものとなっている。また、そのヴィジョンでは、クレムリンが、新たに生まれた忠誠と利害の変動する道筋も、オイルとマネーの流れも操ることができるし、ヨーロッパをアメリカからひき離し、西側のある企業を別の企業と戦わせ、その両方の企業をどちらの政府とも戦わせるので、誰がどんな利益を得てそれがどこに向かうのか、誰にもわからないのだ。

「いくつかの地方は一つの陣営に参加するだろう」。スルコフは続ける。「他のいくつかの地方は別の一つの陣営に。町も、世代も、ジェンダーも、また別の陣営に参加する。ただし、参加する先は、あとになっても、そう、時には戦闘中でも変えられた。彼らの目的はまったく異なっていた。戦争はプロセスの一部だというのが、おおかたの理解だった。それが必ずしもプロセスの最重要部分でないことも」。

クレムリンは自分に都合がいいように自由自在にメッセージを切り換え、あらゆるものの内部に入りこむ。ヨーロッパの右翼的愛国主義者ならば、反EUのメッセージに誘惑される。極左なら、アメリカの覇権（ヘゲモニー）と戦うという物語で取りこまれる。アメリカの宗教的保守派は、クレムリンが同性愛と戦うという点で納得する。その結果としてのずらりと並んだビデオや代弁者が、どれも「ロシア・トゥデイ」（RT）で放映されるが、グローバルな視聴者にさまざまな角度から休むことなく働きかけて、クレムリン支持の効果的な「エコー・チェンバー」と「マルチ・スクリーン」の組み合わせをつくりだす。しかし、幻影をクレムリンの歪んだ鏡に映写するのと同じで、そうしたビデオやエコーが現実の力や現実の目的にどのように対応しているのかは誰にもはっきりしていない。クレムリンを現実以上のもの、あるいは現実とは違う存在に見えるように反響・反映させることを意図しているのか？　つまり、恐怖を抱いたり、それどころかすくんだだけで、反射的にまた別の政治工学に絡め取られてしまうようにということだが（かと言って、具体的な行動を起こしても相殺されてしまうだけではあるのだけど）。

「我々はグローバル化の少数者株主だ」。ロシアの産業スパイや政治家が僕にそう言う。現行のロシアの体制がヤーナをどのように潰そうとしたかを思い起こせば、その言葉の意味するところはこうなる――クレムリンが世界のなかでの自らの姿をどう思い描いているかを想像するいちばんの方法は、西側の「企業乗っ取り屋」のしかも暴力性をえらく高めた縁者ということになろう。ロシアのエリートの大半が「乗っ取り」で最初の金を稼ぎだす。ある企業の株主になり、使えるだけの手段（逮捕、銃、押収、爆破、賄賂、脅迫……）を使って利益をしぼりとる。クレムリンは、グローバル化の内側で偉大な「企業乗っ取り屋」を演じ、遅鈍な西側の古いやり方はすべてお見通しだから遊び半分にもっと破壊的なことをやっているのだと確信している（少なくとも皆に確信させようとする）。まさに、二一世紀の地政学的アヴァンギャルドなのだ。

『ウィズアウト・スカイ』は二〇一四年三月一二日に出版された。六日後、ロシアはクリミアを併合した。バイカー集団の「ナチヌイエ・ボルキ」、民族派民警組織「コサック」、効果を狙った住民投票（レファレンダム）、台本どおりに動く傀儡政治家、銃を携えた男たち……。彼らが登場する芝居を演出することで、スルコフは併合を組織するのに一役買った。政治キャバレーのまさに一瞬の余興だった――すべては目にもとまらぬ速さで起こり、世界が驚きに我を失い目を瞠（みは）っているあいだに、クレムリンはヨーロッパの地図を描（か）き直し、「現地の既成事実」なるものに磨きをかけた。その結果として、スルコフはアメリカおよびＥＵへの入国と投資を禁じられたのだが。

「この禁止令の影響は大きいのではありませんか？」と、クレムリン宮殿を通り抜けるスルコフにリポーターが尋ねた。「趣味から考えて、あなたはとても西側的な人間のようですから」。するとスルコフはにっこりして、自分の頭を指差した。「ヨーロッパはこの中にうまく入れられるんだよ」。そして、のちにはこう述べている。「ワシントンの政権があした決断を下したのは、私のロシアに対する貢献を認めたからに他ならないでしょう。とても光栄なことで、政治の世界のアカデミー賞にノミネートされたようなものですね。私は海外口座を持っていないし、アメリカのことで興味があるのは、トゥパック・シャクールとアレン・ギンズバーグとジャクソン・ポロックだけですよ。彼らの作品に接するのにビザは必要ない。失うものは何もないな」。

僕と娘は出国審査を通過する。もうすぐ搭乗だ。娘は免税品店に行き、ロシアの親類のためにイギリスらしい土産物を選んでいる。空港のラウンジに入ると、僕はいつもやけにくつろいだ気分になる。この国にいるのでもあの国にいるのでもなく、誰もが無国籍になる場所だからだろう。かつてはラウンジにいるロシア人を見つけるのはたやすかったものだ。軽装か厚着かのどちらかだったからだ。けれども今ではそうした姿はまったく見当たらず、乗客が帰国するところか、ロシアに向け出発するところかを見分けるのは難しい。

フライトがコールされ、僕らは飛行機のほうに向かった。そこでふと考える。今回の訪問で他のロシアが見つかるだろうか？　ときどきモスクワを訪ねると、通りにはクレムリンに対する抗議運動があふれている。抗議する者たちのスローガンは「嘘をつくな、盗むな」だ。英語（Don't lie, Don't steal）にすると、いささか堅苦しく、もしかしたら品よく聞こえるかもしれないが、ロシア語（ニェ　ブラチ　イ　ニェ　ヴォロヴァーチ、ne vrat i ne vorovat）では震えるVの反復と巻き舌音のRによって旧約聖書を怒ってうなっているように響き（おそらく「汝嘘をつく勿れ、偸（ぬす）む勿れ」、thou shalt not lie, thou shalt not steal のほうが近いのだろう）、わずか四つの単語の中に財政面・金銭面での腐敗と知的な腐敗のあいだにある結びつきを見事にとらえている。そこでは言葉が一般的に使われる意味をなさず、予算の数字がその通りではありえない。

あるとき、夕暮のブリヴァール環状道路で、抗議運動のリーダーがステージ上から群衆に呼びかけていた。手にしていたのはヴラディーク・マムシェフ＝モンローが大統領に仮装した古い写真だった。「これはわれらが愛するアーティスト、ヴラディークによるポートレートだ。そして、これこそ、我々が排除しなければならないものなんだ」。この言葉が意味していたのは、大統領本人というより、すべてを食いつくすシミュレーションの文化全体のことだった――それこそまさにヴラディークがこう描写しようとしたものだった。「ある日あたしたちがクローゼットに手を突っこんで服を手に取ると、その服が手の中で埃に変わってしまうのよ。だって蛆虫が食べちゃったんだもの」。

ヴラディーク自身はすでにこの世にいない。バリ島でプールに浮いているところを発見されたのだ。死因は心臓発作だった。死の直前、ヴラディークは知り合いのオリガルヒからある提案を持ちかけられた。クレムリンの側につき、新たな抗議運動のリーダーたちが男色に耽っているように扮した絵画の連作で主人公を演じてみないか、と。ヴラディークはそれを拒絶していた。

こうした抗議運動のまわりをうろつき、モスクワの新しい反体制派と話してみると、新たに気づくことがあった。かつては彼らがめざす先を示す灯台（ビーコン）の象徴として、一般的には「西側」という言葉、具体的には「ロンドン」という言葉が使われたものだが、今や「ロンドン」と「西側」という単語は、彼ら新しい反体制派を抑圧する側の力を守り、強化し、見返りを与える場所として、軽い嫌悪感とともに発せられることがある。よって、「第三のローマ」という古典的なこじつけのなかで、ロシアのリベラルは地上で最後の真のリベラルになれるのかもしれない。ベネディクトと国際開発コンサルタントたちが説いた見解を今でも信じているのは、この人々だけである。

モジャーエフを見つけられたらいいな、と僕は願っている。いまもなお古きモスクワを探し求め、ポケットにポートワインの瓶（ウォッカはやめたのだ）を突っこんで歩きまわり、話をしている姿を見てみたい。もちろん、彼は国外に移住していなかった。うわさでは、最近、数件の建物の保存にどうにかして成功したらしい。ただし、ペチャトニコフの三番はどうしようもなかった。あの建物は破壊され、今はモジャーエフのエレジーだけが生き残っている。「この場所はかつて『モスクワの心臓部』として知られていた」と記したモジャーエフのエッセイを見かけたことがある。

勾配がついている中庭は奇妙な形をしていた。中央には壊れたベンチがあり、私はそこに座るのが好きだった。ここに来るのは夕方がいちばんよい。家々に明かりが灯り始める時刻には、時間が止まるのが感じられる。蔦がむきだしの煉瓦壁を這いのぼり、中庭にはシーツが広げて干してあり、開いたドアのそばにはベビーカーが置いてあり……なにもかもが別の時代に属しているかのようだった。もちろん、そのシーツやベビーカーは、家々を不法占拠している中央アジアからの非合法移住者のもので、窓の多くは割れて板が打ちつけてあるし、いたるところに落書きがしてあるが――奇妙なことに、移住者たちのおかげでそのすべてに生活感が漂っていた。例のベンチがまっすぐ見えるように窓のはまってる一階のアパートメントが一つあった。低い位置まで吊りさがった黄色いランプシェード。天井まで積みあげられ、今にも上の方から崩れそうな本の山。顎髭が伸び放題の大男がお茶を手にして室内を動きまわり、猫が何度も何度も木枠のついた窓に向かって身を躍らせる。それはまさしく古きモスクワだった。

僕らはもう飛行機の中だ。娘はいちばん好きな窓際の席にすわり、前かがみになって冷たいプラスチックに額を押しつけ、雲間からのぞく町の光に目をこらしている。モスクワの燃えるような同心円の環状道路がもうすぐ視界に入ってくるだろう。どこかを本当に去ってしまうということは、もはやありえないのではないか。「遠くまで旅をした」という冒険譚そのものがさして現実味を持たない。モスクワとロンドンのあいだの移動はすっかり手軽になったので（格安航空会社も含めて一日八便、週末便には「スクールバス」というニックネームがついている）、僕の心のなかでこの二つの都市の差は曖昧になってしまっている。ハイドパーク・コーナーのそばの地下道（アンダーパス）に入ると、出てくるところはブリヴァール環状道路であって、ピカデリーで見送ったばかりの顔がたくさん見える。そして（モスクワ地下鉄環状線の）プロスペクト・ミーラ駅の角を曲がると、またまたテムズ河沿いを歩いているのだ。

娘はすでにこうした二つの国家のあいだのジャンプカット（あるカットから次のカットへの移行）をあたりまえのものとみなしている。ときどき自分の顔を――最近面白がるようになったのだが――いくつものアイデンティティに分割するゲームをして楽しんだりもする。「顔のこっち半分はロシア人、こっち半分はイギリス人。頬はユダヤ人ね。耳はロンドン、口はモスクワ。でも目はずっと……」。そこで笑いだす。この子はすでに巨大なオフショアの子どもなのか？　だとしたら、やがてどんな風になるのだろう？　『オールモスト・ゼロ』の方かな？　ピヤトニツカ（「毎日が金曜日」通り）の方かな？

判断がつかないうちに旅は終わり、僕はロンドンに戻って、グリゴリィの真夏の夜の夢のパーティーに向かっている。今ではモスクワとロンドンの両方で開いているのだ。会場はケンジントン宮殿のオランジェリー。ぎりぎりになってから衣装を調達しようとしたものの、ようやく店に電話する頃には、ロンドン中心部の真夏の夜の夢の夢の仮装衣装は一つ残らず出払っていた。やむをえず地下道の傍の庭園から花をむしりとり、貧弱な花輪をつくる。予定よりも遅れている。しかも、どういうわけか入口はナイツブリッジ側だと思いこんでいて、公園を横切ったら、反対のクイーンズウェイ側にまわれと言われた。はっきりした道はないし、暗くなってきているし、僕は迷ってしまった。それでも生け垣や茨をなんとか乗り越え、どこかで脇道に入り、気づいたときにはケンジントン・パレス・ガーデンズの端にいた。ここはロンドンきっての高級な通りだ。高いゲートのそばに立つ守衛が妙な目つきで僕を見ている。ズボンが泥で汚れたことに気づきながら、公園に戻ると、音楽が聞こえ、ようやく正しい入口のそばに出られた。そこには黒い柵があり、用心棒が一人いたし、さらにはパンの神に扮した女性が招待客リストを入れたｉＰａｄを持って立っていた。ゲートの向こうにはハイヒールを履いたエルフ（小妖精）や輝くドレスをまとった『魔笛』に出てくる「夜の女王」が見える。全員がたくさんの言語で話しながら、宮殿の角の向こう側へと消えてゆく。パーティーが行われているのはその先で、音は聞こえるが、覗くことはできない。僕の名前を言ったがリストに載っていないと言われ、遅刻もしたので入れてもらえなかった。グリゴリィに携帯メールで知らせようとしても、当然彼は客の相手で忙しく、返事は来ない。僕は手すりにもたれかかり、丸い先端が下腹部に食いこむのもかまわずにできるかぎり身を乗りだすと、片手で頭の花輪を押さえながら、どうにかしてグリゴリィの姿をとらえられないかと首を鶴(の)ばしてみる。

訳者あとがき

本書『プーチンのユートピア』は、Peter Pomerantsev, *Nothing Is True and Everything Is Possible: The Surreal Heart of the New Russia* の全訳である。

二〇一四年刊行の原著はベストセラーになり一ダース以上の言語に翻訳されたし、二〇一六年度英国王立文学協会オンダーチェ賞も受賞している。訳者のつけた邦題であるが、「第一幕」から「第三幕」まである『プーチンのユートピア』を、たくさんの方がご覧になってくださることを願っている。

この「ユートピア」の住人には、愛すべき人物が多い。試みに、まず「第一幕」から少しだけ紹介してみよう（以降、かっこの中のゴチックはその人物名である）。富豪の愛人になろうとする「ゴールドディッガー」と呼ばれる女たち（**オリオナ**など）のためには専門学校がある。ソ連崩壊後の社会に秩序をもたらしたのがなんとギャングであったことを証している、映画監督に転身した元ギャング（**ヴィタリ**）。ロシアを「教化」しようとアイルランドからやってきて苦闘する国際開発コンサルタント（**ベネディクト**）。コーカサスからやってきた売春婦（**ジナーラ**）は妹が自爆テロ組織「黒い未亡人」から離れて同じ職業についたことを喜んでいる。当時はアメリカ人記者の下働きをしていた著者ピーター・ポマランツェフは、その組織が起こした「劇場占拠事件」の大惨事をも現場で取材していた。もっとも、「第一幕」には、ウラジーミル・プーチンの懐刀、ウラジスラフ・スルコフの面妖というか複雑なパーソナリティーも顔を出すのだが。

本書は全編を通じて、裏面も含めてロシア社会を知るための豊富なエピソードを提供してくれるが、同時にロシア人のメンタリティの由るところも知ることができる。旧ソ連時代からずっと、あまりにも役割を使い分けるのを強いられる社会で育ってきたので、何がほんもので何が皮相な建前かが区別がつかなくなり、何ものをも信じなくなってしまうのだ（そこにソヴィエトの崩壊という激震まで加わった）。極端なナショナリズムや神秘主義に走りやすいのもそのためであろうか。「第三幕」は、ニナリッチのCMから幕が上がる。そして、ピーターは、二人のスーパーモデル（そのCMに出てくるルスラナ、そして友人だったアナスタシア）の自殺の謎を追うなかで、ロシアのセクトの存在とそれを後押しするクレムリン支配下のテレビの姿を浮かび上がらせている。二人が関わったセクトの手法自体はアメリカからの借り物である。そういえば、オウム真理教も早くからロシアに進出していた。

そしてまた、ロシアの社会は、何もかもがコネと金（賄賂）で決まってしまう社会である。「第二幕」に出てくる、悪名高い「企業乗っ取り」（被害者としてヤーナ）や「新兵いじめ」の実態にはため息がこぼれよう。そして、ロシアでは法のもとたまさか正義が実現されても、権力闘争を利用するマキャベリズムの賜であるという悲しい現実がある。国の支配階級は、「官僚＝実業家＝マフィア」とハイフンでつながっている者たちなのだ。

本書では政治や体制のメタファーとしての建築様式に言及されることが多い。二一世紀に入ってからだが、オイルのおかげでマネーが流れ込み、途方もない富を誇るオリガルヒはロンドンをはじめオフショア地域に着々と富を移している様が「第三幕」で活写されている。ボリス・ベロゾフスキーとロマン・アブラモヴィッチのよく知られたロンドンでの裁判なども、ピーターは西側のジャーナリストとして取材していた。そして、本書の舞台というより主人公にも擬せられるモスクワという都市も、夜間に上空から眺めると煌々たる輝きを発するまでに変貌するが、クレムリンとの距離の近さが己の地位と権力を物語るため、都心の地価の高騰は加速するばかりである。「第二幕」に登場する「古きモスクワ」を保存しようとする活動家（モジャーエフ）も地上げの前には無力である。

訳者が原著の存在を知ったのは、ティモシー・スナイダー氏の『暴政』を訳した際であった（原著、訳書とも二〇一七年）。「読むべき本」のなかのいちばん新しいものとして本書が紹介されていた（『暴政』の五九頁）。氏だけでなく、アン・アップルボーム女史をはじめ本書を推すロシア専門家は多い。そういえば、スナイダー氏からは、昨年の晩秋に優れた東欧研究家の夫人のマーシ・ショア女史がこの一月に出した新刊 *The Ukrainian Night* の翻訳を依頼されたが、その折のメールに「妻マーシが年明けに上梓する本は、あなたの訳そうとしているピーター・ポマランツェフの作品の counterpart です」と記してあったのが印象に残っている。

ここで、ピーターの生い立ちをざっと見ておこう。イゴールとリヤナ・ポマランツェフ夫妻のあいだに一九七七年に旧ソ連のキエフに生まれたが、イゴールの反体制派的活動のために（また、ユダヤ系には一九七一年以降出国ヴィザの取得が容易になっていたと記憶しているが）、翌年には一家で西独に亡命し、その後イギリスに落ち着いた。ピーターは、ロンドンのウエストミンスター校とミュンヘンのEUゆかりの「ヨーロピアンスクール」で中等教育を受けた後、エジンバラ大学で英文学とドイツ語を修めている。二〇〇一年にロシアに飛んでからは、本書にも出てくるとおりで、テレビの専門学校に通ったり、たいした地位ではないが、シンクタンクに勤めたり、EUのためのコンサルタントを務めたりしている。その後二〇〇六年から二〇一〇年まで、モスクワのテレビ局TNTのために働いた。そこでの経験が、ロシアとその新しい体制、そこに住む人々を観察し分析するのに大いに与（あずか）っているのは言うまでもない。なにせ、クレムリンは旧ソ連時代と異なり、テレビを民衆の「パンとサーカス」のサーカスにしようと決めていたのだ。「グロテスクなパフォーマンス・アートを見たければ、テレビをつけさえすればよい場所で、いったいパフォーマンス・アーティストにどんな役がありうるだろう?」とは、ヴラディーク・マムシェフ‐モンローがロシアを離れた理由としてピーターが記しているところである（本書二六一頁）。二〇一一年に帰英後は主としてジャーナリズムの世界で活躍しているが、「プロパガンダ」研究のオーソリティと目されている。やりとりしている彼のメールアドレスのドメインはフェローを務めるLSEのそれである。

「新たな権威主義（オーソリタリアニズム）」体制をつくりあげたプーチンのロシア連邦大統領選挙（三月一八日）での勝利は予定調和であろう。ただし「民主的なレトリックと非民主的な意図」（本書八六頁）の現行ロシア体制のこと——二〇〇八年「タンデム体制」の前例もある。六年後に彼は権力の座から退くであろうか。

余計な解説を必要としない、けれどそこかしこに深い洞察を挟みながら「二一世紀のロシア」を歯に衣着せずに描いた特上の読み物として、読者諸賢に本書を楽しんでいただければ幸いである。

To Jan's Guardian

池田年穂

［付記］

まずお二人に御礼を申し上げたい。本訳書のために推薦文を新たに草して送ってくれたティモシー・スナイダー氏。そして、ロシア語の固有名詞の読み方をはじめとして広汎な知識を惜しむことなく披瀝してくれた藤森信吉君（北海道大学スラブ・ユーラシア研究センター）である。

本書は、二〇一〇年の『ベンジャミン・フランクリン、アメリカ人になる』から算えて慶應義塾大学出版会から出る一〇冊目の拙訳となるが、編集はすべて上村和馬君の手になる。ともに内科医の妻と旧友からの絶対安静の警告までときに無視して強行した翻訳であったが、そのモチベーションを顧みるに内容の面白さに尽きたと言えよう。病臥中は、池谷眞一、池戸尚子、鈴村直樹、濱本幸宏、藤田衆、南山利久君ら（五〇音順）懇意の旧友らとの会話に励まされた。否、会話だけでなく、鈴村・池戸・藤田君らからは豊富な知識を借りたし、濱本君は参考や消閑にとＤＶＤを多数集めてくれた（ドキュメンタリーだけでなく、映画『裁かれるは善人のみ』なども面白く鑑賞した）。ほかに、栗山圭世子、土井拓子さん、池田詩穂にも感謝したい。

［猶々］

一、三月一八日の大統領選挙で、ウラジーミル・プーチンは「有権者の」過半の得票をもって四選された。

二、アメリカ合衆国では、プーチンの援護射撃を受けて大統領に当選したとされるドナルド・トランプの「ロシア疑惑」に、クリントン・ファミリーの「ロシア疑惑」も重なっている。

三、元スパイのセルゲイ・スクリパリと娘を狙った神経剤ノビチョクを用いたソールズベリーでのテロにはロシアの関与があった確率がきわめて高い、とメイ首相は述べた。さらには、プーチン大統領を批判するロシア人亡命者ニコライ・グルシュコフがロンドンで殺害されたが、彼は本書にも登場する大物オリガルヒのボリス・ベレゾフスキーの側近だった。欧米とロシアの関係は一層緊張の度を増している。

［著者］
ピーター・ポマランツェフ　Peter Pomerantsev
1977年ソ連のキエフでユダヤ人の家庭に生まれる。イギリスのTVプロデューサー、ジャーナリスト。*Financial Times, Atlantic Monthly*などの紙誌に精力的に寄稿している。ロシアをはじめとする「プロパガンダ」についてのオーソリティと目されている。1978年に、反体制派の作家であった父親イゴールの亡命に伴い、西独に出国。1980年にイギリスに渡る。エジンバラ大学を卒業後、2001年からロシアに滞在。とりわけ、2006年から10年までは、テレビ局TNTでリアリティー・ショーの制作に携わった。帰英後の2011年から*Newsweek*や*Atlantic Monthly*に寄稿を始めた。1ダース以上の言語に訳された本書で、2016年度英国王立文学協会オンダーチェ賞を受賞している。

［訳者］
池田年穂（いけだ　としほ）
1950年生まれ。慶應義塾大学名誉教授。ティモシー・スナイダー『暴政』、タナハシ・コーツ『世界と僕のあいだに』（共に2017年）など訳書多数。

プーチンのユートピア
――21世紀ロシアとプロパガンダ

2018年4月25日　初版第1刷発行

著　者――――ピーター・ポマランツェフ
訳　者――――池田年穂
発行者――――古屋正博
発行所――――慶應義塾大学出版会株式会社
〒108-8346　東京都港区三田2-19-30
TEL〔編集部〕03-3451-0931
〔営業部〕03-3451-3584〈ご注文〉
〔　〃　〕03-3451-6926
FAX〔営業部〕03-3451-3122
振替　00190-8-155497
http://www.keio-up.co.jp/
装　丁――――耳塚有里
組　版――――株式会社キャップス
印刷・製本――中央精版印刷株式会社
カバー印刷――株式会社太平印刷社

Printed in Japan ISBN 978-4-7664-2512-3